Subjektivierung von Arbeit:
Freiwillige Selbstausbeutung

Jeanette Moosbrugger

Subjektivierung von Arbeit: Freiwillige Selbstausbeutung

Ein Erklärungsmodell für die Verausgabungsbereitschaft von Hochqualifizierten

2., erweiterte Auflage

 Springer VS

Jeanette Moosbrugger

Springer VS
ISBN 978-3-531-18787-7   ISBN 978-3-531-18788-4 (eBook)
DOI 10.1007/978-3-531-18788-4

Die Deutsche Nationalbibliothek verzeichnet diese Publikation in der Deutschen Nationalbibliografie;
detaillierte bibliografische Daten sind im Internet über http://dnb.d-nb.de abrufbar.

1. Aufl.: © VS Verlag für Sozialwissenschaften 2008
2. Aufl.: © Springer Fachmedien Wiesbaden 2012

Einbandentwurf: KünkelLopka Medienentwicklung, Heidelberg

Springer VS ist eine Marke von Springer DE.
Springer DE ist Teil der Fachverlagsgruppe Springer Science+Business Media
www.springer-vs.de

Inhalt

Vorwort und Dank

„Die Sprache an sich ist eine wundersame Welt, und in ihr gefangen sollte man die Verwirrung, die am Anfang steht, nicht mit der Gedankentiefe am Ende verwechseln". Diese Empfehlung von C. Wright Mills (1963) ist eine Antwort auf jene Irritation, die diesem Buchtitel bereits vor seiner Veröffentlichung vorausgegangen ist. Zeigten die einen spontanes Interesse an meiner Dissertation, gingen die anderen – ebenso spontan – auf Distanz. Dieses Spannungsverhältnis war schließlich der Ansporn für ein wissenschaftliches Vorhaben, das sich in einem umfassenden Sinne der „freiwilligen Selbstausbeutung von Hochqualifizierten" widmen sollte. „Umfassend" bedeutet, dass ich als Autorin einen ganz eigenen Zugang zu diesem Phänomen finden konnte. Ob *Quasi-Selbständigkeit* oder *Entrepreneur*, ob *Projektarbeit* oder *Teleworking*: Als Berufstätige mit Erfahrungswerten zu unterschiedlichen Erwerbssituationen und als Soziologin, die erst im zweiten Bildungsweg zur Wissenschaft vordringt, lassen sich diese nur exemplarisch genannten Konzepte moderner Arbeit im weitesten Sinne „simultan" übersetzen. Denn Begriffe und Theorien vermischen sich mit dem beruflichen Alltag und das ursprünglich Abstrakte gerinnt unter der Hand zur Form. Was bleibt, ist die Einsicht, dass auch mit der soziologischen Brille die Selbst- und Fremdbeobachtung nur begrenzt möglich ist.

Die Aufgabenstellung war letztendlich aber nicht biografisch, sondern soziologisch angelegt. Im Hinblick auf die vorliegende Problemdimension hieß dies nichts anderes, als mehrfach die Blickrichtung zu wechseln, auf Distanz zu gehen, scheinbar Selbstverständliches zu verwerfen und Unverständliches verstehen zu wollen. Um deshalb Ordnung in jene Überlegungen zu bringen, die hartnäckig nach dem tieferen Sinn freiwilliger Selbstausbeutung fragten, wurde die Aufgabenstellung in mehrere Teilprobleme zerlegt: ausgerichtet an einem Lesepublikum, das sich aus SoziologInnen und an Sozialtheorie Interessierten zusammensetzt; die Anschlussfähigkeit an den Adressatenkreis der BurnoutforscherInnen bereits mitgedacht. Unter diesem Gesichtspunkt wurden das angelesene Wissen, das persönliche Forschungsinteresse sowie die eingebrachte Berufserfahrung strukturiert und thematisch gebündelt. Mit dem Ergebnis, dass der Blick auf die arbeitsweltlichen Gegebenheiten bunter nicht sein kann. Allerdings bedarf es dazu spezifischer Werkzeuge: um sowohl eigene Erklärungsprobleme als auch unsichtbare Mechanismen aufzuschließen und formal abzubilden.

Der Vielzahl an Redeinstrumenten, die in fast unüberschaubarer Anzahl um Aufmerksamkeit konkurrieren, lässt sich mit handwerklichem Geschick allein aber nicht begegnen. Hier bedarf es der Moderation aus dem fachkundigen Umfeld. Mein ganz besonderer Dank gilt deshalb meinem Doktorvater und akademischen Lehrer *Herrn Prof. Dr. Wieland Jäger*, der mich konzentriert und kompetent begleitet hat. Mit seinen wertvollen Anregungen hat er zumutbare Leistung abverlangt und potenziell Leistbares mit Nachdruck abgeholt. *Herrn Prof. Dr. Uwe Schimank* danke ich für die Übernahme des Zweitgutachtens, für seine Impulse und für die aufschlussreiche Diskussion, die sich im Zuge dessen entwickelt hat. Hier anknüpfend präsentiert sich die FernUniversität Hagen dem Erwerbstätigen als Einrichtung, die unverändert ideale Rahmenbedingungen schafft, will man universitäres Studium und

Beruflichkeit im Widerspruch vereinen. Ohne Rückhalt aus dem privaten Umfeld wäre die Auflösung dieses Widerspruchs aber undenkbar. Das Verständnis für notorisch knappe Zeitbudgets ist damit ebenso gemeint wie die Bereitschaft, sich auf abstrakte Exkursionen in die Gedankenwelt einer Soziologin einzulassen. Beschenkt mit Rahmenbedingungen, die auch geistiges Engagement ermöglichen, geht deshalb ein großes Danke an meinen liebenswerten Freundeskreis und in die Richtung einer vertrauensvollen Arbeitsumgebung: Allen voran an meine Freundin Karin Guldenschuh-Vonach ebenso wie an Claudia Peter für die sorgfältige Durchsicht des Manuskripts; beiden gebührt auch ein herzliches Lachen für ihre Randkommentare. Und für manch angeregte Diskussion bedanke ich mich bei Carmen Sachs, Elke Schlimbach, Ulrike Reiter, Doris Nussbaumer und Gerhard Vonach.

In erster Linie ist dieses Vorwort aber meiner Familie gewidmet, die mich in meinen Neigungen immer unterstützt und gefördert hat: Meinen Eltern und Geschwistern, meiner Schwiegerfamilie und allen voran meinem geliebten „Römmy" (Roman): Mit seinem unerschütterlichen Vertrauen in meine Fähigkeiten hat er meine Studierfreude nachhaltig unterstützt und diese wissenschaftliche Reise maßgeblich mitgetragen.

Lustenau, im November 2007   Jeanette Moosbrugger

1 Synopsis: Das Wichtigste in Kürze

Mit welcher inneren Logik haben wir es zu tun, wenn vor allem hochqualifiziert Beschäftigte in autonomen Arbeitsverhältnissen einen völlig übersteigerten Arbeitseinsatz an den Tag legen und freiwillig und mit zunehmender Häufigkeit – trotz Risiko der Gesundheitsgefährdung – ihre physischen und psychischen Grenzen überschreiten? Anders gefragt: Warum arbeitet jemand bis zur Besinnungslosigkeit und riskiert ein Burnout? Soziologisch weiter gedacht: Welche strukturellen Konsequenzen hat diese Handlungswahl?

1.1 Ein Erklärungsmodell für die „Eigenlogik freiwilliger Selbstausbeutung"

Antworten auf die oben zitierte Forschungsfrage soll eine Untersuchung bereit stellen, die sich im Spannungsfeld von Arbeit und Gesundheit auf folgendes Vorhaben konzentriert: *Entwickle ein Erklärungsmodell, mit dessen Hilfe sich Genese und Dynamik freiwilliger Selbstausbeutung, eingedenk des potenziellen Burnouts, aus einer rein soziologischen Perspektive rekonstruieren und in weiterer Folge auch empirisch beobachten lassen.*

Diese Wegskizze führt auf einen anspruchsvollen Forschungspfad. Vorgesehen ist 1) die Verknüpfung von alltagsweltlicher Selbstbetroffenheit und wissenschaftlicher Analyse und 2) das Splitting der Forschungsfrage in ein zweistufiges Erklärungsproblem. Für diesen Zweck werden Elemente der Arbeitssoziologie mit jenen der allgemeinen Sozialtheorie vernetzt. Dabei gilt es, ausgehend vom Subjektivierungsdiskurs und mit Rückgriff auf akteur- und strukturdynamische Modelle, *hochqualifiziert Erwerbstätige in autonomen Steuerungs- und Kontrollverhältnissen* zu beobachten. Denn ob Werbedesigner, Ingenieur oder Unternehmensberater: Der Arbeitsgegenstand dieser Akteure ist komplex, anspruchsvoll, eingebettet in flexible Organisationsstrukturen und in weiten Teilen nicht planbar. Von zentralem Interesse ist allerdings, dass diese Berufstätigen auch eine hohe Verausgabungsbereitschaft zeigen, indem sie unentgeltlich und freiwillig Mehrarbeit leisten oder auf ihre Urlaubsansprüche verzichten.

Wissenschaftlichen Erkenntnisgewinn für dieses empirisch gestützte Phänomen verspricht der aktuelle Forschungsstand der Arbeits- und Industriesoziologie: Analytisches Potenzial wird dort vermutet, wo die einschlägige Subjektivierungsdebatte in Bezug auf *freiwillige Selbstausbeutung* unter dem Gesichtspunkt einer „belastungsrelevanten Subjektivierungsfolge" *theoretisch unscharf* bleibt. Dieses theoretische Defizit schränkt nicht nur die fundierte Analyse des Selbstausbeutungsphänomens ein, sondern auch eine konzeptionell breiter angelegte Auseinandersetzung innerhalb der Soziologie ebenso wie den Brückenschlag zur psychologisch dominierten Burnoutforschung. Anschlussfähiges soll deshalb ein Forschungskonzept zu Tage fördern, das die strukturelle Ebene *arbeitstätiger Subjekte* einerseits und die *Interaktionsebene interdependenter Akteure* andererseits in den Blick rückt.

Mit dieser Verquickung von zwei völlig unterschiedlichen Theoriesträngen wird auf ein Erklärungsergebnis hingearbeitet, mit dem die Eigenlogik freiwilliger Selbstausbeutung begrifflich und heuristisch neu fassbar wird. Struktur und Orientierung bekommt der Analyse- und Modellierungsprozess durch die nachgereihten Thesen:

These 1: Mit dem Analyseblick auf die Gebrauchs- und Tauschwertbildung im Inneren arbeitstätiger Subjekte soll freiwillige Selbstausbeutung als *Steuerungsregulativ und Identitätsbewahrer* von emanzipatorischem Arbeitsvermögen rekonstruiert werden. Damit erschließt sich die Eigenlogik freiwilliger Selbstausbeutung als eigenständige Subjektqualität, die in theoretischer Hinsicht Folgendes leistet: Sie kann auf den sub-intentionalen Mechanismus verweisen, der den Balanceakt zwischen erfolgreicher Aneignung und ökonomischer Selbstzurichtung bewerkstelligt.

These 2: Wenn freiwillige Selbstausbeutung mit dem Aneignungskonzept von Pfeiffer (2004a) gekoppelt und dabei als steuerungsrelevantes Merkmal von menschlichem Arbeitsvermögen ausgemacht wird, dann wäre das „Burnout-Syndrom" als *gescheiterter Aneignungsprozess* zu analysieren: Einerseits als besondere Ausdrucksform anthropologisch begründbarer Aneignungsanstrengungen und andererseits als Artefakt dieser Aneignung. Ein Arbeitsvermögen nämlich, das die Fähigkeit der situativen und kreativen Anwendung auf den Arbeitsgegenstand nicht mehr beherrscht, ist für den Subjektivierungsprozess und damit auch für die Teilhabe am betrieblichen Arbeitsprozess nicht mehr geeignet.

These 3: Ein *typisierter und differenzierungstheoretisch eingebetteter Homo Oeconomicus* bindet freiwillige Selbstausbeutung an eine arbeitsweltliche Situations- und Selektionslogik zurück, in welcher der Akteur rational und eigennützig seine Interessen verfolgt: wie beispielsweise die Ausweitung von Handlungsautonomie oder die Absicherung von Karrierezielen.

These 4: Ausgehend von autonomen Steuerungs- und Kontrollverhältnissen lässt sich über die Heuristik einer „Beobachtungskonstellation" (Schimank 2002) nachzeichnen, dass erwerbstätige Akteure wechselseitig voneinander Notiz nehmen und ihr Handeln sequentiell dem der anderen anpassen. Durch diese Wechselseitigkeit werden auf der Interaktionsebene unweigerlich Prozesse von Abweichungsverstärkung und Abweichungsdämpfung in Gang gesetzt. Aus strukturdynamischer Perspektive rekonstruiert sich freiwillige Selbstausbeutung somit als *pfadabhängiger und unintendierter Struktureffekt:* Dieser entwickelt sich entlang von *sozialen Abhängigkeiten* und wird als Merkmal eines neuen Konstellationszustandes von den Beschäftigten selbst angetrieben und aufrecht erhalten.

These 5: Das Phänomen freiwilliger Selbstausbeutung kann mit Bezug auf die empirisch-signifikante Zunahme von neuartigen Beanspruchungsfolgen als *sozialintegrativ problematische Tendenz* ausgemacht werden: Hier zeichnet sich über die Verbindungslinie zu „Burnout-Risiken" eine Entwicklung ab, die nebst der Psychologie in besonderer Weise der Soziologie und damit der gesellschaftlichen Analyse bedarf.

Ohne allzu viel vorweg zu nehmen: Arbeitssoziologisch betrachtet müsste die freiwillige Selbstausbeutung von Hochqualifizierten also in der widersprüchlichen inneren Dialektik arbeitstätiger Subjekte eingelagert sein. Letztendlich ist das Phänomen aber in der Sozialdimension strukturdynamischer Prozesse zu suchen: formbestimmt durch eine Konstellation gleichrangiger Akteure, die sich gegenseitig beobachten und ihr Handeln wechselseitig aufeinander abstimmen.[1]

Damit ist holzschnittartig umrissen, worum es in diesem Buch geht: Um die widersprüchliche Verausgabungsbereitschaft von Hochqualifizierten und um ein Subjektivierungsphänomen, das eindringlich Erklärungsleistungen und Gestaltungsempfehlungen einfordert, und zwar auf der Subjekt- *und* auf der Organisationsebene. Inwieweit die vorgelegte Rekonstruktion dem nachkommen kann, muss sich erst weisen. Jedenfalls aber schwebt der Autorin ein Beitrag für eine Debatte vor, die sich im weitesten Sinne einer „Soziologie des Burnout" verschreibt. Unter diesem Gesichtspunkt scheint es auch lohnenswert, für die Selbstausbeutungstendenz eine eigene Theoriearchitektur anzulegen und als Theoriefigur weiter auszubauen: im Sinne einer Burnout-Logik, die methodisch auf konzeptionelle Integration und systematische Theoriearbeit ausgerichtet ist.

1.2 Die Kapitel im Überblick

Wie stellt man sich als Soziologin einer Bandbreite von beruflichen Erfahrungswerten, für die man nur auf den ersten *Blick* zufriedenstellende Antworten findet?

Die naheliegende Möglichkeit ist, sich mit einem ausgewählten Spektrum an Alltagsbeobachtungen auf Forschungsreise zu begeben und *Selbstbetroffenheit* als methodischen Moment zu deklarieren. Denn „nur in der eigenen Verwendung angelesener Sichtweisen und Erkenntnisse merkt man, ob man sie wirklich verstanden hat und etwas mit ihnen anfangen kann" (vgl. Schimank 2002a: 343). Schimanks Appell an den soziologisch Interessierten lautet also, sich auf einen Prozess einzulassen, bei dem man immer wieder aufs Neue das Geschehen um einen herum soziologisch verrätselt. Und damit „soziologische Leseerfahrungen und Lebenserfahrungen" zusammenführt (ebd.: 344).

Die forschungsstrategische Entscheidung, freiwillige Selbstausbeutung und Burnout-Symptome zur eigenen Selbstbetroffenheit in Beziehung zu stellen, befreit aber keineswegs von der Notwendigkeit, den Entdeckungszusammenhang erst einmal in trockene Tücher zu bringen. Kapitel 2 ist daher als sekundäranalytische Erhebung und als luzider Überblick über die empirische Forschungslage angelegt: Es gilt, im Vorfeld der eigentlichen Analysearbeit *erklärungsbedürftiges* und vor allem *soziologisch relevantes* Terrain für die freiwillige Selbstausbeutung aufzuspüren. Dabei zeigt sich, dass repräsentative Untersuchungen den neuen, arbeitsweltlichen Belastungen erstaunlich hohe Aufmerksamkeit zollen. So ist zwar die Bereitschaft für berufliches Engagement, für unbezahlte Mehrarbeit und individuelle Qualifizierungsmaßnahmen erwiesenermaßen hoch, gleichzeitig aber klagt jeder zweite Erwerbstätige in Europa über Stress und Leistungsdruck! In diesem Zusammenhang werden auch neue Exklusionsrisiken ausgemacht, denn: Nicht jeder ist dem ständigen Druck gewachsen. Von soziologischer Bedeutung ist dies insofern, als dass sich hier eine chronische Überforderung auf breiter Basis abzeichnet. Überraschend – und für die perspektivi-

---

[1] Das Phänomen freiwilliger Selbstverausgabung ist keine geschlechtsspezifische Erscheinung: Betroffen sind sowohl Männer als auch Frauen. Aus Gründen der besseren Lesbarkeit wird im vorliegenden Text aber nur die männliche Form gewählt. Um die Wertschätzung gegenüber den wissenschaftlichen Leistungen zum Ausdruck zu bringen, wird bei den Quellhinweisen aber die Verwendung der weiblichen Form kenntlich gemacht.

sche Ausrichtung ebenfalls ausschlaggebend – ist ein ganz anderer Aspekt: nämlich die Kritik der psychologisch dominierten Burnout-Forschung an ihrem eigenen Erkenntnisstand. Zwar sei immer wieder erwähnt worden, wie fundamental sich in den letzten Jahren die Arbeitsbedingungen gewandelt hätten, eine darüber hinaus reichende *gesellschaftliche* Analyse würde jedoch weitgehend fehlen. Gefordert ist damit eine Suchbrille, die ihre Optik am Forschungsstand einer *gesellschaftstheoretisch ambitionierten Arbeits- und Industriesoziologie* ausrichtet. Denn diese Fachdisziplin thematisiert am Beispiel der Subjektivierungsdebatte die neuen Belastungsphänomene sehr wohl. Allerdings lässt sich hier, wie das Beispiel der freiwilligen Selbstausbeutung zeigt, durchaus noch empirisch-analytisches Potenzial ausfindig machen. Die Frage ist nur: Wie ist diesem Potenzial beizukommen?

In Kapitel 3 steht deshalb die Verarbeitung relevanter Literatur im Vordergrund. Wie sich herausstellt, ein aufwändiges, aber ergebnisreiches Projekt. Um der Flut an Beiträgen beizukommen, kommt deshalb ein Ordnungsraster zur Anwendung, den Holtgrewe in die Diskussion einbringt. Sie differenziert bei der *Subjektivierung von Arbeit* zwischen „Unterwerfungs- und Entfaltungsthesen" (vgl. Holtgrewe 2003b: 23-26). Hilfreich ist dieses ordnende Schema insofern, weil damit die Einzelbedeutung der Studien und ihr ergänzender Charakter deutlich hervortreten. Vor diesem Hintergrund schält sich auch der zentrale (und in den nächsten beiden Kapiteln favorisierte) arbeitssoziologische Ansatz für die Analyse freiwilliger Selbstausbeutung heraus: Sabine Pfeiffers doppelte Dialektik von Arbeitsvermögen und Arbeitskraft bzw. von subjektiviertem und objektiviertem Handeln (letzteres im Anschluss an Fritz Böhle). Die Ausbeutungsdynamik auf der Subjektebene wird damit einem Begründungszusammenhang untergeordnet, der sich auf die *Aneignungsperspektive* und auf reformulierte Marx´sche Kategorien stützt.

In Kapitel 4 wird der theoretische Bezugsrahmen für den Analyse- und Modellierungsakt festgelegt. So wird das Objekt der Begierde, die freiwillige Selbstausbeutung, von vier verschiedenen Seiten eingekreist. Arbeitssoziologisch erfolgt dies mit Pfeiffers Arbeitsvermögen, akteurtheoretisch wird Uwe Schimanks Akteur-Struktur-Dynamik favorisiert, industriesoziologisch liegt der Fokus bei Zündorfs These vom Anregungspotenzial einer organisationssoziologisch informierten Industriesoziologie und zu guter Letzt muss auch die eigene Problemperspektive zurecht gerückt werden. Dabei werden Begrifflichkeiten wie Stress und Burnout präzisiert und unterschiedliche Aspekte von (moderner) Arbeit integriert. Im Zuge dieser Vermessungsarbeit zeigt sich in die Richtung neuer Belastungsphänomene auch, wo sich, ausgehend vom Burnout-Syndrom, die erkenntnistheoretischen Interessen von Soziologie und Psychologie überlappen. Diese Einblicke führen schließlich auch zur Festlegung von *Beobachtungsdimension* und *Reichweite* für das Selbstausbeutungsphänomen.

Aufbauend auf diesen Vorarbeiten wird in Kapitel 5, dem eigentlichen arbeitssoziologischen Erklärungsabschnitt, die autonomiegestützte Ausbeutungsbereitschaft näher an die Handlungs- und Strukturebene des arbeitstätigen Subjekts herangeführt. Entlang der Aneignungserfordernisse von Wissensarbeit lässt sich freiwillige Selbstausbeutung als „Steuerungsregulativ" und als „Identitätsbewahrer" von lebendigem Arbeitsvermögen rekonstruieren. Diese spezifisch emanzipatorische Subjektqualität führt in weiterer Folge auch auf die Spur eines ganz eigenen *Überwachungsmechanismus*.

Um das untersuchte Phänomen schließlich aus dem vergleichsweise engen arbeitssoziologischen Analysekorsett herauszulösen, rückt in Kapitel 6 der zweite Erklärungsabschnitt in den Mittelpunkt und damit die akteurtheoretische Herangehensweise. Konkret mit einem

differenzierungstheoretisch eingebetteten Homo Oeconomicus und mit der *Anpassungs-
und Beobachtungsdynamik in Akteurkonstellationen.* Damit erfolgt gleichzeitig die Aufwertung des subjektiven Willens gegenüber der biologischen Triebstruktur. Unterstellt man
nämlich den Akteuren Entscheidungsfähigkeit und einen Handlungsantrieb, der rational
und eigennützig ausgerichtet ist, dann erschließt sich für die Verausgabungsbereitschaft von
Hochqualifizierten auf recht direktem Wege eine brauchbare und zugleich teilsystemisch
bestimmte Situations- und Selektionslogik. Wechselt man hingegen zu einer Perspektive,
bei der die individuelle Handlungswahl in eine Konstellation von handelndem Zusammenwirken mit anderen eingebettet ist, werden Mechanismen erkennbar, die *abweichungsver-
stärkend* und *abweichungsdämpfend* „strukturdynamisch" Wirkung zeigen. Die Genese und
Dynamik freiwilliger Selbstausbeutung entpuppt sich bei genauem Hinsehen damit als
pfadabhängiger Prozess, der ausgehend von hierarchisch gleichgestellten Akteuren zu sozialen Zwangsmustern führt: spieltheoretisch rekonstruierbar als „Prisoner´s Dilemma".

Das Schlusskapitel widmet sich schließlich dem Ausblick und der zusammenfassenden
Darstellung der Ergebnisse. Dabei werden die unterschiedlichen Erklärungsebenen freiwilliger Selbstausbeutung zueinander in Beziehung gestellt und als Theoriemodell visualisiert.
Ausgehend von dieser bildlichen Darstellung wird auch reflektiert, was gemessen am Anspruch einer ganzheitlichen Betrachtung ins Abseits geraten ist. Und was in Bezug auf
offene aber auch neue Fragen den soziologischen Forschergeist weiter antreiben müsste.

2 Empirische Grundlagen: Erklärungsbedürftiges und Anschlussfähiges

Das Postulat für Soziologen lautet, im Zuge von Beobachtungen stets auf Distanz zu gehen, um wertfrei und abstrahierend die gesellschaftlichen Phänomene reflektieren und analysieren zu können.[2] Was allerdings nicht ausschließt, selbst von einem Phänomen der sozialen Wirklichkeit betroffen zu sein: *Warum habe ich jahrelang wie manisch gearbeitet, ohne überhaupt einen Gedanken darauf zu verschwenden, ich könnte mich damit einem gesundheitlichen Risiko aussetzen? Aus welchen Gründen habe ich mich dieser Situation über lange Strecken hinweg nie widersetzt? Wie war es möglich, auch die 60-Stundenwoche noch zu überbieten – mit einer 70-Stundenwoche? Und was hat schließlich dazu geführt, irgendwann doch aus diesem Kreislauf ausbrechen zu wollen?* Inwieweit es gelingt, über die *Selbstbetroffenheit* einen interessanten Fall abzuleiten und eine gute Idee zu legitimieren, wird der Leser entscheiden. Zumindest aber soll die biografische Komponente selbstbewusst eingebracht und als methodischer Moment verortet werden. Dem Prädikat „unwissenschaftlicher Subjektivismus" (Heinze 1995: 10) wird damit jedenfalls die Stirn geboten: Indem der Entdeckungszusammenhang unter Berücksichtigung von *Erklärungsbedürftigem* und *Anschlussfähigem* in eine wissenschaftliche Untersuchung überführt wird.

2.1 Selbstbetroffenheit

Wie die Folgekapitel noch zeigen werden: Das geschilderte *Überarbeitungsdilemma*, das auf dem Erfahrungshintergrund der Autorin aufbaut, ist im Forschungsfeld der Arbeits- und Industriesoziologie gut aufgehoben. Es lässt sich im Kontext einer fachspezifischen Diskussion verorten und exemplarisch, ohne große Anstrengungen, bei *praktischen Problemen von hochqualifiziert Beschäftigten* andocken (vgl. hierzu etwa Kotthoff 1998: 67 oder Faust et. al 2000). Wenn man sich damit aber nicht zufrieden geben will, muss das Ausgangsinteresse umso schlüssiger entfaltet und auf innovativen Erkenntnisgewinn ausgerichtet werden. So meint Bude (1988) in Bezug auf qualitative Sozialforschung und Erkenntnislogik, dass die „Entschlüsselung (Rekonstruktion)" eines individuellen Falles zu einer theoretischen Innovation führen kann, falls es gelingt, das Neue und Fremde in einem Fall zu entdecken. Dies würde sich allerdings nur demjenigen offenbaren, der sich aus dem Korsett abgesicherter Begründungen sowie methodologischer Fixierungen löst und eine „interpretative Entscheidung" trifft (Bude 1988: 113, zit. in Heinze 1995: 14). Er vertritt die These, dass sich eine theoretisch interessante Einsicht nur dann gewinnen lässt, wenn der Forscher auch mutig genug ist, „den Boden verlässlicher Methoden zu verlassen und ins Freie zu treten" (ebd.). Bude appelliert dabei an das Erkenntnisinteresse, bei dem theoretische Innovation *auf einer guten Idee* gründet, die wiederum auf *einen interessanten Fall* aufbaut. Derartige Fallbeispiele würde man an offenbaren oder verdeckten Intensitätspunkten des sozialen Lebens finden, wenn man als „beweglicher Beobachter" (René König) durch die

---

[2] Vgl. hierzu die Forderung nach Wertfreiheit bei Max Weber (1995): „Wissenschaft als Beruf".

diversen Orte und Landschaften der Gesellschaft streift (vgl. neuerlich Bude 1988: 114/115, zit. in Heinze 1995:14.).

2.2 Anspruch und Wirklichkeit flexibler Arbeit

Dass ausgehend vom Strukturwandel der Arbeit neuartige Gesundheitsgefährdungen vermehrt in den Fokus wirtschaftlicher und sozialwissenschaftlicher Interessen rücken, ist keine haltlose Vermutung. Denn in zahlreichen Untersuchungen wird eine Arbeitswelt beschrieben, die im wörtlichen Sinne Ecken und Kanten hat. Diesen Forschungsergebnissen ist zu entnehmen, dass die „Reportagen aus der subjektivierten Arbeitswelt" durchaus Überbringer von Wahrheiten sind (vgl. hierzu bei Moldaschl/Voß 2003: 295-336). Wenngleich nicht völlig neutrale. Trotzdem stehen die Protagonisten dieser Arbeitswelt, allesamt ausgebrannt, stellvertretend für eine Wirklichkeit, mit der Berufstätige heute mehr denn je konfrontiert sind:

> „Flexibilität und die Bereitschaft, sich auf veränderte und sich verändernde Arbeitsbedingungen einzustellen, wird zu einer grundlegenden Anforderung an immer mehr Erwerbstätige. Neue Anforderungen bringen häufig neue Belastungen mit sich, die nicht selten unerwünschte negative Folgen für die Beschäftigten haben" (vgl. Poppelreuter/Mierke 2005: 5).

Den eindrücklichen Nachweis liefert eine überwiegend deutschsprachige Empirik, die je nach Ausgangsinteresse unterschiedliche Einblicke liefert. Vornehmlich konzentrieren sich diese Untersuchungen auf *Belastungssituationen in flexiblen Arbeitsformen*, auf das *Ausmaß und die Verbreitung der Selbststeuerung* oder auf den *arbeitsbedingten Stress als Folge von betrieblicher Rationalisierung und Massenarbeitslosigkeit*.

Untersuchungsschwerpunkt: Personalabbau, Arbeitsplatzunsicherheit und Gesundheit sowie chronische Krankheiten. *Betriebliche Rationalisierungsprozesse wie Personalabbaumaßnahmen haben möglicherweise auch gesundheitliche Auswirkungen auf die im Unternehmen verbleibenden Arbeitnehmer. Nachzulesen im „Fehlzeiten-Report-2005" von Badura et. al (2006), hier auszugsweise mit Zok (2006: 147-166) und Dragano/Siegrist (2006: 167-182), sowie ergänzend auch bei Badura et. al (2007) im „Fehlzeiten-Report-2006".*

Bei einer repräsentativen Umfrage mit 2000 sozialversicherungspflichtig Beschäftigten und einer Stichprobenstruktur, bei der mehr als die Hälfte der Befragten (51,4%) im Dienstleistungssektor arbeitet, hat gemäß Zok (2006) fast jeder Zweite in seinem Unternehmen im Jahr 2004 betriebliche Rationalisierungsmaßnahmen in Form von Personalabbau bzw. von Entlassungen erlebt. Die Arbeitssituation dieser Beschäftigten ist charakterisiert von einer Zunahme des Zeit- und Termindrucks (57,8%), durch Überstunden (63%), von einer durch die Arbeit belasteten Privatsphäre (60,4%) und durch den Eindruck, vom Vorgesetzten stark kontrolliert zu werden. Die Bereitschaft, sich im Beruf zu engagieren und sich weiter zu qualifizieren, ist nach Einschätzung Zoks insgesamt bei allen Arbeitnehmern sehr hoch, jedoch klagen viele Erwerbstätige über hohe Anforderungen, Stress und Leistungsdruck bei der Arbeit.[3] Zugleich wird eine Reihe gesundheitlicher Beschwerdebilder genannt, die von den Befragten auf die individuelle Arbeitssituation zurückgeführt werden. Die gesundheitlichen Beschwerden, die aus Sicht der Betroffenen auf Risikofaktoren ihrer Arbeit zurückzuführen sind, werden von Rücken- oder Gelenkbeschwerden (58,2%) angeleitet. Auffällig ist, dass die Arbeitnehmer hauptsächlich Beschwerdebilder nennen, die eher in den Bereich der psychischen Belastungen fallen. So klagt jeder Zweite über „Erschöpfung" (51,2%) als Folge von Arbeitsbelastungen, weitere 46,3% geben an, „nicht abschalten" zu können und 43,2% klagen über „Nervosität und Reizbarkeit". Das Bild der psychologischen Belastungen wird schließlich von „Wut und Verärgerung" (42,1%) und von „Lustlosigkeit und Ausgebranntsein" (39,9%) abgerundet, wobei mehr als ein Viertel der Befragten (27,9%) „Niedergeschlagenheit" angibt. Die Bilanz: „Auch wenn der Krankenstand in Deutschland zur Zeit sehr niedrig ist, so kann das nicht uneingeschränkt beruhigen. Arbeitsplatzunsicherheit und Personalabbau im eigenen Unternehmen können auch gesundheitliche Risiken für die Beschäftigten mit sich bringen" (vgl. Zok ebd.: 166).

Ebenfalls im Rahmen des „Fehlzeiten-Report 2005" halten auch Dragano und Siegrist fest, dass „Rationalisierungsmaßnahmen das Auftreten von psychosozialen Arbeitsbelastungen begünstigen" (Dragano/Siegrist 2006: 180), wobei diese Belastungen wiederum Stressreaktionen auslösen. Dies gehe so weit, dass mit steigender Stressbelastung das Risiko, gesundheitsbedingt in Frührente gehen zu müssen, messbar größer werde.[4] Allerdings, so die Autoren dezidiert, „muss genau differenziert werden, welcher Art die Rationalisierungsmaßnahme ist und welche Charakteristika der Arbeit dadurch betroffen sind" (vgl. ebd.: 181). Vor allem deshalb, weil es durchaus auch positive Auswirkungen zu geben scheint, etwa aufgrund neuer Managementkonzepte, die zu einer echten Ausweitung der Kompetenzen und Aufgabenfelder der Mitarbeiter führen. Die Einschätzung der Autoren lautet aber auch hier, dass nach dem momentanen Stand der Forschung eine Verschlechterung der psychosozialen Arbeitsbedingungen im Zuge von Rationalisierung dazu führen kann, dass stressbedingte Erkrankungen zunehmen. Eine stärkere Vernetzung zwischen Forschung und Praxis würden sich jedenfalls auch Dragano und Siegrist wünschen.

Anschlussfähiges zum hier definierten Bezugsproblem freiwilliger Selbstausbeutung findet sich vor allem im „Fehlzeiten-Report 2006" (vgl. Badura et. al 2007). Der Schwerpunkt dieser Analysen liegt nämlich bei den chronischen Krankheiten und den damit verbundenen betrieblichen Strategien zur Gesundheitsförderung, zur Prävention und zur Wiedereingliederung. Ausgehend von dieser Untersuchungsperspektive mehren sich auch die Hinweise, dass es aufgrund der erzielten Erfolge bei der Bekämpfung physischer Risiken an der Mensch-Maschine-Schnittstelle zu einer *Vernachlässig der psychosozialen Risiken an der Mensch-Mensch-Schnittstelle* gekommen ist. Von besonderer Bedeutung ist in diesem Zusammenhang auch, dass an die Stelle des „Absentismus" der „Präsentismus" getreten ist, der als Hauptproblem neue Antworten fordert (vgl. hierzu einführend Badura et. al ebd.). Mit dem Phänomen „Burnout" beschäftigt sich in diesem Zusammenhang Leppin (2007), die auf das Konzept, auf die Verbreitung, die Ursachen und die Prävention eingeht.

---

[3] Vgl. hierzu auch die wirtschaftswissenschaftliche Studie „Unbezahlte Überstunden und regionale Arbeitslosigkeit" (Anger 2005): Die Autorin präsentiert eine Arbeitslosigkeit-Überstunden-Hypothese: Aus Angst, den Arbeitsplatz zu verlieren, würden Beschäftigte in Deutschland freiwillig ihr Arbeitsangebot erhöhen und unbezahlte Mehrarbeit leisten.
[4] Dragano und Siegrist (2006) beziehen sich hier auf eine skandinavische Studie: „Occupational, work environment, and disability pension: A prospecitve study of construction workers" (vgl. hierzu Stattin/Järvholm 2005).

Untersuchungsschwerpunkt: Gesundheitliche Auswirkungen flexibler Arbeitsformen.
In jüngster Zeit mehren sich die Indizien, dass flexible Arbeits- und Beschäftigungsformen nicht nur Chancen eröffnen, sondern auch spezifische gesundheitliche Risiken beinhalten könnten (Pröll/Gude 2003).

„In Abhängigkeit von der Intensität des Flexibilisierungs- und Deregulierungsprozesses entwickeln sich am Rande der Arbeitsmärkte prekäre und kontingente Erwerbsformen, deren soziale und gesundheitliche Chancenbilanz sich eher negativ darstellt" (vgl. Pröll/Gude 2003: 11). Vor dem Hintergrund dieser Vermutung hat die Bundesanstalt für Arbeitsschutz und Arbeitsmedizin (BAUA) bereits im Jahr 2000 ein entsprechendes Forschungsprojekt in Auftrag gegeben. Die sekundäranalytisch orientierte Studie „Gesundheitliche Auswirkungen flexibler Arbeitsformen" (veröffentlicht von Pröll/Gude 2003) geht den empirischen Hinweisen nach, dass der Flexibilisierungsprozess mit gesundheitlichen Implikationen verknüpft sein kann. Dabei sind *kunden- und nachfragegesteuerte Arbeitszeiten, Formen neuer Selbständigkeit, Arbeit auf Abruf, teilautonome Gruppen- und Projektarbeit* jene typischen Ausprägungen, die für ein wachsendes Spektrum von Arbeits- und Erwerbsformen stehen und die vom traditionellen Normalarbeitsverhältnis abweichen: „Organisatorische und rechtlich-institutionelle Regulierungen, wie sie in den traditionellen Konzepten und Leitbildern von Beruf, Karriere, Direktionsrecht, Fürsorgeprinzip usw. aufgehoben waren, werden durch ein höheres Maß an individueller und subsidiär-sozialer Regulierung des Arbeitshandelns, des Leistungsverhaltens und des Agierens auf dem Arbeitsmarkt abgelöst" (vgl. Pröll/Gude ebd.: 10). Die Voraussetzungen hierfür stelle eine globalisierte und deregulierte Wirtschaft zur Verfügung, die veränderte Managementkonzepte anwendet und das Potenzial der Informationstechnologie in der Wissens- und Dienstleistungsgesellschaft nutzbar macht. Hinter der Vielzahl der unterschiedlichen Arrangements postindustrieller Arbeit verbirgt sich nun nach Ansicht der Autoren aus arbeits- und gesundheitswissenschaftlicher Perspektive ein gemeinsames Grundmerkmal, für dessen Bezeichnung sich der Topos „flexible Arbeitsformen" etabliert hat: In diesen Arbeitssituationen würden Beschäftigte ihre Arbeitssituation fast einhellig als ambivalentes und prekäres Verhältnis von wachsender Autonomie einerseits und tendenzieller Überforderung sowie chronischem Stress andererseits erleben.

Die Risikoabschätzung der Studie, der eine umfangreiche Auswertung europäischer und außereuropäischer Forschungsarbeiten zum Thema postindustrieller Gesundheitsdilemmata vorausgegangen ist, zeigt insgesamt, dass in allen Grundkategorien flexibler Arbeit typische gesundheitskritische Konstellationen vorhanden sind, allerdings in unterschiedlichem Maße. Das Gesamtergebnis ihrer Erhebung erfassen Pröll und Gude schließlich in einem theoretischen Rahmenkonzept, das konvergente theoretische Grundfiguren neuerer Forschung zu Arbeit und Gesundheit aufgreift:

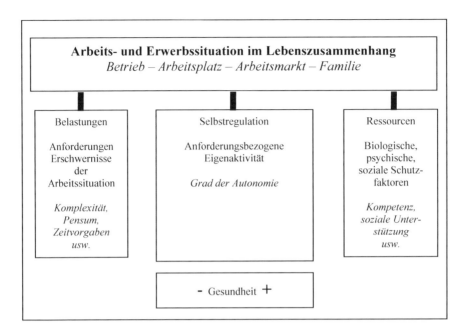

Abbildung 1:   Arbeit und Gesundheit. Sozialwissenschaftliches Rahmenkonzept. In: Pröll/Gude (2003: 34).

Die These von Pröll/Gude lautet, dass die Regulationserfordernisse in flexiblen Arbeitsformen mit ihren noch nicht hinreichend ausgeleuchteten Mechanismen in Verbindung mit dem Besorgnis erregenden allgemeinen Anstieg psychischer Erkrankungen stehen, was sich auch in den Krankenstandstatistiken niederschlägt und daher mit einem volksgesundheitlichen Problem erster Ordnung gleichzusetzen ist.

Auszugehen ist dabei von einem „Kontinuum der gesundheitlichen Prekarität", wobei sich die Pole durch relativ stabile und gesundheitlich effiziente Bewältigungskonstellationen auf der einen Seite und instabil-gesundheitskritischen Bedingungen auf der anderen beschreiben lassen (vgl. Pröll/Gude ebd.: 173). Beobachtbar sei ein Querschnittstrend hin zu „intensiven Arbeitssystemen mit wachsenden Selbstregulationsanforderungen und zunehmenden Unsicherheitserfahrungen der Arbeitenden" (vgl. ebd.: 6).

In diesem Zusammenhang wird *Burnout* von Pröll und Gude als Konzept thematisiert, mit dem sich gesundheitliche Krisen als Folge eines vor allem auf der Ressourcenseite kollabierenden Regulationszusammenhanges modellieren lassen. Die Betroffenen reagieren mit depressionsähnlichen Symptomen, emotionaler Erschöpfung, mit resignativem Rückzugsverhalten und stark eingeschränkter Arbeits- und Leistungsfähigkeit (vgl. hierzu auch Maslach/Schaufelei 1993: 15; Maslach/Leiter 2001), wobei dieser Zustand aus einer Phase dauerhaft vergeblicher Bemühungen resultiert, einem individuellen oder sozial normierten Professionalitäts- oder Leistungsideal gerecht zu werden. Der Verausgabungsprozess selbst, der zu chronischem Stress führt, ist letztlich mit einem schleichenden Ressourcenverzehr verknüpft. Dieser mache sich über typische Mechanismen wie nachlassende Distanzierungs- und Erholungsfähigkeit, Angststeuerung oder nachlassende kognitiv-mentale Leistungsfähigkeit bemerkbar. Die subjektive Erfahrung einer persönlichen Krise, die weder die lineare Fortsetzung bestehender Bewältigungsprogramme noch aktuelle Handlungsalternativen erlaubt, kommt schließlich einem Zusammenbruch des arbeitsbezogenen Ressourcen- und Effizienzbewusstseins gleich. Mit Bezug auf Siegrist (1996: 109/100) markiere das Burnout im Sinne der „vitalen Erschöpfung" und aus medizin-soziologischer Perspektive somit das Endstadium einer Verausgabungskarriere, zu der hoch kontrollambitionierte Personen häufiger neigen als andere. So deutet schlussendlich einiges darauf hin, dass sich das Burnout-Konzept vor allem für jene gesundheitskritische Konstellation fruchtbar anwenden lässt, die im Flexibilisierungsprozess besonders dramatisch zuzunehmen scheint: „[…] die Kombination von hohem Kontrollspielraum mit weitreichenden und unscharfen Kompetenzerwartungen sowie extremer Arbeitsintensität" (vgl. Pröll/Gude ebd.: 36).[5]

Die Gestaltungsempfehlung von Pröll/Gude zielt zusammenfassend auf den gezielten Ausbau von Ressourcen ab, welche die Anforderungsbewältigung erleichtern. Neben betrieblichen und personenorientierten Maßnahmen würde dies aber die Einbeziehung regionaler Handlungsebenen voraussetzen, ebenso wie eine engere Verzahnung der Prävention mit anderen Fachpolitiken, wie etwa den Bereichen Bildung, Leistung, Sozial- und Arbeitsmarktpolitik. Grundlage dafür könnte laut den Projektverantwortlichen ein „europäisches Leitbild nachhaltigen Arbeitens und Wirtschaftens" sein, „das auch der Arbeitsschutzpraxis und der Präventionsforschung als Orientierungshilfe dienen kann" (vgl. Pröll/Gude ebd.: 6).

Im Hinblick auf Forschungsdefizite konstatieren die Autoren nebst anderem eine „chronische Unterbelichtung" bei der industrie- und arbeitssoziologischen Forschung, was deren thematische Ausrichtung und Schwerpunktsetzung anbelangt. Konkret in Bezug auf Gesundheits- und Sicherheitsaspekte zu neuen Arbeitsformen und Produktionskonzepten (ebd.: 74).

Untersuchungsschwerpunkt: Forschungslücken und Aktualitätsanfordernisse zur Arbeitszeitgestaltung, zur Arbeitsorganisation und zu Tätigkeitsprofilen. *Überdurchschnittlich viele sind von regelmäßiger Überstundenarbeit betroffen. Von besonderem Interesse sind deshalb die Verbreitung und das Ausmaß der Selbststeuerungselemente in der Arbeitszeitgestaltung (ISO-Studie von Bauer/Groß/Lehmann/Munz 2003).*

Ebenfalls mit Betonung der Flexibilitätskomponente präsentiert sich eine Studie des Instituts zur Erforschung sozialer Chancen in Köln (ISO). Die bundesweit durchgeführte Befragung bei rund 4000 abhängig Beschäftigten deutscher Nationalität zu Arbeitsorganisation, Tätigkeitsprofilen und Arbeitszeitgestaltung erfolgt im Kontext eines kontinuierlichen Berichtssystems zur Arbeits- und Betriebszeitentwicklung: Neben einem Kernbestand von Fragestellungen wird durch ein neues Fragemodul versucht, den Aktualitätsanforderungen und Forschungslücken gerecht zu werden. Die Autoren Bauer et. al (2003) schenken in „Arbeitszeit 2003" daher der Verbreitung und der Struktur von betrieblich bedingtem flexiblem Arbeitskräfteeinsatz besondere Aufmerksamkeit. Im Zentrum steht „die Analyse von Verbreitung und Ausmaß des Einsatzes von Elementen der Selbststeuerung in der Ar-

---

[5] Auch mit Bezugnahme auf Heimlich (2000) ist davon auszugehen ist, dass es weder empirische noch theoretische Veranlassung gibt, das Burnout-Konzept auf seinen forschungshistorischen Entstehungskontext im Bereich der personalen Dienstleistungen bzw. der helfenden Berufe zu begrenzen: Heimlich widmet sich der Frage, inwieweit IT-Berufe als Gegenstand der Burnoutforschung aufscheinen.

beitszeitgestaltung, die Ermittlung von Verbreitung und Struktur von betrieblich bedingten Schwankungen des täglichen und wöchentlichen Volumens der Arbeitszeit und die Analyse von Tätigkeitsprofilen der abhängigen Beschäftigung im Prozess der Entwicklung zur Wissens- und Informationsgesellschaft" (vgl. Bauer et. al, ebd.: 2).

In Bezug auf das Phänomen freiwilliger Selbstausbeutung ist hierbei von Interesse, dass laut Untersuchungsergebnis mit steigender Qualifikation nicht nur die vertraglichen Arbeitszeiten, sondern auch die Überstunden zunehmen: „Während mehr als die Hälfte (52%) der Hochqualifizierten länger als 40 Stunden arbeitet, trifft dies nur für 19% der Geringqualifizierten zu" (vgl. ebd., 3). Bei den Tätigkeitsmerkmalen wird insgesamt unterschieden, ob die Beschäftigten regelmäßig Kontakt zu Kunden bzw. betriebsexternen Personen haben. Dem zu Grunde liegt die Annahme, dass der regelmäßige Externenkontakt den Arbeitsprozess mit spezifischen Ungewissheiten belastet (Kooperationsanforderungen, Abstimmungsbedarf mit Kollegen, Anforderungen an innovatives Arbeitshandeln), was für immerhin 50% der Beschäftigten zutreffen würde. Die Tätigkeiten jener 50%, die keinen Kundenkontakt haben, sind stark von industriellen Strukturen geprägt.

Tatsächlich sind in der Untersuchungsgruppe, die regelmäßig im Kundenkontakt steht und neue Kunden akquiriert, mehr als zwei Drittel (68%) der Beschäftigten und damit überdurchschnittlich viele von regelmäßiger Überstundenarbeit betroffen, 47% dieser Gruppe haben selbstgesteuerte, variable Arbeitszeiten. In Hinblick auf den Zeit- oder Leistungsdruck verhält es sich ähnlich wie mit den Überstunden: Der Anteil der Beschäftigten, die regelmäßig (d.h. praktisch immer oder häufig) unter Zeit- und Leistungsdruck arbeiten, steigt mit dem betrieblichen Status. Für Beschäftigte mit hohem Status trifft dies zu 56%, für Beschäftige mit niedrigem Status zu 31% zu (vgl. Bauer et. al, ebd.: 14).

Als Ursachen für den Zeit- und Leistungsdruck werden Stoßzeiten mit überdurchschnittlichem Arbeitsanfall genannt (54%), enge Fristen oder Vorgabezeiten (41%) und ein permanent hoher Arbeitsanfall. Die genannten Ursachen selbst verweisen auf das Missverhältnis zwischen zeitlichen Ressourcen und den Arbeitsanforderungen, während qualifikatorische Defizite als Ursache für Zeit- oder Leistungsdruck nur selten genannt werden (19%).

Untersuchungsschwerpunkt: Gesundheit bei der Arbeit als wichtiger Faktor von Beschäftigungsfähigkeit. *Für viele Beschäftigte sind hohe Verantwortung, Zeitdruck und Überforderung keine Ausnahme, sondern bestimmen den beruflichen Alltag (Arbeitswelt NRW 2004, Landesanstalt für Arbeitsschutz des Landes Nordrhein-Westfalen, 2004).*

Im Trendvergleich zu 1994 und 1999 zeigt eine Umfrage aus 2004 bei weiteren 2000 abhängig Beschäftigten in NRW, dass vor allem psychische Belastungen, wie beispielsweise hohe Verantwortung, hoher Zeitdruck, Arbeitsmenge und die Angst vor Arbeitsplatzverlust eine bedeutsame Rolle im Erwerbsleben spielen. Und auch in dieser Studie sind deutliche Anstiege bei den psychischen Beanspruchungsfolgen zu verzeichnen. Dabei sind die planenden und leitenden Tätigkeiten am stärksten durch „hohen Zeitdruck" belastet (Landesanstalt für Arbeitsschutz NRW 2004: 14).

Bedenklich ist bei diesem Forschungsbericht das Kriterium, dass die Anzahl derer, die nach eigener Aussage Entspannung und Ablenkung vom Arbeitsalltag durch das Trinken von Alkohol suchen, auf 43% angestiegen ist. Kaum Veränderungen zu den Vorjahresstudien zeigen sich in den Bewältigungsstrategien der Beschäftigten: Hier werden vor allem soziale Strategien genannt, angeführt durch gemeinsame Aktivitäten mit Familie und

Freunden (92%). Die Arbeitsschutzstudie macht schließlich auch darauf aufmerksam, dass der technische Arbeitsschutz in Nordrhein-Westfalen ein hohes Niveau erreicht hat. Hinsichtlich der betrieblichen Gesundheitsförderung und dem Engagement für präventiven Schutz der Beschäftigten gibt es nach Einschätzung der Befragten allerdings Optimierungsbedarf.

Untersuchungsschwerpunkt: Entgrenzung und Flexibilisierung der Arbeit. *Was tun, wenn Arbeit krank macht? (Brödner 2003, in: Brödner/Knuth Hg., Nachhaltige Arbeitsgestaltung. Trendreports zur Entwicklung und Nutzung von Humanressourcen).*

Im Auftrag des Bundesministerium für Bildung und Forschung (BMBF) hat Brödner (2003) nebst weiteren AutorInnen künftig relevante Problemfelder und Barrieren analysiert, um Empfehlungen für den Forschungs- und Entwicklungsbedarf im Rahmenkonzept „Innovative Arbeitsgestaltung" des BMBF abzuleiten. Unter dem Titel „Flexibilität, Arbeitsbelastung und nachhaltige Arbeitsgestaltung" resümiert der Autor in einem 3. Band zur Bilanzierung innovativer Arbeitsgestaltung des BMFB, dass immer mehr hoch qualifizierte Arbeitskräfte unter arbeitsbedingten, psychosomatischen Reaktionen leiden: Depressionen, Medikamenten- und Drogenmissbrauch sowie Burnout-Syndrome prägen dabei das Bild, das bis hin zur vorzeitigen Erwerbsunfähigkeit reicht (vgl. Brödner 2003: 490). Die Ursache sieht Brödner in der Forderung nach Flexibilität, die an die Arbeitsfähigkeit von Personen und an die Gestaltung von Arbeits- und Wertschöpfungsprozessen gerichtet ist: Anstelle grundlegender, organisatorischer Veränderungen wird es der Anpassungsfähigkeit der Beschäftigten überlassen, die Unzulänglichkeiten der Organisation zu überspielen und auf turbulente Marktanforderungen zu reagieren. Die Ergebnisse Brödners spiegeln somit auch die Ergebnisse der bereits zitierten Arbeitszeitstudie von Bauer et. al (2003) wider. Dass aufgrund der hohen Gesundheitsrisiken und der damit verbundenen wachsenden betrieblichen und gesellschaftlichen Kosten insbesondere wegen psychischer Beanspruchungsfolgen dringend Handlungsbedarf besteht, macht Brödner an Querverweisen zu weiteren einschlägigen Studien fest: dem Verband Deutscher Rentenversicherungsträger (VDR) zur vorzeitigen Erwerbsunfähigkeit im Vergleichszeitraum 1984 – 1999 einerseits und der „International Labor Organisation" (ILO) von Gabriel und Liiematainen (2000) andererseits.

Zusammenfassend meint Brödner, dass „über die genaue Arbeitssituation vieler hoch belasteter und hoch qualifizierter Angestellter und über andere Bereiche entgrenzter Arbeit nur wenig empirisch verlässliches Material verfügbar ist" (vgl. Brödner ebd.: 533). Er plädiert insgesamt für eine Unternehmenskultur, die der ressourcenorientierten Perspektive auf Arbeit aufgeschlossen gegenübersteht und diese begünstigt, aber auch für ein Klima kritischer öffentlicher Aufmerksamkeit.

Untersuchungsschwerpunkt: Arbeitsbedingungen in Europa. *Die dritte „Europäische Umfrage über die Arbeitsbedingungen im Jahr 2000" liefert einen brauchbaren Überblick zu den Arbeitsbedingungen in der Europäischen Region (Merllié/Paoli 2002), während das EU-Forschungsprojekt „FAME" bereits dezidiert die Auswirkungen von Flexibilität und Mobilität untersucht (Fame Consortium 2003).*

Empirisch umfassend ist die dritte „Europäische Umfrage über die Arbeitsbedingungen im Jahr 2000" auf eine technische Ergebnisdarstellung angelegt. Herauslesen lässt sich aus dem Untersuchungsbericht aber, dass laut Stichprobenergebnis überragende 60% von rund 20.000 Berufstätigen aus den 15 EU-Mitgliedstaaten durch ihre Arbeit gesundheitlich beeinträchtigt fühlen (vgl. detailliert ebd., 28-30).

Die Beantwortung der Frage von Moldaschl/Voß (vgl. bereits 2003: 16), wie die Beschäftigten mit dem Subjektivitätsbedarf und den massiv erweiterten Anforderungen Schritt halten, könnte in „tertiarisierten Arbeitsstrukturen" (vgl. hierzu Offe 1984) somit deutlicher nicht sein: Es gelingt zwar das Tempo zu halten, aber offensichtlich nur um den Preis der Gesundheit. So werden arbeitsbedingte Beeinträchtigungen auch in dieser Studie von Rückenschmerzen und Stress angeführt, die allgemeine Erschöpfung bei Berufstätigen liegt hingegen an 4. Stelle. Auffallend ist, dass die Beeinträchtigung bei rd. 69 % der Befragten auf Termindruck zurückgeführt wird, wobei dieser Termindruck primär durch die Kunden verursacht wird (wiederum 69 %). An zweiter Stelle folgen aber bereits die Kollegen, die mit 43% ebenfalls erheblichen Einfluss auf den wahrgenommenen Termindruck nehmen!

Die Studie selbst deckt sich weitgehend mit den Ergebnissen der bereits zitierten Forschungsprojekte, und so dürfte auch ohne detaillierte Bezugnahme auf methodische Erhebungsdetails dieser als „Dublin-Studie" bekannten Untersuchung der Blick auf die *Arbeitsgesellschaft in Europa* aussagekräftig genug sein.

Spezifischer widmet sich das EU-Projekt „FAME" den neuen Auswirkungen von Flexibilität und Mobilität sowie dem Strukturwandel, der sich in Bezug auf traditionelle europäische Arbeitskonzepte abzeichnet, einschließlich der Entwicklung von Berufsidentitäten: FAME zufolge wird das Individuum aufgerufen, eine pro-aktive und unternehmerische Haltung zu entwickeln. Generell führe der hohe Arbeitsdruck dazu, dass die „Exklusionsrisiken" für die erwerbstätigen Gesellschaftsmitglieder zunehmen:

> „A considerable number of these employees did not possess the personal resources to cope with the requirements of a fast-changing work environment. This often led to stress, lack of control over work performance, high levels of staff turnover, lack of commitment of employees and, in some cases, poorwork performance" (vgl. hierzu im Internet auf der Projekthomepage von FAME)

2.3 Ein Exkurs zur psychologisch dominierten Burnout-Forschung

Zu Beginn der Industrialisierung war der einzelne Arbeiter nur Mittel zum Zweck. Er ließ sich beliebig austauschen und arbeitete sich krank oder in einen frühen Tod. Um den ausbeuterischen Praktiken ein Ende zu setzen, waren denn auch beträchtliche Anstrengungen notwendig. So sorgen die Errungenschaften einer gewerkschaftlich organisierten Arbeitnehmervertretung und die Nachhaltigkeit der „Human Relations-Bewegung" der 40er und 50er Jahre bis heute dafür, dass die Erwerbstätigen der vollständigen Vereinnahmung durch das Kapital nicht mehr schutzlos ausgeliefert sind und im besten Falle durch die Arbeit auch Befriedigung erfahren.

Diametral dazu steht heute eine fast epidemieartige Ausbreitung von *Burnout*. Die Burnout-Community spricht gar von der „Volkskrankheit Burnout" (vgl. hierzu etwa Maslach/Leiter 2001). Die Wurzeln für dieses Phänomen lokalisieren führende ForscherInnen durchgängig im arbeitsweltlichen Kontext von Globalisierung, Technologie und Management-Philosophie. Burnout ist zudem ein individuell und gesellschaftlich hoch relevantes Thema. Denn angesichts empirisch gesicherter Nachweise handelt es sich bei den diagnostizierten Burnout-Fällen nicht mehr um Einzelschicksale, sondern um einen ernst zu nehmenden Trend, der viele angeht und der folgenreich ist. Umso erstaunlicher mutet es auch an, dass die Arbeits- und Industriesoziologie nicht offensichtlicher auf diesem brisanten Forschungspfad wandert.[6]

Sei es nun Bescheidenheit oder die mangelnde Bereitschaft, disziplinäre Grenzen zu überschreiten: Schenkt man der Kulturanthropologin Ina Rösing Glauben, dann sind die Ursachen für diesen ethnozentrierten Sachverhalt nicht im Außen, sondern im Innen zu suchen, und damit bei einer Burnout-Forschung, die selbst ausgebrannt ist. Als Burnout-„Außenstehende" übt sie damit ebenso unverblümt wie konstruktiv Kritik am Stand der Burnout-Forschung (vgl. Rösing 2003): In einer viel beachteten Bestandsaufnahme liefert Rösing Insidern wie Fachfremden einen Überblick zu einer wissenschaftliche Disziplin, die erst Anfang der 70er Jahre beginnt, Burnout systematisch als berufliches Belastungssyndrom zu erforschen (siehe hierzu Freudenberger 1974). Ihrer Perspektive legt Rösing eine Burnout-Definition zugrunde, die „geradezu monoman" die gesamte Forschung bestimmen würde (ebd.: 20):

> „Burnout ist ein Zustand emotionaler Erschöpfung am Beruf. Er geht einher mit negativen Einstellungen zum Beruf, zu den Inhalten oder den Mitteln des Berufs (Zynismus) oder zu den Partnern oder Klienten im Beruf (Depersonalisation). Hinzu kommt ein erheblich reduziertes Selbstwertgefühl in Bezug auf die eigene berufsbezogene Leistungsfähigkeit. Burnout ist ein sich langsam entwickelndes Belastungssyndrom, das nicht selten wegen der kreisförmigen, gegenseitigen Verstärkung der einzelnen Komponenten (emotionale Erschöpfung führt zu geringerem Selbstwertgefühl, welches nur zu mehr emotionaler Erschöpfung führt usw.) zur Chronifizierung neigt" (vgl. ebd.).

Diese Definition ist auch im sogenannten „MBI"[7] operationalisiert: Einem Instrument zur Messung von Burnout. Es stammt von Christina Maslach und wurde an der Berkeley-Universität von Kalifornien entwickelt, ausgebaut und im weitesten Sinne erfolgreich vermarktet. Seine „Karriere" dürfte der Burnout-Begriff aber einem ganz anderen Umstand verdanken, nämlich seiner Alltagstauglichkeit. „Ausbrennen" ist bildhaft und nahezu jeder kann sich darunter auf Anhieb etwas vorstellen. Dennoch ist das Burnout in unserer Kultur noch weit davon entfernt, eine „legitime" Belastungsstörung zu sein, die mehr Anspruch hätte als auf die Empfehlung „mach doch mal Ferien" (vgl. Rösing 2003: 90). Die besondere Problematik, die Rösing identifiziert: Belastungen, die keine objektiv medizinisch diagnostizierbaren physischen Symptome produzieren und auch keine grob arbeitshinderlichen mentalen Folgen haben, werden delegitimiert. Burnout-Opfer sind infolgedessen auch beruflich unreif. Sie werden leichtfertig als Misserfolgsfälle stigmatisiert, als psychisch instabile Loser, die nicht belastbar sind und für die – genau genommen – kein Platz ist.

Die durchaus verbreitete und nicht zuletzt medial gestützte Sichtweise, dass ein Burnout in erster Linie das Problem der Einzelperson ist, wird zwischenzeitlich aber von der Burnout-Forschung widerlegt bzw. perspektivisch erweitert: Burnout ist nicht allein das Problem der Menschen selbst, sondern zurückzuführen auf die Strukturen und das soziale Umfeld, in dem Menschen arbeiten. Diese Sichtweise thematisieren die Amerikaner Pines, Aronson und Kafry (1981) bereits seit den frühen 80ern, und zwar mittels der Frage, was

---

[6] Vgl. beispielsweise entsprechende Thesen von Sauer (2006), eingebunden in den Beitrag „Arbeit im Übergang: Gesellschaftliche Produktivkraft zwischen Zerstörung und Entfaltung" oder die Analyse zum „Reproduktionshandeln" von Kerstin Jürgens (2006), auf die in weiterer Folge noch Bezug genommen wird.
[7] Vgl. hierzu „Maslach Burnout Inventar – Deutsche Fassung (MBI-D)" nach Büssing & Perrar (1992: 336-337).

man gegen Ausbrennen und Überdruss tun kann. Den Schlüssel sehen diese AutorInnen in „sozialen Unterstützungssystemen": Mit einer Anleihe bei Sydney Cobb, M.D., von der Brown University, wird soziale Unterstützung „als Botschaft, die dem Empfänger das Gefühl verleiht, dass er beachtet und geliebt, geschätzt und für einen wertvollen Menschen gehalten wird, und dass er auch an einem Netzwerk von Kommunikationen und wechselseitigen Verpflichtungen teilhat" definiert (vgl. Pines et. al 1981: 144ff).

Maslach/Leiter forschen ihrerseits am „Sozialbarometer" des Burnouts. Und tragen mit dieser Perspektive wesentlich dazu bei, das allgemeine, negative Bild der ausgebrannten Menschen durch positive Ansätze zu ergänzen:

> „Die Strukturierung und Ausgestaltung des Arbeitsplatzes prägt die Interaktion zwischen den Menschen und der Art und Weise, wie sie ihre Arbeit erledigen. Wenn das Arbeitsumfeld die menschliche Seite der Arbeit nicht berücksichtigt, dann steigt das Risiko von Burnout und ein hoher Preis ist dafür zu zahlen" (vgl. Maslach/Leiter 2001: 19-20).

Dieser Erkenntnisstand führte letztlich dazu, dass sich bei der Burnout-Behandlung zwei führende Interventionsansätze herauskristallisiert haben: *personzentrierte* und *organisationszentrierte*. Der erste, individuelle Ansatz, interveniert beim ausgebrannten oder Burnout-gefährdeten Individuum. Hier dreht sich alles um die „psychologische Selbsthilfe". Beim institutionellen Ansatz liegt der Schwerpunkt auf der Organisation von Arbeit und den Implikationen betrieblich initiierter Organisationsentwicklungsprozesse. Es deutet allerdings erst wenig darauf hin, dass diese Perspektivenerweiterung auf das Burnout-Phänomen die breite Öffentlichkeit erreicht hat. Davon ausgenommen scheinen die Niederlande, wo Rösing an der Universität Utrecht das von Wilmar Schaufeli geleitete *europäische Zentrum der Burnout-Forschung* lokalisiert.

Das Plädoyer von Rösing liest sich schlussendlich wie folgt: Weniger aufwändige empirische Studien, als vielmehr „Theorie"! Konkret meint sie damit die systematische Suche nach theoretischen Konzepten außerhalb der kleinen Burnout-Gemeinde. Denn obgleich sich der *Wandel in der Arbeit* als grundlegender Ursachenfaktor legitimieren konnte, muss letztlich festgehalten werden, dass eine „darüber hinausgehende gesellschaftliche Analyse" weitgehend fehlt (vgl. Rösing ebd.: 127).

2.4 Arbeits- und industriesoziologische Führungskräfteforschung

Als Mitautor der Studie „Das Führungskräfte-Dilemma" (Baethge et. al 1995), veröffentlicht durch das Soziologische Forschungsinstitut Göttingen (SOFI), nimmt Ulf Kadritzke Stellung zu Hochqualifizierten, die unter Druck stehen (vgl. Kadritzke auf der Internetseite der IG Metall). Der Gastbeitrag ist 1995 im Rahmen der SOFI-Studie entstanden und beschreibt Alarmzeichen und Hintergründe zeitlicher Überlastung in anspruchsvollen Tätigkeitsfeldern. Die Quintessenz von Kadritzke: Das Ausmaß der *zeitlichen Belastungen* auf der Ebene der Hochqualifizierten ist international übergreifend und eindeutig. Der Wermutstropfen: Wie der allseits registrierte Zeitdruck von dieser Beschäftigtengruppe erlebt und im Berufsalltag immer wieder aufgebaut wird, „darüber wissen wir wenig Konkretes – nicht zuletzt deshalb, weil die Betroffenen sich kaum zu Wort melden" (ebd.). So sieht Kadritzke überlange Arbeitszeiten und 60-Stundenwochen bei Hochqualifizierten als „inszenierte Anwesenheitsdauer", zugleich der einzig sichere Anhaltspunkt und Ausweis für individuelles Leistungsvermögen.

Das Gefühl, dass dieses entgrenzte Arbeitsengagement auf Dauer nicht durchzuhalten ist, wachse auf Seiten der Betroffenen unmerklich, aber unaufhaltsam. Die These „mehr Druck durch mehr Freiheit" (vgl. Glißmann/Peters 2001) wiederum gewinne vor dem Hintergrund des Führungskräfte-Dilemmas deshalb an Boden, weil sich in der modernen Unternehmensorganisation die bisher vertrauten Regeln für das berufliche Engagement und den betrieblichen Erfolg verändern. Verantwortung nimmt nämlich gerade in dem Maße zu, wie sich die unmittelbaren Kontrollen und die hierarchischen Befugnisse abschwächen:

> „Der Druck geht nun vom externen oder internen Kunden/Klienten aus, er wird von der ganzen Projektgruppe oder vom verantwortlichen Manager verinnerlicht und wirkt dadurch viel intensiver. Hier entsteht der Zeitnotstand gerade durch den Abbau von äußerem Zwang" (vgl. Kadritzke, ebd.).

Der Unternehmer werde quasi zum Modell für den angestellten qualifizierten Arbeitnehmer, ohne dass dieser aber in den Genuss der Rechte und Prämien eines Unternehmers gelange. Die einzige Chance für allmähliche Veränderung liege in den Händen der hoch qualifiziert Beschäftigen selbst. Jedoch setze dies die „Überwindung eines rein konkurrenzbezogenen Individualismus" voraus. Gerade die Träger seltener Berufsqualifikationen könnten aufgrund ihrer betrieblichen Stellung eine Form der Arbeitsflexibilität einfordern, die Kreativität fördert und nicht abtötet.

Sucht man ergänzend zu diesem Beitrag Andockstellen bei der arbeits- und industriesoziologischen *Hochqualifiziertenforschung*, präsentieren sich die prominentesten Vertreter in der Reihenfolge ihrer Veröffentlichungen: Baethge/Denkinger/Kadritzke (1995); Deutschmann et. al (1995); Kotthoff (1998) sowie Faust/Jauch/Notz (2000). Diese Forschungsarbeiten stellen im Wesentlichen den Bezugspunkt jener empirischen Wirklichkeit her, für die es nun gilt, „Redeinstrumente" (Scherer 1995: 287 ff, zit. in Osterloh/Grand 2000: 356) zur Rekonstruktion der freiwilligen Selbstausbeutung abzuleiten.

Während sich die arbeits- und interessenssoziologisch angeleitete Untersuchung von Baethge et. al (1995) vor allem auf die Berufssituation und das berufsmoralische Bewusstsein der Hochqualifizierten sowie deren Verhältnis zur arbeitspolitischen Interessensvertretung konzentriert (vgl. oben Kadritzke), schließt Kotthoff (1998) direkt an diese Studie an. Kotthoff würdigt die Ergebnisse von Baethge et. al, da sie wichtige Aufschlüsse darüber geben würden, *wie* sich Führungskräfte und Experten verhalten. Er selbst möchte aber noch genauer wissen, *warum* sie sich so (und nicht anders) verhalten, und entwickelt darauf aufbauend ein „Arbeitsmodell für Hochqualifizierte" (ebd.: 26).

Deutschmann et. al (1995) wenden sich in zwei empirischen Studien den ungeplanten und auch politisch dethematisierten Folgewirkungen der neuen Rolle des Managers als „Intrapreneur" zu, der sich vor allem auch mit persönlicher Überforderung konfrontiert sieht (vgl. ebd.: 436).

Wie sich Anforderungen und Belastungen im Management durch erweiterte Gestaltungsräume verändern, wird weiters in einer Studie von Faust et. al (2000) untersucht. Mit dem Interesse an den Veränderungen der Situation von Führungskräften ebenso wie die ihrer Selbstwahrnehmung liegt hier der Befragungszeitpunkt allerdings schon einige Jahre zurück (1994/1995). Interessant ist dennoch die bereits ausführliche und explizite Berücksichtigung der Dimension *Arbeitszeit*. Die Autoren beobachten nämlich, dass die Entwicklung der Arbeitszeit von Führungskräften mehr als nur ein Zeitmaß ist. Notorisch lange Arbeitszeiten und dauernde Verfügbarkeit stünden vielmehr als Indikator für Status, Leistung und Loyalität sowie als Einsatz für Aufstiegsambitionen (vgl. ebd.: 215). Damit lasse sich auch erklären, warum die Arbeitszeitfrage im Vergleich mit anderen Aspekten der Arbeitssituation relativ wenig Anlass für Unzufriedenheit gäbe. Zumal im Beobachtungszeitraum die Arbeitszeiten für Führungskräfte aller Ebenen deutlich angestiegen sind. D.h. In besonderem Maße dort, wo diese Beschäftigungsgruppe mit starkem Organisationswandel konfrontiert war und die Verantwortung zugenommen hatte. Das Ranking der längsten Arbeitszeiten führten dabei jene Führungskräfte an, bei denen sich unternehmerische und professionelle Anforderungen mischten. Hier wurde im Rahmen der Untersuchung ein durchschnittliches Wochenzeitergebnis von immerhin 52,6 Stunden verzeichnet, Wochenend-Engagements mitberücksichtigt.

2.5   Fazit: Hintergrundbilder, neue Zusammenhänge und Forschungsdefizite

Erwerbsarbeit ist abhängig von technologischen, politischen und gesamtgesellschaftlichen Entwicklungen. Dass damit verbunden auch veränderte Belastungs- und Beanspruchungssituationen auszumachen sind, darf also nicht verwundern. Ebenso wenig, dass sich die Medien und Seminaranbieter dabei überholen, das Thema *Stress am Arbeitsplatz* aufzugreifen, um dann mit Literaturempfehlungen und Ratgebern aufzuwarten.[8] Zusätzlich angeheizt wird diese Offensive durch Studien, die privatwirtschaftlich initiiert sind, denn das übersteigerte Engagement von Führungskräften hat auch unternehmensstrategische Relevanz.[9]

Zusammenfassend zeigt sich also eine Forschungslandschaft, die dem Phänomen freiwilliger Selbstausbeutung anschauliche und aussagekräftige Hintergrundbilder liefert. Die Weichen sind damit gelegt und die Voraussetzungen für systematische Theoriearbeit vergleichsweise günstig.

1. Hintergrundbild: Vertraute Themen, neue Akzentuierung

-   *Beeinträchtigung auf breiter Basis:* In Europa fühlt sich rund die Hälfte aller Beschäftigten durch ihre Arbeitssituation gesundheitlich beeinträchtigt (vgl. Merrlié/Paoli 2002).

---

[8] Vgl. hierzu Meißner (2005) und „Die „Droge" Arbeit. Unternehmen als „Dealer" und als Risikoträger": In der betriebs- und personalwirtschaftlichen Risikoanalyse wird Arbeitssucht aus der Perspektive der Personalabteilungen erörtert. Weiters vgl. an dieser Stelle bereits Burisch (2006), der in 3. Auflage aus psychologischer Sicht das Burnout-Syndrom als Theorie der inneren Erschöpfung handlungstheoretisch rekonstruiert und mit zahlreichen Fallbeispielen auch Hilfen zur Selbsthilfe anbietet, ebenso bereits Poppelreuter/Mierke (2005), die wissenschaftlich fundiert Einblick zu Ursachen, Auswirkungen und Handlungsmöglichkeiten psychischer Belastungen am Arbeitsplatz liefern.

[9] Vgl. hierzu das „Führungskräfte-Engagement 2005", eine Studie der Hewitt Associates GmbH Wiesbaden, bei der 196 Manager aus über 90 führenden deutschen Unternehmen zu ihrem Arbeitsengagement befragt wurden; ebenso die Studie „Zeitmanagement und Worklife-Balance internationaler Top-Manager 2003" von Kienbaum Management Consultants (2003): Laut Kienbaum arbeiten über 70% der Manager mehr als 50 Stunden pro Woche. Ähnlich auch die Untersuchung „Auf dem Weg zum Workaholic" des Bürobedarfherstellers Esselte Leitz (2002), bei der 2500 Firmenchefs und Manager aus Großbritannien, Frankreich, Schweden, USA und Deutschland über die Vermischung von Job und Privatleben Auskunft geben: Fast ein Viertel der deutschen Manager engagiert sich bis zu 100 Stunden pro Woche für die Firma, 23% bis zu 80 Stunden.

- *Hohes Engagement und hoher Leistungsdruck:* Die Bereitschaft, sich im Beruf zu engagieren, unbezahlte Mehrarbeit zu leisten und sich weiter zu qualifizieren, ist sehr hoch. Gleichzeitig klagen viele Erwerbstätige über hohe Anforderungen, Stress und Leistungsdruck bei der Arbeit (vgl. Brödner 2003; Bauer et. al 2003; Zok 2006).
- *Mehrarbeit bei Hochqualifizierten:* Mit steigender Qualifikation nehmen nicht nur vertragliche Arbeitszeiten, sondern auch die Überstunden zu (vgl. Bauer et. al 2003).
- *Zeitnotstand durch Abbau von äußerem Zwang:* Arbeits- und Leistungsdruck gehen von externen oder internen Kunden bzw. Klienten aus; dieser Druck wird von der ganzen Projektgruppe oder vom verantwortlichen Manager verinnerlicht und wirkt dadurch viel intensiver (vgl. Kadritzke, ebd.).
- *Dominanz psychischer Beschwerdebilder:* Bei den gesundheitlichen Beeinträchtigungen, die auf die individuelle Arbeitssituation zurückgeführt werden, dominieren psychische Beschwerdebilder wie Erschöpfung, Nicht-Abschalten-Können, Wut und Verärgerung, Lustlosigkeit und Ausgebranntsein sowie Niedergeschlagenheit (vgl. Zok 2006).

2. Hintergrundbild: Neue Zusammenhänge und Forschungsdefizite

- Nicht nur die Arbeitslosigkeit selbst, auch die Folgen der Arbeitsplatzunsicherheit verlangen weit höhere Aufmerksamkeit von der Forschung (vgl. hierzu den Fehlzeiten-Report von Badura/Schellschmidt/Vetter 2006/2007).
- Intensivere Grundlagenforschung zum Systemzusammenhang personaler, sozialer und organisationaler Ressourcen und ihrer Funktion für die autonome Selbstregulation, insbesondere unter den Bedingungen entgrenzter Arbeit, ist geboten (vgl. hierzu detailliert Pröll/Gude 2003).
- Die Industrie- und arbeitssoziologische Forschung zu neuen (flexiblen) Arbeitsformen und Produktionskonzepten ist in Hinblick auf Gesundheits- und Sicherheitsaspekte unterbelichtet (vgl. hierzu detailliert Pröll/Gude 2003).
- Mobilitäts- und Flexibilitätsanforderungen sowie die Herausbildung einer neuen beruflichen Identität bringen ernstzunehmende Exklusionsrisiken mit sich, denn nicht jeder ist diesen Anforderungen gewachsen (vgl. FAME Consortium 2003).
- Im Zuge der jahrelangen Bekämpfung physischer Risiken an der *Mensch-Maschine-Schnittstelle* ist es zu einer Vernachlässig der *Mensch-Mensch-Schnittstelle* gekommen. An die Stelle des „Absentismus" ist der „Präsentismus" getreten: Nicht mehr die Fehlzeiten fordern neue Antworten vom betrieblichen Gesundheitsmanagement, sondern die überlangen Arbeitszeiten (vgl. Badura et. a 2007).

3. Hintergrundbild: Eine Anleitungsempfehlung aus der aktuellen Arbeitsforschung

Welche forschungsrelevanten Implikationen zu berücksichtigen sind, will man Arbeits- und Organisationsforschung problemorientiert begreifen, definiert der Verbund „Zukunftsfähige Arbeitsforschung" (2005). Denn mit Bezug auf den gegenwärtigen Individualisierungsprozess, in dem die Rolle der Akteure zunehmend bedeutender werde, solle die Arbeitsforschung „neben der strukturellen Dimension auch die subjektive Dimension der Akteure im Transformationsprozess aufgreifen" (vgl. ebd.: 32). Beispielhaft werden Projekte angeführt, die sich der *Fallorientierung* (Projekt „LeFo"), *Dialogischen Methoden* (Projekt „PIZA"),

Ressourcentheoretischen Ansätzen (Projekt „NAR") und *Komplexografischen Portraits* (Projekt „FQMD") widmen. Gefordert wird in diesem Zusammenhang auch, dass zur Bearbeitung der komplexen Probleme die disziplinäre Bearbeitung aufgehoben werde.

Pfeiffer, als Arbeitssoziologin über das Projekt „LeFo" am Verbundprojekt beteiligt, sieht im Rahmen einer Tagung der DGS-Sektion „Arbeits- und Industriegesellschaft" noch spezifischeren Handlungsbedarf. Mit Verweis auf die Debattenstränge „Reelle Subsumtion", „Informatisierung von Arbeit" und „Subjektivierung von Arbeit" postuliert sie einen „dialektischen Blick" innerhalb dieser Debatten, der sowohl kategoriell präzisiert als auch konzeptuell erkennbar integriert und schließlich empirisch brauchbar operationalisiert (vgl. Pfeiffer 2004b: 10).

3 Die Subjektivierungsdebatte: Haupt- und Nebenschauplätze

Will man für die Verausgabungsbereitschaft Hochqualifizierter einen geeigneten Begründungszusammenhang ausmachen, hat die Arbeits- und Industriesoziologie einiges zu bieten: Ein historisch gewachsenes Verständnis von Arbeit, das sich an analytische und begriffliche Instrumentarien rückbinden lässt, weiters eine kaum überschaubare Vielfalt an zeitdiagnostischen Perspektiven und schließlich ein ungebrochenes Interesse an Subjektivierungsphänomenen. Ausgerichtet an ihren bevorzugten Gegenständen *Technik, Qualifikation* und *Arbeitsorganisation* sowie dem Anspruch, sich in arbeits- und gesellschaftspolitische Zusammenhänge einzumischen, verfügt die Arbeits- und Industriesoziologie damit über eine ausgeprägte „Thematisierungskompetenz" (vgl. hierzu Braczyk 2000). Vor diesem Hintergrund wird nun quer zu prominent vertretenen Positionen zur *Subjektivierung von Arbeit* eine Kontrastfolie gespannt. Gesucht wird nach Diskussionslinien, welche das Thema *freiwillige Selbstausbeutung* mehr oder weniger explizit aufgreifen. Im Zuge dessen gilt es, das Phänomen 1) angemessen zu verorten und 2) analytisch-empirisches Potenzial ebenso wie Schnittstellen ausfindig zu machen, die für das skizzierte Erklärungsmodell anschlussfähig sind. Den notwendigen Überblick verschafft ein Suchraster, das in erster Linie die unterschiedlichen Zugänge von SubjektivierungstheoretikerInnen strukturiert: metaphorisch und mit Hilfe von „*Unterwerfungs- und Entfaltungsthesen*" (vgl. zu dieser Heuristik neuerlich Holtgrewe 2003b).

3.1 Subjektivierung von Arbeit: Zwischen Unterwerfung und Entfaltung

Bezug nehmend auf die arbeitsweltliche Praxis scheinen die neuen Arbeitsformen nicht das zu halten, was sie unter dem Gesichtspunkt von Human-Relations-Forderungen eigentlich versprechen: nämlich höhere Arbeitsqualität für die Erwerbstätigen (vgl. hierzu bereits Kap. 2). Ob Teleworking, Gruppenarbeit oder fachübergreifende Projektarbeit: Die wachsende Chance, Subjektivität aufgrund erweiterter Handlungsautonomie gestaltend einzubringen, scheint vielmehr „doppelter Zwang" zu sein: „Erstens, mit subjektiven Beiträgen den Arbeitsprozess auch unter entgrenzten Bedingungen im Sinne der Betriebsziele aufrecht zu erhalten; und zweitens, die eigene Arbeit viel mehr als bisher aktiv zu strukturieren, selbst zu rationalisieren und zu verwerten" (vgl. etwa Moldaschl/Voß 2003: 16; Hervorh. weggel.). Insofern ist auch das Management neu gefordert: Es ist auf Kontrollinstrumente angewiesen, die sich dazu eignen, autonom angelegte Arbeitsprozesse auch kontrollier- und steuerbar zu halten (vgl. Peters/Sauer 2005; Böhle 2003; Hartz/Lang 2003 ebenso wie Glißmann/Peters 2001 oder Minssen 2000, Hg.).

Für eine Soziologie der Arbeit und der Organisation zeichnet sich der betriebliche Wandel damit in hohem Maße durch einen *Wandel in der Nutzung von subjekthaftem Ar-*

beitsvermögen aus.[10] Dies hat für die Beschäftigten höchst ambivalente Konsequenzen: Mehr Freiraum und Chancen durch Handlungsautonomie auf der einen, mehr Druck und Überforderung für die Betroffenen auf der anderen Seite (vgl. hierzu etwa Moldaschl/Voß 2003; Glißmann 2003; Opitz 2004). Für sich selbst muss der einzelne Akteur mit seiner Handlungswahl auf positive wie negative Folgen im Arbeitsprozess reagieren. Maßlosigkeit und systematische (Selbst)Überforderung scheinen dabei weniger die Ausnahme als vielmehr die Regel zu sein (vgl. hierzu die „Reportagen aus der subjektivierten Arbeitswelt" bei Moldaschl/Voß ebd.: 295-335 bzw. den „Fehlzeiten-Report 2006" von Badura et. al).

Den kritisch deutenden Bezugsrahmen für diese Auswüchse liefert indessen eine globalisierte Arbeitsgesellschaft, in der sich die Unternehmen in teilsystemischer Funktionalität den Regeln kapitalistischer Marktmechanismen unterwerfen. Diagnostiziert werden post-fordistische Verhältnisse und eine neue Ökonomisierung der Arbeit. Mit Begriffen wie „Neue Selbständigkeit", „Unternehmer seiner Selbst" oder „Ich-AG" werde der einzelne letztendlich nur dazu aufgefordert, das (neo)liberale Motiv freier Entfaltung mantraartig zu wiederholen und zu verwirklichen (Hartz/Lang 2003: 69; Hervorh. weggel).[11] Im Vordergrund steht damit die kritische Deutung von *Subjektivität als arbeitsbezogener Rohstoff.* Vom „Arbeitskraftunternehmer" als neuem und zukünftigem Leitbild ist etwa die Rede (Voß/Pongratz 1998), von der „Herrschaft durch Autonomie" (Moldaschl 2001) oder vom „Subjekt als Objekt der Begierde" (Moldaschl 2002: 245), das Kraft seines Arbeitsvermögens ökonomisch verwertet werden soll. Mit Conrad (2002) handelt es sich hierbei um relevante arbeits- und industriesoziologische Diagnosekonzepte, die sich nach ihrem wissenschaftlichen Output deutend als „Rationalisierungskritik" und einer Theorie des arbeitenden Subjekts entlang entwickeln (vgl. hierzu Conrad ebd.: 284).

Holtgrewe (2003b) wiederum verortet die Diskussion rund um die Veränderungen von Arbeit, Organisation und Subjektivität mit Hinweis auf die Frühschriften von Marx „in Wellen zwischen den Polen der Entfremdung/Formierung und der Entfaltung der Subjektivität – je nachdem, ob ForscherInnen die Veränderungen der Arbeit zentral auf Seiten der Kontrollformen oder der Aufwertung und Höherqualifizierung ausmachen" (vgl. Holtgrewe ebd.: 22). Sie selbst vertritt die These, dass die Voraussetzungen für die Entfaltung von Subjektivität weder in den Unternehmen noch auf den Märkten liegen können. Vielmehr müssten diese Voraussetzungen von den Subjekten selbst importiert und erkämpft werden, allerdings aus bzw. in anderen Handlungs- und Erfahrungsfeldern. Gefordert sei deshalb auch, Subjektivität als „eigenständige Strukturierungsebene" zu begreifen, der man sich empirisch und fallrekonstruktiv zuwenden solle: nicht im Sinne einer „Funktionsreserve", sondern an subjekthaften Konstitutions- und Bewegungsprozessen interessiert (ebd.: 31). Holtgrewe fordert damit, Forschungsergebnisse nicht einseitig im Kontext kapitalismuskritischer Tradition zu entwickeln. Zumal auch Unterwerfungsthesen das Motiv der subjektiven Entfaltung aufnehmen. Beispielhaft erwähnt sei hier die Forschungsperspektive von Opitz (2004), der mit Foucault´schen Kategorien versucht, die Logik des Unternehmerischen als Zurichtungs- und Unterwerfungslogik darzustellen, welche den gesamten Raum des Sozialen durchdringt. Die Autonomisierung betrieblich organisierter Arbeit nach den Prinzipien des freien Marktes avanciert dabei zur reinen Herrschaftstechnik. Und auch Boes

---

[10] Vgl. hierzu auch die Thesen zum Strukturwandel der Arbeit von Daniel Bell (1985), Peter Drucker (1993), Manuel Castells (1996) oder Nico Stehr (1994).
[11] Vgl. in diesem Zusammenhang die kontrovers diskutierten Empfehlungen der Kommission für Zukunftsfragen der Freistaaten Bayern und Sachsen (1998) in Bezug auf „Erwerbstätigkeit und Arbeitslosigkeit in Deutschland".

(1996) schlussfolgert angesichts der informatisierungsbedingten Notwendigkeit neuer Subjektqualitäten, dass die Erwerbstätigen trotz Autonomie- und Emanzipationsbedürfnissen verstärkt zu „Agenten ihrer eigenen Unordnung" werden (vgl. ebd., 166).

Böhle (2003) geht in Bezug auf die Subjektivierung von Arbeit der Frage nach, „unter welchen Bedingungen die Beschäftigten in selbstgesteuerten Arbeitsformen ihr Arbeitshandeln an betrieblichen Erfordernissen und Zielen ausrichten, und welche neuen arbeitspolitischen Probleme und Konflikte sich daraus ergeben" (ebd.: 120). Dabei nimmt er auf das vorliegende Deutungsangebot Bezug und sondiert die Konzepte nach Themenschwerpunkten. Versucht man nun, das Vorgestellte in *Rationalisierungskritisches* und *Anerkennungssoziologisches* aufzufächern, klärt sich nicht nur das Bild vom Subjektivierungsdiskurs, es wird auch ein Webmuster freiwilliger Selbstausbeutung erkennbar.

Rationalisierungskritische Theorieperspektiven
Böhle (2003) macht im Hinblick auf eine betrieblich induzierte Subjektivierung vier Erklärungsschwerpunkte aus: *1) Steuerung durch ökonomische und technische Zwänge, 2) kulturelle Psychotechniken, 3) Techniken der Disziplinierung* sowie 4) die *Entgrenzung von Zweckrationalität und Selbstrationalisierung.*

Ersteres wird exemplarisch fassbar über die „Kontextsteuerung" bei Moldaschl/Schultz-Wild (1994). Weil sich Arbeitsanforderungen immer weniger konkret festlegen lassen (zwar im Ergebnis, aber nicht in detaillierten inhaltlichen Tätigkeitsbeschreibungen), müssen ökonomische und abstrakte Ziele diese Bruchstelle kitten. Zielvereinbarungen in der Gestalt von Projekt- oder Budgetvorgaben bilden deshalb den Steuerungskontext für den autonomen Handlungsrahmen, in dem sich die Erwerbstätigen relativ frei bewegen können. Zum zweitem findet sich bei Deutschmann (1998) eine Auseinandersetzung zur subtilen Macht der Unternehmenskultur, die bereits bei den „Orientierungen des Handelns selbst" ansetzt (Deutschmann ebd.: 382), beim Dritten, den Techniken der Disziplinierung, siehe bereits Opitz (2004). Und zum vierten macht Böhle im Zusammenhang mit der Internalisierung des Marktes und den Veränderungen in der „Lebensführung" (Voß/Pongratz 1998) auf „maßgebliche handlungssteuernde Prinzipien" aufmerksam (vgl. Böhle ebd.).

Im Gesamten verweisen diese Konzepte auf ein rationalisierungskritisches Paradigma, das in weiten Teilen auch den Zuschnitt eines Beitrags bestimmt, der als Forschungsüberblick zur *Subjektivierung von Arbeit* angelegt ist: Die Autoren Kleemann, Matuschek und Voß (2003: 57-114) konzentrieren sich hier explizit auf das Diskussionsfeld der neueren arbeits- und industriesoziologischen Debatte. Im Ergebnis bezieht sich dieser Vergleich in den Worten von Moldasch/Voß (2003) systematisch auf die wichtigsten, auf Arbeit bezogenen soziologischen Forschungsfelder, in denen sich die Subjektivierung von Arbeit begrifflich eingrenzen lässt als „ein sich historisch intensivierendes Wechselverhältnis zwischen dem einzelnen Subjekt und der Arbeit" (ebd.: 19). Bei der Sichtung der vorhandenen Literatur beschränken sich Kleemann et. al auf den deutschsprachigen Raum, wobei die Strukturierung über die Bezugspunkte „technisierte Arbeit", „post-tayloristische Arbeitsorganisation", „Verhältnis von Arbeit und Leben", „Erwerbsbiographie", „Geschlechterverhältnis und Arbeit" und den „Wandel von Arbeitswerten" erfolgt. Als vielversprechender Erklärungsaspekt, warum sich gerade hoch qualifiziert Erwerbstätige bis zum drohenden Burnout freiwillig selbst verausgaben, zeigt sich dabei vor allem der Diskussionsstrang zur *„technisch induzierten Subjektivierung von Arbeit"*: Durch die zunehmende Implementierung von Informations- und Kommunikationstechnologien in den Arbeitsprozess lässt sich der wechselseitige Informationsaustausch immer mehr beschleunigen. So sorgen auf der Dienstreise Notebook und Mobiltelefon für den Empfang von „to-do-Listen" und Sitzungsprotokollen, weshalb die Beantwortung von Kunden- und Mitarbeiteranfragen jederzeit an jedem Ort erfolgen kann. 24/7 heißt die Parole, was so viel bedeutet wie: „Sei 24 Stunden an 7 Tagen der Woche erreichbar, Informationsdefizit ausgeschlossen. Da war doch eine E-Mail? Ach ja genau, Eingang 10.27 Uhr auf dem Weg nach Bologna …".

Anerkennungssoziologische Theorieperspektiven
Das vielfach zitierte Subjektivierungstheorem zeigt sich, wie oben dargestellt, also über weite Strecken von rationalisierungskritischen Ausgangsinteressen geprägt. Dennoch besteht kein Anlass, diesen Sachverhalt als Einseitigkeit einzustufen. Gerade diese konzentrierte Betrachtung ist es ja, die es *Neuankömmlingen* ermöglicht, sich im ökonomischen Sinne einigermaßen zügig zu orientieren. Und ist die Ordnungsphase abgeschlossen, sieht man sich bestenfalls auch in der Lage, den fachspezifischen Diskurs im konstruktiven Sinne zu übersteigen und dort weiterzugehen, wo man aufgrund eigener Erfahrungswerte dem Erklärungsprogramm kritisch gegenübersteht. Stichwort: Entfaltungsmöglichkeiten in und durch die Arbeit.

Der „Ruf nach Selbstverwirklichung" wurde allerdings längst gehört (vgl. Kocyba 2000: 130). Sowohl in den Unternehmungen als auch in der Wissenschaft, denn Baethge antwortet bereits Anfang der 90er mit der These einer „normativen Subjektivierung" (vgl. Baethge 1991). Dem zu Folge streben zunehmend mehr Beschäftigte nach Identifikation mit der ausgeübten Tätigkeit:

> „Man will innerlich an der Arbeit beteiligt sein, sich als Person einbringen können und über sie eine Bestätigung eigener Kompetenzen erfahren. Man will sich in der Arbeit nicht wie ein jedermann, sondern als Subjekt mit besonderen Fähigkeiten, Neigungen und Begabungen verhalten können und die Tätigkeit in der Dimension persönlicher Entfaltung und Selbstverwirklichung interpretieren können" (vgl. Baethge 1991: 7/8).

Für Jäger (1999) kommt diese veränderte Arbeits- und Berufsorientierung vor allem bei Angestellten in Dienstleistungsberufen zum Ausdruck, denn gerade diese Beschäftigungsgruppe würde darauf drängen, „intellektuelle und kommunikative Fähigkeiten in kooperative Arbeitsprozesse einzubringen, die Selbstbestätigungs- und Selbstdarstellungsmöglichkeiten offerieren" (ebd.: 155). Oder neuerlich mit Baethge: Immer mehr Arbeitende wollen „ihre Identität nicht länger an der Garderobe abgeben" (Baethge 1994: 245). Paradoxerweise vermag diese Hartnäckigkeit, mit der Erwerbstätige ihre Ansprüche an die Arbeit im Sinne „reklamierender Subjektivität" (vgl. Kleemann et. al 2003: 91) artikulieren, neuerdings auch Arbeitsorganisationen in die Enge treiben (siehe hierzu Abschnitt 3.2. dieser Arbeit).

Unter identitätstheoretischen Gesichtspunkten lässt sich also feststellen „dass wir es mit einem tiefgreifenden Strukturwandel der Gegenwartsgesellschaften zu tun haben, der nicht zuletzt in Veränderungen der Erwerbsarbeit seine Ursache hat und seinen Ausdruck findet" (Holtgrewe/Voswinkel/Wagner 2000: 9). Dies führt zu der These, dass sich auch die Anerkennungsverhältnisse im Erwerbsprozess im Umbruch befinden: Was früher Anerkennung vermitteln konnte, ruft heute mitunter Missachtung oder Gleichgültigkeit auf den Plan. Nicht nur „schamhafte Selbstentwertungen und –beschränkungen der Subjekte" oder „abweichendes Verhalten" (Holtgrewe et. al, ebd.) sind daher zu beobachten, auch ein

„Kampf um Anerkennung" (Honneth 1994) ist im Gange. Nachdem aber Anerkennung auch und gerade über die Arbeit hinaus erfahrbar wird, und zwar in unterschiedlichen sozialen Beziehungen, meint Holtgrewe „dass es gerade die(se) Vielfalt und Widersprüchlichkeit von Anerkennungsverhältnissen ist, aus der heraus die Subjekte die Fähigkeiten entwickeln (können), Anerkennung zu beanspruchen und Kämpfe um Anerkennung zu führen" (Holtgrewe 2003a: 215). Die Frage ist nur, um welchen Preis diese Anerkennungskämpfe geführt werden. Insbesondere, weil auch AnerkennungssoziologInnen den Standpunkt vertreten, dass in einer hochmodernen Arbeitsgesellschaft Anerkennung als solche ganz wesentlich auf Arbeit bezogen sein muss (vgl. hierzu Holtgrewe, Voswinkel, Wagner, alle 2000; Holtgrewe 2003a/2003b; Kotthoff 2000 sowie weiters Senghaas-Knobloch/ Nagler 2000). Und nachdem in Arbeitsorganisationen Beziehungen der Missachtung und der asymmetrischen Anerkennung institutionalisiert und Handlungsspielräume durch Arbeitsverträge oder Kooperationsbeziehungen anerkannt oder eingeschränkt werden, „kann gerade das Anerkennungsstreben zur Steuerung der Mitglieder durch die Organisation genutzt werden" (vgl. hierzu neuerlich Holtgrewe et. al 2000: 21/22). Zumal der autonome Steuerungs- und Kontrollmodus auf quantifizier- und messbare Kriterien aufbaut: Über lange (Zeit)Strecken hinweg bewältigen Erwerbstätige Arbeitsaufgaben, bei denen erst die finale Zielerreichung über positive oder negative Sanktionen entscheidet. Sieht sich der Einzelne nur mehr mit Messgrößen konfrontiert, verblasst die anerkennungswürdige Tages- oder Wochenleistung zusehends und das persönliche Engagement verschwindet im doppelten Wortsinn "im Dunkel der Nacht".

Mit dem Positionswechsel zur Anerkennungssoziologie steht das selbstgesteuerte und eigenverantwortliche Arbeitshandeln also ganz im Zeichen der Mead´schen These, der zufolge Menschen als Voraussetzung für ihre Identitätsbildung nach Anerkennung streben (Mead 1934). Will man an dieser Stelle die rationalisierungskritische mit der anerkennungssoziologischen Perspektive vergleichen, lassen sich mit Schönberger/Springer (vgl. 2003: 12/13) zwei widersprüchliche Lesarten bzw. Ausgangsinteressen identifizieren:

- Entstehen mit der Tendenz zur Subjektivierung von Arbeit neue Handlungs- und Machträume für Beschäftigte *oder*
- ist mit der Formierung neuartiger Herrschafts- und Unterwerfungsregime zu rechnen?

Die Autoren plädieren deshalb dafür, den Arbeitenden unmittelbarer zuzuhören. Sie wollen erfahren, inwiefern ein Arbeitscharakter, der den ganzen Menschen fordert, tatsächlich neue Macht- und Autonomiepotenziale entstehen lässt, um die Arbeits- und Lebenssituation nach individuellen Ansprüchen und Bedürfnissen zu befriedigen.[12] Oder aber um herauszufinden, dass die Subjektivierung wirklich nur Chiffre für eine neue Form von Selbst-Herrschaft ist (ebd.).

Insgesamt scheinen rationalisierungskritische wie auch anerkennungssoziologische Subjektivierungskonzepte wissenschaftlich gleichermaßen gut abgesichert und damit auch legitimiert zu sein[13]. Kritische Distanz ist dennoch angebracht. Spätestens dann, wenn beispielsweise postfordistischen Konzepten gemäß der Eindruck vermittelt wird, dass Er-

---

[12] Vgl. zur „Teilung von Arbeit und Leben" Voß (1994).
[13] Vgl. zu den Entwicklungsperspektiven von Arbeit detaillierter die Ergebnisse der Deutschen Forschungsgemeinschaft (Lutz Hg., 2001)

werbstätige, die sich freiwillig selbst verausgaben, letztendlich vom Kapitalismus ausgebeutet werden und ihren freien Willen verlieren.

Das Resumée
Weder Unterwerfungs- noch Entfaltungstheoretiker[14] können mit ihren Deutungsvorschlä-
gen in Bezug auf die Anpassungsleistungen von Erwerbstätigen uneingeschränkt überzeugen. Vielversprechend scheint deshalb Holtgrewes Metapher vom *Korridor* zu sein, der
zwischen den gegensätzlichen Positionen hindurchführt. Dass aber eine Perspektive, bei der
(auch) identitätstheoretisch argumentiert wird, gerade für Arbeits- und Industriesoziologen
eine Herausforderung ist, bringt Kotthoff (2000) zum Ausdruck. Bei seiner Suche nach
einer theoretischen Begründung von Anerkennungsbeziehungen im kapitalistischen Betrieb
meint er kritisch:

> „Die dominierenden industriesoziologischen Ansätze schließen die Möglichkeit von Anerken-
> nung im Betrieb aus strukturellen Gründen explizit aus. Die Fabrik als Arena der Kapitalverwer-
> tung gilt als ein Ort der Entfremdung. Er schert sich nicht um die Berücksichtigung von identi-
> tätsstabilisierenden Erwartungen der Subjekte. Der Anerkennung muss also in den Begriffen,
> Kategorien und Methoden der Industriesoziologie erst mal ein Platz begründet werden. Und das
> ist keine leichte Aufgabe!" (Kotthoff ebd.: 27).

Nicht von ungefähr konstatiert deshalb auch Jäger (2005) einen Bedarf an Konzepten, die
in Abgrenzung zur Produktionsarbeit und mit Ausrichtung auf den „ganzen Menschen" die
Kraft haben, „Dienstleistung und Dienstleistungsarbeit auch in der Postmoderne zu sezieren
sowie Begriff und Tätigkeitsinhalt soziologisch aufzufüllen" (vgl. Jäger ebd.: 524). *Belastungssituationen in und durch die Arbeit* spricht Jäger dabei zwar nicht explizit an, aufgreifen lassen sich derartige Themen mit dieser Diagnose aber allemal. Es kann sich also lohnen, diese Richtung beizubehalten. Insbesondere, weil hier auch die theoretisch-konzep-
tionelle Dimension von „Subjektivität"[15] mitzudenken ist.
    Ob nun Kocyba exemplarisch den Sachverhalt einer sich wandelnden (Arbeits)-
gesellschaft porträtiert, ob Baethge die „Renaissance der Subjektivität" diskutiert (Baethge
1999) oder ob von der „gefeierten Entdeckung des Subjekts" (Pfeiffer 2004a) die Rede ist:
Der *subjektive Faktor* erfreut sich jedenfalls hohen Zuspruchs in den Sozial- und Human-
wissenschaften, und er durchdringt in Qualität und Quantität unübersehbar die arbeits- und
industriesoziologische Forschung. Der Neuheitsgrad der Subjektfigur wird mit
Moldaschl/Voß (2003) nur insofern relativiert, als dass eine Soziologie der Arbeit, die sich
selbst als „subjektorientiert" bezeichnet, bereits seit Mitte der Siebziger praktiziert werde.
Verwiesen wird hier z.B. auf Beck/Brater/Daheim (1980), auf Bolte/Treutner (1983) und
auf Voß/Pongratz (1997), ebenso wie auf das Konzept des „subjektivierenden Arbeitshandelns" (vgl. hierzu Böhle 1994; Böhle 2001; Böhle/Milkau 1988; Böhle/Rose 1992; Böh-
le/Schulze 1997).

---

[14] Vgl. hierzu auch ausführlicher die perspektivische Auseinandersetzung von Holtgrewe (2003b: 23-26).
[15] Vgl. zu den „Theorien der Subjektivität" und damit zur Stellung des Individuums ausführlicher Daniel (1981).

3.2　Hochqualifizierte und ihr Arbeitswissen: Betriebliche Kontrolle im luftleeren Raum?

Wie die bisherige Inblicknahme zeigt, ist die Subjektivierung von Arbeit aufs engste mit dem industriesoziologischen Betriebskonzept verbunden. Geht man mit Mikl-Horke davon aus, dass Betriebe als „Herrschaftsverband" und als „zweckbestimmt eingesetztes Wirtschaftsinstrument" fungieren, die als sozial-integrative Drehschreibe die Arbeit in der modernen Gesellschaft organisieren, steuern und kontrollieren (vgl. ebd.), ist dies auch kaum anders möglich:

> „Die Organisation ist wie nie zuvor zur notwendigen Grundlage der Arbeit in der modernen Gesellschaft geworden; es ist eine Organisation, die nur für die Arbeit besteht. Man kann die Entwicklung der Wirtschaftsorganisationen als Kombinationsprodukt zweier Prozesse sehen: der Integration der Arbeitnehmer in die soziale Vergesellschaftungsform des Betriebes bzw. in die rational geplante Organisation und dem Streben nach Erhöhung der Produktivität und Effizienz" (Mikl-Horke 2000: 109).

Auch für Organisationssoziologen wie Türk et. al (2002) stellt die Organisation in ihrer empirischen Erscheinung ein gesellschaftliches Verhältnis dar, das in seiner spezifischen historischen Form eine unverzichtbare Existenzbedingung für den modernen Kapitalismus geworden ist: Wird doch im historischen Rückblick mit dem Konzept der organisationalen Ordnung eine neue Ökonomie der Macht ermöglicht, die „Produktivität und Herrschaft, ökonomische Ausbeutung und politische Unterwerfung miteinander verkoppelt" (ebd.). Auch Türk et. al verweisen über Foucaults „Gouvernementalität" auf ein „disziplinierte(s) Subjekt"[16], das in der modernen Gesellschaft zu einem disponiblen Produktionsfaktor wird, zum „Arbeitssubjekt" und „Träger von Arbeitsvermögen", das „zweckgerichtet" verwendet werden kann (Türk et. al 2002: 24). Die Arbeitskraft werde als Humankapital definiert, das nunmehr „geformt, gebildet, akkumuliert aber auch entwertet werden kann" (ebd.: 25). Dies habe zur Folge, dass Rationalität und Produktivität nicht nur von einzelnen Organisationen erwartet werde, sondern auch von den organisationalen Subjekten: „Der homo oeconomicus wird so zu einer wünschenswerten Projektion: ein rational-utilitarisches Subjekt, das nutzenorientiert und zugleich nutzbar zu sein hat – ist doch Selbststeuerung allemal billiger als Fremdsteuerung" (Türk et. al ebd.: 25). „Organisation" erweist sich schlussendlich aber nicht einfach als abstraktes Makromerkmal moderner Gesellschaften, sondern als konkreter Ort, an dem Ko-Operation reguliert wird; zugleich ein Ort, an dem dominante gesellschaftliche Verhältnisse reproduziert werden und der mit Rationalitätsvorstellungen und Rationalitätserwartungen verbunden ist.

Heute werden die Erwerbstätigen an diesem Ort nicht mehr mit tayloristischer Arbeitszerlegung konfrontiert, sondern mit wissensbasierten und gestaltungsoffenen Managementstrategien[17]. Diese forcieren wie bisher die Arbeitsproduktivität, aber sie zielen, mehr oder weniger verdeckt, auf *subjektive* Leistungen ab. In diesem Zusammenhang wird die Begrenzung von zeitlichen, räumlichen, sachlichen oder sozialen Strukturvorgaben sukzessive aufgelöst: Die Arbeitnehmer bestimmen ab sofort selbst, wann und wo sie arbei-

---

[16] Vgl. hierzu detailliert Lemkes „Kritik der politischen Vernunft" (1997), eine Studie zu Michel Foucault und dessen Analyse moderner Gouvernementalität.

[17] Vgl. hierzu Konzepte zum „Wissensmanagement", etwa bei Probst/Raub/Romhardt (1999) oder zur „Lernenden Organisation" bei Senge (2003).

ten möchten. Den funktionellen Rahmen stellt ein moderner *Telearbeitsplatz* mit Laptop, Internetanschluss und Mobiltelefon zur Verfügung, denn die Leistungsvorgaben sind „nur noch" verbunden mit Projektzielen und Fertigstellungsterminen. All das, was die Leistungsbereitschaft beschränken könnte, wird aufgelöst, um die am internationalen Markt erforderliche Innovationsfähigkeit und Flexibilität zu fördern (vgl. hierzu auch Jäger 1999 oder Minssen, Hg. 2000).

Besonders empfänglich für diese Anrufungen scheinen Hochqualifizierte zu sein. Grund genug zu prüfen, wie die arbeits- und industriesoziologische Führungskräfteforschung diesen Akteur auf den Begriff bringen will.[18] Baethge et. al (1995) beispielsweise definieren ihre Untersuchungsgruppe als

> „höhere Angestelltengruppe in Industriebetrieben, die entweder eine verantwortliche Leitungstätigkeit mit Anordnungsbefugnissen gegenüber hierarchisch unterstellten Personen in der Produktion ausüben oder in indirekten Funktionen in Forschung, Entwicklung, Planung oder bei der wirtschaftlichen Gestaltung und Kontrolle von Produktion und Marktbeziehungen tätig sind" (Baethge et. al ebd.: 11).

Gegenstand ist bei Baethge et. al damit ausdrücklich die *Arbeits- und Berufssituation von Hochqualifizierten,* insbesondere deren Verhältnis zu Arbeitnehmervertretungen, aber auch das berufsmoralische Bewusstsein in Bezug auf die Handlungsfolgen für Ökologie, Gesundheit und Politik. Den gemeinsamen Bezugspunkt dieser Beschäftigungsgruppe machen Baethge et. al daran fest, dass der überwiegende Teil über ein Hoch- oder Fachhochschulstudium verfügt und in der Regel den außertariflichen oder leitenden Angestellten angehört. Die Arbeitstätigkeit selbst ist komplex und nur schwer kontrollierbar, zugleich aber für das Unternehmen strategisch bedeutsam, woraus sich auch der betriebliche Stellenwert Hochqualifizierter ableiten lässt. Aus diesem Pool an „intellektuellem Kapital" rekrutieren sich schließlich die Entscheidungsträger in den Vorstandsetagen großer Konzerne ebenso wie die Geschäftsleitungen von mittleren Unternehmen (ebd.).

Auch bei Kotthoff spielen „die Studierten" im Großbetrieb die Hauptrolle (vgl. Kotthoff 1998: 11). Der Autor orientiert sich bei der Bestimmung seiner Untersuchungsakteure jedoch stark an Baethge et. al (1995). Forschungsstrategisch macht dies durchaus Sinn, denn Kotthof folgt mit seiner Fragestellung direkt der Forschungslinie der vorher genannten Fachkollegenschaft. Während sich Baethge und seine Mitstreiter aber den Konflikt- und Gefährdungszonen zwischen Lebenswelt und Unternehmen zuwenden, um nachzuweisen, dass „die ausufernden Ansprüche des Betriebes mit den eigenen lebensweltlichen Ansprüchen nicht mehr ins Lot zu bringen sind" (vgl. ebd.: 359), interessiert sich Kotthoff für Beziehungsphänomene und für die „Hochqualifiziertenidentität": Mit dem „Konzept der betrieblichen Sozialordnung" bemüht er sich darum „das Arbeitsverhalten, das Verhältnis zur Firma und das Interessenhandeln" Hochqualifizierter[19] zu entschlüsseln (vgl. Kotthoff ebd.: 14).

---

[18] Vgl. hierzu ebenfalls und detaillierter bereits die Ausführungen unter Kap. 2 zu Faust/Jauch/Notz (2000), Kotthoff (1998) oder Baethge/Denkinger/Kadritzke (1995).

[19] Zur begrifflichen Differenzierung von Qualifizierten und Hochqualifizierten: Auf eine explizite Unterscheidung wird beim „Führungskräfte-Dilemma" von Baethge et. al ebenso verzichtet wie bei Kotthoff. Deshalb wird auch bei der vorliegenden Theoriearbeit am Hochqualifiziertenbegriff respektive der hochqualifizierten Arbeitstätigkeit festgehalten.

Festhalten lässt sich an dieser Stelle also, dass die begriffliche Zuordnung hochqualifizierter Akteure durchwegs auf objektivierbare Ausbildungs- und Subjektmerkmale abstellt. Erst nachgereiht wird auch die Stofflichkeit der Arbeit ins Spiel gebracht: Worauf es dabei ankommt, sind „eigenständige, innovative Problemlösung(en) in einem komplexen Such-, Experimentier- und Kombinationsprozess" (vgl. Kotthoff 1998: 27). Experten und Führungskräfte müssen folglich in der Lage sein, sich diesen Aufgaben im Rahmen ihrer Erwerbstätigkeit tagtäglich aufs Neue zu stellen.

Wenn also Baetghe (1991) konstatiert, dass subjektbezogene Ansprüche an die Arbeit bei bestimmten Berufs- und Beschäftigtengruppen immer schon eine große Rolle gespielt haben, so meint er damit jene Erwerbstätigen, die sich hier zwischenzeitlich als *Hochqualifizierte* einordnen lassen. Durch die „positive Verankerung von Arbeit in der individuellen Identitätskonstruktion" (vgl. hierzu Baethge 1994: 247) setzt dieser Beschäftigungstypus neue Maßstäbe an das eigene Arbeitshandeln sowie an die betriebliche Arbeitssituation. Aufgrund dieses Tatbestands sieht der Autor letztendlich auch die Wirksamkeit traditioneller Regulierungs- und Kontrollinstrumente schwinden: diese würden den qualifizierten Belegschaftsbereichen gegenüber und im Kontext organisierter Arbeit nämlich einen wesentlichen Teil ihres steuernden Machtpotenzials verlieren. Denn wer „persönliche Sinnkriterien" an die Arbeit anlegt, wer also die Arbeit auf sich und nicht sich auf die Arbeit bezieht, der scheut mit Baethge auch nicht lange, sein Verhalten in der Arbeit zu überprüfen und zu revidieren, wenn persönliche Ansprüche nicht erfüllt werden (vgl. Baethge 1994: 248). Wenn aber das Arbeitshandeln von Hochqualifizierten in so herausragendem Maße personen- und situationsgebunden ist und der individuelle Stellenwert im Unternehmen das Selbstwertgefühl definiert, ist von einem *Grenzfall betrieblicher Kontrolle* auszugehen: Steuerungs- und Kontrollprinzipien lassen sich nicht mehr am konkreten Arbeitshandeln bzw. am Arbeitsgegenstand ausrichten, sondern müssen die *subjektivierte Arbeitsidentität* von Hochqualifizierten berücksichtigen.

Teilbereiche dieser (für die betriebliche Kontrolle nur schwer fassbaren) subjektivierten Arbeitsidentität hat Kotthoff bereits erforscht, denn es gelingt ihm nachzuweisen, dass Hochqualifizierte ihr Arbeitshandeln deshalb so stark auf die Firma ausrichten,

weil die spezifische Firmenkultur als Teilnehmerkultur ihre Identität aufwertet und beflügelt: „Arbeitsidentität auf der einen und Identität mit der Firma auf der anderen Seite sind damit eng aufeinander bezogen" (vgl. Kotthoff 1998: 292). Daraus ließe sich auch ableiten, dass nicht allein die Effizienz der Kennzahlensysteme über den produktiven Output der Erwerbstätigen entscheidet, sondern betriebliche Kenntnisse darüber, wie jener Arbeitsidentität im Transformationsprozess beizukommen ist, die für den modernen und wissenslastigen Arbeitsprozess so begehrlich ist. Vor dem Hintergrund einer individualisierten und teilsystemisch differenzierten Gesellschaft keine leichte Aufgabe:

> „Die Gesellschaft erwartet von der Person normativ ein Selbstverständnis als einzigartig und selbstbestimmt, weil dies grundlegende Voraussetzungen eines der gesellschaftlichen Komplexität gewachsenen Rollenhandelns sind; und die Person formuliert Ansprüche, um als einzigartige und selbstbestimmte ein sinnerfülltes Leben führen zu können. Ansprüche der Person sind, aus der Sicht der Gesellschaft, der Preis, der für Einzigartigkeit und Selbstbestimmung zu zahlen sind" (Schimank 2005a: 243/244).

Überträgt man diesen auf Luhmann (1984) zurückführenden *Anspruchsindividualismus* auf die betriebliche Organisationsebene und das Vorangestellte, ist bei individualisierten und hochqualifizierten Erwerbspersönlichkeiten in besonderer Weise davon auszugehen, dass althergebrachte Steuerungs- und Kontrollprinzipien ins Leere greifen. Prekär sind die neuen Verhältnisse damit nicht nur für die Erwerbstätigen, sondern auch für die Arbeitsorganisationen; wenngleich von anderen Vorzeichen bestimmt.

3.3 Leistungsdruck und Zeitkosten als Schattenseiten subjektivierter Arbeit

Mit ihrem Herausgeberwerk zur „Subjektivierung von Arbeit" sensibilisieren Moldaschl/Voß für das Einnehmen einer Forschungsperspektive, die bislang nur Führungskräftestudien vorbehalten war. Denn mit dem Abschaffen der Stechuhr und dem *Konzept der Vertrauensarbeit* (vgl. Moldaschl/Voß ebd.: 300-302) wird die Bereitschaft zur Mehrarbeit nun hierarchie- und statusübergreifend virulent und damit analysewürdig. *Rationalisierungsverlierer* sind aus diesem Blickwinkel all jene, die in neuen Kontrollverhältnissen gezwungenermaßen selbstorganisiert und eigenverantwortlich ihr Arbeitspensum bewältigen (müssen), selbst wenn Schlafstörungen oder psychosomatische Beschwerden die Gesundheit beeinträchtigen. Aber auch die vermeintlichen *Rationalisierungsgewinner* sind vor den neuen Belastungssymptomen nicht gefeit. Die Beschäftigten-Elite in den Untersuchungen von Faust et. al (2000) artikuliert nämlich geradlinig, dass „höhere Autonomie im Verantwortungsbereich" durch „erhöhte Unsicherheit des Beschäftigtenstatus und der Beschäftigungssicherheit" schlichtweg erkauft werden muss (vgl. Faust et. al ebd.: 24). Durch die inszenierten Marktzwänge sieht sich die Führungskraft nicht nur mit motivierenden Handlungsaufforderungen konfrontiert, sondern ist auch bisher ungekannten Zumutungen ausgesetzt (vgl. ebd.):

> „Die Verantwortung, den gestiegenen Anforderungen gerecht zu werden, wird in die Person hinein verlagert. Hinzu kommt, dass der mikropolitisch brisante Organisationswandel besondere Zeitkosten erzeugt, sodass der Ausweg in überlange Arbeitszeiten für viele Führungskräfte zum einzig gangbaren Weg wird, mit den Anforderungen zurechtzukommen" (Faust et. al 2000: 22).

Die Bewährungsprobe beginnt schließlich dann, wenn auch die lebensweltlichen Zeitarrangements immer mehr zur beliebigen Verfügungsmasse zugunsten von Beruflichkeit und Arbeit werden:

> „Das führt zu erheblichen Zerreißproben für Manager, die sich auch noch andere Ansprüche an ein gutes Leben bewahrt haben als die Herausforderung in der Arbeit und den beruflichen Aufstieg, oder die mit konfligierenden Erwartungen aus dem familiären Umfeld konfrontiert sind" (vgl. Faust et. al ebd.).

Wenn im familiären oder freundschaftlichen Bereich also Gegenkräfte aufgebaut werden, die sich dem Sog der Arbeitswelt entgegenstellen, kann dies durchaus dazu führen, dass die belastende Arbeitssituation zur Sprache kommt und diskutiert wird. Letztendlich scheinen die Betroffenen gesundheitliche und soziale Risikokosten aber doch in Kauf zu nehmen. Sei dies aufgrund klarer Priorisierung für die Beruflichkeit, aus Sorge, den Arbeitsplatz bezogenen Ansprüchen nicht mehr Genüge zu leisten oder aus Angst um die Arbeitsstelle (vgl. hierzu auch Kapitel 2 dieser Arbeit). Die geeignete Bewältigungsstrategie findet sich dabei nicht im Handbuch des neuen Managementmodells sondern allenfalls in Ratgebern zur

Work-Life-Balance (vgl. bspw. Cassens 2003) oder für einschlägig Interessierte im Bereich der Arbeitspsychologie (vgl. etwa Richter/Hacker 1997).

Den ausufernden Arbeitszeiten schenken auch Baethge et. al größte Aufmerksamkeit. Die Autoren stellen bei ihren Untersuchungen fest, dass die Errungenschaften tariflicher Arbeitszeitregelung gerade bei Hochqualifizierten ins Leere zielen. Erklärungen für die subjektivierte Handlungswahl, welche diese Erwerbsgruppe im Umgang mit Leistungsanforderungen und extensiven Arbeitszeiten auszeichnet, finden die Autoren mittels differenzierenden Begründungsmustern. So fühlt sich die Kategorie der „Dulder" bei extensiven Arbeitszeiten in der Zeitgestaltung eher betrieblichen Ansprüchen unterworfen, während die „Macher" ihr persönliches Engagement für die Aufgabe in den Vordergrund stellen. Die damit verbundene Befriedigung resultiert aus der erfolgreichen Aufgabenbewältigung (vgl. Baethge et. al 1995: 125). Diese unterschiedlichen Muster im Sinne einer „Verarbeitungsform betrieblicher Realität" sind für Baethge et. al doppelt bestimmt:

> „Sie bringen zum Ausdruck, inwieweit die subjektive Berufsorientierung in der realen Arbeitssituation auf Entfaltungschancen trifft, durch die ein überdurchschnittliches zeitliches Engagement als innerlich einsichtig legitimiert oder als äußerlich aufgezwungenes legitimiert wird" (Baethge et. al 1995.: 125/126; Hervorh. weggel.).

Besonders deutlich machen Baethge et. al dies am Beispiel eines Maschinenbauingenieurs. Das wahrgenommene Leiden durch die Arbeitszeitzumutung relativiert sich für diesen Akteur nämlich großteils wieder. Er kann die erfolgreiche Bewältigung eines betrieblichen Problems nämlich unmittelbar auf seine eigene Arbeitstätigkeit und auf sein persönliches Engagement beziehen. Die möglichst schnelle Wiederinbetriebnahme der Maschinen beim Kunden verleiht somit auch einer weit überdurchschnittlichen Arbeitszeitleistung wieder befriedigenden Sinn (vgl. ebd.: 126).

Sei es nun das *Erdulden* der Arbeitszeitzumutungen oder das *pro-aktive Abholen* anerkennungsstiftender Elemente durch die Bewältigung von herausfordernden Aufgaben: Beide Handlungsmuster sind bei Baethge et. al aufs engste mit einer sinnhaften Zuordnung für das eigene Handeln und Tun verwoben. Denn „wer den quasi objektivierten – vom Zuschnitt der Aufgabe selbst diktierten – Leistungserwartungen der Betriebe an hochqualifizierte Arbeitskräfte genügen will, muss bereit und in der Lage sein, mehr Arbeitszeit als ein normaler Arbeitnehmer zu investieren" (Baethge et. al, ebd.).

Wenn unter dem Gesichtspunkt von Leistungsdruck und Zeitkosten schließlich ein subjektiviertes Arbeitsleitbild an Kontur gewinnt, das vor allem im hochqualifizierten Tätigkeitsbereich mit hoher Belastungsresistenz gekoppelt ist, darf dies nicht weiter verwundern. Ebenso wenig, dass der „interne Unternehmer" (Faust et. al 2000) dabei sogar betriebliche Unterstützung erfährt. So lässt sich schon seit längerem beobachten, dass Incentive-Programme der Human Ressource-Abteilungen zu Verhaltensveränderungen motivieren sollen. Dies beginnt bei sportlicher Fitness und endet bei der gesunden Ernährung (vgl. hierzu GEO 2002). Denn schließlich passen die vitalen Attribute sportlicher und ernährungsbedingter Vitalität recht gut zur modernen Rolle eines Intrapreneurs (vgl. hierzu grundlegend bei Deutschmann et. al 1995). Auch die subjektivierte Leistungsfähigkeit will eben normativ abgesichert sein …

Und so schenkt auch Böhle (2003) nicht von ungefähr der gesundheitlichen Dimension wieder erhöhte Aufmerksamkeit. Er vermutet, dass durch die „Stilllegung des Körpers" und der „einseitigen Inanspruchnahme der sinnlichen Wahrnehmung bei subjektiviertem Arbeitshandeln" die menschliche Wahrnehmungsfähigkeit gefährdet ist (vgl. Böhle ebd.: 142). Dies manifestiere sich über physisch-psychische Beschwerden wie körperlicher Verspannung oder Kopfschmerzen. In Konzepten rationalen Handelns würde dieser Umstand jedoch nicht ausreichend thematisiert. Böhle räumt deshalb mit der Idealisierung subjektivierter Arbeit auf, die ebenso wie die industriellen Arbeitsformen Gefährdungspotenziale aufweist. Nur würden diese Gefährdungen in neuer und erst schwer greifbarer Form auftreten (vgl. hierzu Böhle 1982, ebenso Moldaschl 1998/2001).

Nur mit wenigen Ausnahmen[20] beziehen sich SoziologInnen aber auf die neuen Belastungsphänomene als solche. Was mit sich bringt, dass der Kausalzusammenhang zwischen *Belastungssituation und Akteur* in Analysen kaum Berücksichtigung findet. Strukturrelevante Bezugspunkte hingegen interessieren in großer Zahl. Und zwar der Frage entlang, weshalb es den Betrieben offenbar möglich ist, „nicht mehr nur stellvertretend für die Unternehmerfunktion, sondern quasi flächendeckend auf die freiwillige Verausgabung von Arbeitsleistung im Interesse betrieblicher Ziele und ökonomischer Erfordernisse zu vertrauen" (Böhle 2003:119).

3.4 Grenzen ökonomischer Rationalisierungslogik: Handlungsnahe Perspektiven

Menschliche Arbeitskraft avanciert zum Produktionsfaktor schlechthin. Durch ihre Subjektgebundenheit kann sie in geradezu idealer Weise den Bedarf einer Gesellschaft abdecken, in der (lebendiges) Wissen als Innovationsfaktor und „axiales Prinzip" (vgl. Bell 1985) gehandelt wird. Mit dem ordnenden Gebilde der „formalen Organisation" steht mit der empirischen Gestalt der Unternehmung zudem ein Wirtschaftsinstrument zur Verfügung, das sich zweckbestimmt als ein „System von Arbeitsplätzen" einsetzen lässt (Mikl-Horke 2000: 109/110). Die Aktivitäten, die zur je spezifischen Zielerreichung einer Wirtschaftsorganisation notwendig sind, werden ganz einfach auf die einzelnen Mitglieder verteilt, indem ihnen aufeinander abgestimmte Positionen zugewiesen werden. Der Erwerbstätige als „Arbeitssubjekt" wird damit zum „Träger von Arbeitsvermögen, das zweckgerichtet verwendet werden kann und dessen Erträge abschöpfbar sind" (vgl. Türk 2000: 17). Um diesen *Abschöpfungsprozess* hat sich das das betriebliche Management neben seiner Leitungsfunktion zu kümmern, und dies möglichst nach neuem Rationalisierungspotenzial und nach Kriterien der Effizienzsteigerung Ausschau haltend. Mit Johanna Hofbauer (1993) ist die „Frage der Arbeitskontrolle" somit auch spezifischer eine „Frage der Kontrolle über den Arbeitsprozess" und zugleich einer der Brennpunkte industriesoziologischer Diskussion überhaupt (vgl. Hofbauer ebd.: 146).

Mit ihrer Interpretation beleuchtet Hofbauer nicht nur arbeitsprozesstheoretische Konzepte, sie diskutiert auch die unterschiedlichen Paradigmen von Handlungs- und Strukturtheoretikern, die sich unversöhnlich gegenüber stehen. Es gilt daher, selbst Position zu beziehen und die Weichen für die geplante Analyse zu stellen. In den Folgeabschnitten wird deshalb nach theoretischen Bezugspunkten gesucht, die im Hinblick auf die *Selbstverausgabungsdynamik* möglichst nahe an die Erwerbstätigen heranreichen:

---

[20] Vgl. hierzu beispielsweise die Analyse „Arbeit, Stress und krankheitsbedingte Frührenten" von Dragano (2007). Weniger subjektivierungsspezifisch, aber dafür breiter Angelegtes findet sich bei Claus Wendt und Christoph Wolf (Hg., 2006): Die „Soziologie der Gesundheit" berücksichtigt eine Reihe von Beiträgen, die vornehmlich dem Medizin- bzw. gesundheitssoziologischen Fachbereich entstammen.

- *Handlungsnah* kennzeichnet in der vorliegenden Studie den Distanzbegriff einer Perspektive, die *möglichst nahe* an den Wirklichkeitsbereich von Arbeitstätigen heranreicht. Diese Wirklichkeit zeichnet sich durch ein selbstverausgabendes Arbeitshandeln aus, das in seiner Ursächlichkeit und in seiner Folgewirkung unmittelbar am Subjekt hängt und sich damit der vollständigen Beobachtbarkeit entzieht.

Für diesen Zweck werden Subjekivierungskonzepte reflektiert, die Herrschaftsbeziehungen als strukturelle Gegebenheit in Organisationen zwar berücksichtigen, dem Erkenntnisinteresse nach aber beim *handlungs- und gestaltungsfähigen Subjekt* ansetzen. Zur Diskussion steht nämlich nicht nur, dass betriebliche Rationalisierungslogik an ihre Grenzen stößt. Auch was die soziologische Analysekraft betrifft werden Grenzen ausgemacht bzw. neue Diagnose- und Prognosekonzepte eingefordert (vgl. bspw. Hirsch-Kreinsen 2003).

Bezug nehmend auf Hofbauers Überlegungen lautet die Schlussfolgerung deshalb, neue Belastungsphänomene nicht von objektiven Verhältnissen und gesellschaftlichen Zwängen her zu erschließen, sondern von Eigenschaften, Zielen und Grundsätzen der Individuen auszugehen. Sucht man für diese Vorgehensweise nach einem allgemeineren sozialwissenschaftlichen Weltbild, findet sich in Hinblick auf Theoriebildung ein Leitfaden bei Michael Zürn (1992). Zürn unterscheidet deutlich zwischen *funktionalistischen, naturalistischen* und *rationalistischen* Ansätzen. Ist beim funktionalistischen Weltbild von einer Dominanz des Systems gegenüber den Akteuren auszugehen, verhält es sich bei den zwei letzteren umgekehrt: Während „naturalistische" Theorien auf sub-intentionale Prozesse und Mechanismen abzielen, die von den Handelnden nicht kontrolliert werden können, basieren „rationalistische" auf dem subjektiven Willen nutzenorientierter und entscheidungsfähiger Akteure.

Mit Hilfe dieser Kriterien wird nun das analytisch-heuristische Denkraster vorgezeichnet, auf dem die Erklärungsleistung für die freiwillige Selbstausbeutung aufsetzen soll. Und ausgehend von Konzepten, die Autoren wie Böhle (1999/2003), Jürgens (2006) oder Pfeiffer (2003/2004a) in die Diskussion einbringen, gilt es nach Schnittstellen zu suchen, die für ein Erklärungsmodell freiwilliger Selbstausbeutung im übertragenen Sinne „Scharnierfunktion" übernehmen können.

3.4.1 Subjektivierendes Arbeitshandeln

Für Böhle haben industriesoziologische Untersuchungen spätestens seit Popitz et. al (1958) immer wieder auf Arbeitspraktiken verwiesen, „die nicht ohne weiteres einem rationalen Nachvollzug (Verstehen) zugänglich sind" (vgl. Böhle 1999: 100). Die Konsequenz für die Industrie ist ebenso trivial wie komplex: Sie muss sich reorganisieren. Die vorhandenen menschlichen Ressourcen sind auf eine konsequente Nutzung und Weiterentwicklung auszurichten und menschliche Arbeitskraft ist als Schlüsselressource für die Wertschöpfung neu zu bewerten. Denn vor dem Hintergrund autonomer Arbeitsgruppen und interdisziplinärer Projektmanagementteams werden sozial-kommunikative, interaktive Prozesse integraler Bestandteil der Arbeit und der Bedarf an subjektiven Kompetenzen steigt (vgl. hierzu ausführlicher bereits bei Jäger (1999), ebenso Schmiede (Hg., 1996c), oder auch Schmidt (Hg., 1999a). Veranschaulichen lässt sich dieser neue Kompetenzanspruch über die Entwicklung exemplarischer Stellenprofile: Der Ingenieur übermittelt seine Konstruktionspläne nicht mehr intern dem Gruppenleiter sondern präsentiert sie gemeinsam mit dem Ma-schinenmechaniker extern und direkt beim Kunden. Ingenieurstätigkeit wird damit ebenso wie das Know-how des Maschinenbauers vor den Augen der Beteiligten zur Verkaufs- und Beratungstätigkeit. Das bisher funktionierende Rationalisierungsprinzip hoher Standardisie-rung und Arbeitsteilung greift also ins Leere, denn „was im tayloristischen Zuschnitt der geistigen Arbeit vorbehalten war – die Regulierung wie Kontrolle von Produktionsabläufen -, scheint nun zu einer wesentlichen Aufgabe von Produktionsarbeit selbst zu werden" (Böhle 1999: 98; Hervorh. weggel.).

Dieses moderne Verständnis von Arbeit ist nun keineswegs ein Konzept, das aus-schließlich auf „Emanzipation und Evolution" ausgerichtet ist und deshalb die Etikette „revolutionär" verdient (Böhle ebd.: 103). Im Klartext: Requalifizierte Arbeit würde zwar traditionell feudale Herrschaftsverhältnisse überwinden, trage aber insgesamt auch wieder zur Etablierung und zur Legitimation neuer Macht- und Herrschaftsstrukturen bei, und zwar „im System industriell-kapitalistisch organisierter Arbeit und Gesellschaft" (ebd). Zumal mit der „Unterordnung körperlicher unter geistige Arbeit" sowie der „Kontrolle des Ar-beitshandelns durch Rationalisierung und Objektivierung" diese Geschichte ohnedies fort-geschrieben werde.

Dass die Rationalisierungs- und Steuerungslogik wissenschaftlicher Betriebsführung unter diesem Gesichtspunkt Neuland betritt, ist soweit nachvollziehbar. Böhle fordert des-halb Perspektiven, die sich spezifisch mit der Kategorie der „Subjektivität" und dem „Sinn" moderner Arbeit auseinandersetzen (vgl. Böhle 1999: 103). Er selbst greift dazu auf Max Weber (1921) und das „zweckrationale Handeln" zurück. Diesen analytischen Zugang ergänzt er mit dem Konzept des „subjektivierenden Arbeitshandelns", indem er vorschlägt, zwischen *objektivierendem* und *subjektivierendem Arbeitshandeln* zu unterscheiden. An-hand phänomenologisch orientierter philosophischer und psychologischer Theorien weist der Autor nach, dass Weber in seinem Handlungskonzept den Körper und die Sinne nur unzureichend berücksichtigt und damit Subjektqualitäten ausgrenzt, die sich dem rein Ob-jektivierbaren im Arbeitsprozess entziehen. Böhle plädiert deshalb dafür, bei Analysen zur Subjektivierung von Arbeit die besondere Formung des „Gebrauchs der Sinne" zu beachten und stellt vor dem Hintergrund arbeitssoziologischer Untersuchungen[21] die grundsätzliche Überlegenheit „einer rationalen, auf Objektivierung beruhenden Ausrichtung des Arbeits-handelns in Frage" (Böhle 2003: 133). Zur Entfaltung dieser These nimmt er aus der Per-spektive von rationalem Handeln auch Eigenschaften und Unwägbarkeiten von konkreten Arbeitsbedingungen und Arbeitsanforderungen unter die Lupe. Und er konzentriert sich auf jene Aspekte, die ein rein rational und objektivierendes Handeln ausblendet: Gefühle und subjektive Empfindungen Personen und Gegenständen gegenüber ebenso wie technischen Abläufen und Unwägbarkeiten (vlg. hierzu Böhle et. al 2004).

Böhle und auch der Autorenkreis, der sich um ihn herum gruppiert, verfolgt ausdrück-lich nicht das Ziel, die Analyse des zweck-rationalen Handelns zu ersetzen. Vielmehr wird der besondere Wert des menschlichen Arbeitsvermögens herausgestellt: Es geht um die Fähigkeit des „Sowohl-als-auch" und damit um die wechselseitige Verschränkung von objektivierbarem mit subjektivierbarem Handeln (vgl. Böhle 2003: 133). Damit diese „So-

---

[21] Vgl. hierzu etwa Pfeiffer zum „subjektivierenden Arbeitshandeln an Internet-Arbeitsplätzen" und zum „Tele-service im Werkzeugmaschinenbau" (Pfeiffer 1999/2000), weiters Böhle et. al (1997) zur „Pflegearbeit" bzw. zur personenbezogenen Dienstleistungsarbeit oder die „Interaktionsarbeit zwischen Konflikt und Kooperation" bei Dunkel/Rieder (2003).

wohl-als-auch"-Kompetenz von subjektivierendem Arbeitshandeln aber für die betriebliche Steuerung und Kontrolle berechenbar bleibt, muss es als Arbeitsvermögen in äußere Strukturen von objektivierbarem Handeln transformiert werden. Empirisch entspricht dies der Abbildung von Projektzielen, Budgetvorgaben oder Finanzkennzahlen. Zudem beeinflussen rechnergestützte Informations- und Steuerungstechnologien als intermediäre Instanzen die Arbeitenden und den konkreten Arbeitsprozess. Mit dieser „Verwissenschaftlichung äußerer Arbeitsbedingungen", so Böhle, werde die „Selbst-Objektivierung des Arbeitshandelns" quasi erzwungen. Selbst-Objektivierung beschränke sich aber nicht auf die Anpassung an vorgegebene organisatorische Strukturen, sondern berücksichtige vor allem die „selbstgesteuerte Ausformung von Handlungsspielräumen" und die Mitwirkung an den äußeren Arbeitsbedingungen, die auf ein objektivierendes Handeln ausgerichtet sind (vgl. Böhle 2003: 135/136). Bei den skizzierten Stellenprofilen ließe sich dieser Handlungsspielraum etwa daran ablesen, ob Ingenieur und Maschinenbauer sich mit Screenshots der Konstruktionsunterlagen zufrieden geben würden, oder ob die beiden (notfalls am Wochenende) noch eine kundenspezifische Folienpräsentation samt Argumentationsleitfaden ausarbeiten.

Mit der betrieblichen Rationalisierung von selbstgesteuertem Arbeitshandeln werden also Prozesse in Gang gesetzt, „bei dem – auch aus der Perspektive der Arbeitskräfte selbst – nur mehr das Geltung erlangt, was sich rational und objektiv begründen lässt" (Böhle 2003: 139), sei dies nun die Einhaltung der kalkulierten Plan-Sollstunden für die Entwicklung oder der Zufriedenheitsgrad des Kunden. Schlussfolgern lässt sich über dieses arbeitsweltliche Beispiel auch, dass in erster Linie die Erwerbstätigen selbst darüber entscheiden, in welchem Ausmaß subjektivierendes Arbeitshandeln in den Arbeitsprozess eingebracht und in objektivierendes Arbeitshandeln überführt wird.

3.4.2 Reproduktionshandeln als eigensinnige Grenzziehung

Da Untersuchungen zur Rolle des subjektivierenden Arbeitshandelns auch darauf aufmerksam machen, dass hier nicht von einer „naturgegebenen, quasi unerschöpflichen Ressource" ausgegangen werden kann (Böhle 2003: 141), sticht ein Konzept ins Auge, das sich der „eigensinnigen Grenzziehung" widmet: Den Fokus auf die menschliche „Arbeits- und Lebenskraft" gerichtet, zeigt Jürgens (2006) mit ihrer Analyse zum „Reproduktionshandeln" auf, welche Leistungen Menschen erbringen, um nicht nur Arbeitskraft und physische sowie psychische Stabilität aufrecht zu erhalten, sondern auch soziale Integration. Grenzziehungen sind bei Jürgens Ausdruck einer aktiven Gestaltungsleistung der Subjekte. Diese müssen beständig Konfliktzonen zwischen Lebenswelt und Unternehmen durchschreiten und damit externe Anforderungen und interne Bedürfnisse in Übereinstimmung bringen. Die Grenzmetapher ist gleichzeitig auch die analytische Klammer, mit der Jürgens die unterschiedliche Funktionalität von „Arbeits- und Lebenskraft" umschließt:

> „Mit der Industrialisierung wurden durch Arbeitsorganisation und Sozialpolitik Grenzen zwischen Lebensbereichen etabliert, die sich bis heute in einer Trennung der Erwerbsarbeit von anderen Arbeitsformen und Lebenstätigkeiten manifestiert. Diese Struktur setzt dem individuellen Handeln Grenzen, doch bleibt es Aufgabe der Subjekte, alltäglich und lebenslang die Wechselwirkungen und Widersprüche zwischen diesen Sphären auszugleichen" (Jürgens ebd.: 8).

Vor diesem Hintergrund definiert Jürgens die Reproduktionsleistung von Subjekten „als eine Art Meta-Kompetenz, indem sie eine durch die Subjekte herzustellende Voraussetzung von Ökonomie, individueller Existenzsicherung, sozialer Integration und gesellschaftlicher Stabilität insgesamt darstellt" (ebd.: 207; Hervorh. weggel.). Reproduktionshandeln findet damit auch bewusst statt und folgt der rationalen Kosten-Nutzen-Kalkulation eines Homo Oeconomicus. Dieses Handlungsmodell würde auch nahe legen, dass sich Subjekte aus Eigeninteresse kontinuierlich von den Belastungen durch Erwerbsarbeit regenerieren. Weil die Ergebnisse der empirischen Arbeitsforschung aber Gegenteiliges zeigen, richtet Jürgens ihr Modell in spezifischer Weise auf die begrenzte Ressource Arbeitskraft aus. Und sie arbeitet in ihrer Analyse deutlich eine neue „Konkurrenzlogik" (vgl. ebd. 215) heraus. Dieser zu Folge tritt an die Stelle von *Konkurrenz um fachliche Kompetenzen* eine *Konkurrenz um größtmögliche Flexibilität und Belastbarkeit*. Die Konsequenz: Beschäftigte orientieren sich weniger an den individuellen Bedürfnissen nach Regeneration, sondern an den extern gesetzten Normen von Leistungsfähigkeit: „Statt eigene Reproduktionsbedürfnisse anzuerkennen, führen Beschäftigte somit auf der Leistungsseite und der Reproduktionsseite von Handeln einen Kampf gegen sich selbst" (ebd.; Hervorh. weggel.).

Da Jürgens auch für zeitliche Grenzziehung Erklärungen bereit hält, scheint hier ein Konzept vorzuliegen, das recht passgenau auf das Phänomen freiwilliger Selbstausbeutung anwendbar ist.

3.4.3 Das „Arbeitsvermögen" informatisierter Arbeit

Unter die Rubrik „moderne Arbeitssoziologie" ist auch das Analysekonzept von Pfeiffer (2003/2004a) einzureihen. Ähnlich wie Jürgens setzt Pfeiffer auf eine Forschungsperspektive, die abseits vom Mainstream nach Neuem sucht. Interessiert am Wandel von Erwerbsarbeit werden deshalb die Beschäftigen selbst in den Mittelpunkt gerückt. Dabei handelt es sich um soziale Akteure, die ihr Arbeitshandeln an die neuen Bedingungen anpassen. Angeregt durch eigene Untersuchungen bleibt Pfeiffer, im Gegensatz zu Jürgens, mit ihrer Analyse aber konsequent im arbeitsweltlichen Kontext und nimmt über die Dialektik von *Arbeitsvermögen* und *Arbeitskraft* das spezifisch „Neue im Kontinuum der Informatisierung" ins Visier: Sie verortet die Veränderungsimpulse und Auswirkungen der heutigen IuK-Technologien[22] sowohl auf der gesellschaftlichen Organisationsebene von Arbeit als auch auf der Ebene der arbeitenden Subjekte (vgl. ebd. 2003: 184).

Den Informatisierungsbegriff selbst analysiert Pfeiffer in einer produktiven Auseinandersetzung mit dem Forschungsprogramm der Reflexiven Moderne. Denn mit diesem Begriff, den Pfeiffer tragfähiger ausbauen will, gehe auch eine neue Qualität von Abstraktionsniveau und Objektivierungsgrad einher[23]. Im Zuge ihrer Bemühungen reflektiert Pfeiffer denn auch kritisch das subsumtionslastige Informatisierungsverständnis als Ergebnis beharrlicher „Negation von stofflichen Technik- und leiblichen Subjektaspekten" informatisierter Arbeit (vgl. Pfeiffer 2003: 187). Hier lässt sich ein Theoriemuster ablesen,

---

[22] Unter Informations- und Kommunikationstechnologie (IKT, auch IuK-Technologie, IuK-Technik oder engl. information and communications technology, Abk. ICT) werden Technologien im Bereich der Information und Kommunikation zusammengefasst (vgl. hierzu im Internet: http://de.wikipedia.org/wiki/Informations-_und_Kommunikationstechnologie).

[23] Vgl. hierzu die Diskussion zum Wandel von Arbeit aus der Perspektive der Informatisierung bei Schmiede (1996a/1996b/1996c) und bei Baukrowitz et. al (2001).

das an konzeptioneller Integration ausgerichtet ist: Die Dialektik von *Arbeitsvermögen und Arbeitskraft* wird mit der Dialektik von *subjektiviertem und objektiviertem Handeln* verschränkt (letzteres unter Rückgriff auf Böhle*)*. Mit Hilfe dieser Perspektivenmatrix werden die Kategorien Arbeitskraft und Arbeitsvermögen im Dreiklang mit der Arbeitsorganisation[24] theoretisch fundiert und für die Analyse informatisierter Arbeit aktuell aufbereitet. Die zentrale Rolle, die Böhles „subjektivierendes Arbeitshandeln" übernimmt, ist im argumentativen Kern des Konzepts zu sehen. Dieser Kern bezieht seinen Begründungszusammenhang aus der Differenz und der Unterscheidung zwischen subjektivierendem und (nicht)objektivierendem Handeln und den sinnlich-körperlichen Widerspruchsmomenten während des Zugriffs auf lebendige Arbeit.[25] Menschliches Arbeitsvermögen definiert sich laut Pfeiffer denn auch gleichermaßen als Prozess und Produkt.

Aus erkenntnistheoretischer Sicht handelt es sich bei Pfeiffers Thesen um erlebte, konzeptuelle Defizite einer Arbeitssoziologin, die sich an der Empirik orientiert. Darauf aufbauend spürt sie mit Hilfe reformulierter Marx´scher Kategorien auch dort noch subjektivierte Autonomieansprüche auf, wo das „Primat der Marktförmigkeit" (vgl. Pfeiffer 2003:194) bis in die Gestaltung der Autonomiespielräume hineinreicht. Pfeiffer liefert infolge dessen auch einen *emanzipationsorientierten Gegenentwurf* für eine Subjektivierungsdebatte, die von den Imperativen kapitalistischer Zugriffslogik bestimmt ist. Mit Hilfe anthropologisch fundierter Kategorien verschafft sie dem Interessierten einen Zugang zum inneren Produktionsprozess lebendiger Arbeit, den das lebenstätige Subjekt, abgeschottet von jeglicher Beobachtbarkeit, bewerkstelligt. Damit führt Pfeiffer den erkenntnissuchenden Blick über die Unterwerfungs- und Entfaltungsthesen hinaus, lenkt ihn in die Tiefe und überrascht mit einem neuen naturalistisch geprägten Selbstverständnis. Oder etwas salopper formuliert: So könnte moderne Arbeitsforschung (auch) funktionieren.

Die Phänomene, die gemeinhin als Subjektivierung von Arbeit gedeutet werden, analysiert Pfeiffer aus ihrer Informatisierungsperspektive hingegen als Folge eines bestimmten, historisch erreichten Komplexitätsgrades der Produktivkräfte. Daraus resultiere auch ein erhöhtes Erfordernis der Aneignung durch die arbeitenden Subjekte: „Das bedeutet eine verstärkte Verausgabung des Arbeitvermögens, zugleich eine verstärkte Nutzung – aber eben auch eine gleichzeitige Neuausbildung von Arbeitsvermögen" (vgl. Pfeiffer 2003: 196). Ausgehend von diesem Arbeitsvermögen also, das ständig damit beschäftigt ist, sich selbst zuzurichten (indem es sich neues Arbeitsvermögen immer wieder neu aneignet, bildet und verausgabt, gleichzeitig Entfremdung wieder aufhebt und sich dem totalen ökonomischen Zugriff partiell immer wieder entzieht), fordert Pfeiffer eine klare Analytik. Diese müsse kritisch nach Autonomie- und Emanzipationspotenzial suchen (vgl. Pfeiffer ebd.: 184). Sie selbst rekonzeptionalisiert unter diesem Gesichtspunkt das Begriffspaar von *Gebrauchs- und Tauschwert* für die Transformationsprozessanalyse (vgl. Pfeiffer 2004a: 40). Pfeiffer verfolgt damit das Ziel, die Aktualität und Operationalität Marx´scher Konzepte für soziologische Analysen nachzuweisen.[26]

Das Resumée im Hinblick auf die proklamierte Handlungsnähe und Übersetzungstauglichkeit für den eigenen Problemgegenstand: Obwohl sich Pfeiffer in der Tradition marxis-

---

[24] Pfeiffer vertritt die Auffassung einer Arbeitsorganisation, die über die einzelbetriebliche Variante hinausgeht (vgl. ebd. 2003: 193). Siehe hierzu ergänzend etwa die fraktale Fabrik (Warnecke/Bullinger 1995), das virtuelle Unternehmen (Mertens et. al 1998; Rohde et. al 2001) oder das Netzwerkunternehmen bei Picot et. al (2001).
[25] Vgl. hierzu bereits die Auseinandersetzung unter Punkt 3.4.2.
[26] Vgl. hierzu ausführlicher die Auseinandersetzung mit dem Marx´schen Arbeitsbegriff und dessen Aktualität für eine moderne Arbeitssoziologie bei Jäger/Pfeiffer (1996).

tischer Gesellschaftstheorie mit den Seiten von Unterwerfung und Entfremdung beschäftigt, stellt sie überzeugend den autonomen und selbstbestimmten Menschen in den Mittelpunkt ihrer Arbeit. Für Hochqualifizierte, die sich freiwillig selbst verausgaben, ist dies aller Voraussicht nach ein spannungsreicher Interpretationsansatz.

3.5 Fazit: Arbeitshypothesen und ein Kategorienportfolio

Lässt man die Haupt- und Nebenschauplätze, die hier auszugsweise ausgeleuchtet wurden, Revue passieren, verhärtet sich mit AutorInnen wie Pfeiffer (2003/2004a) oder Jürgens (2006) der folgende Eindruck: Die gegenwärtige arbeitssoziologische Forschung wird von Analysen dominiert, die subsumtionslastig argumentieren und sich auf breiter Basis den veränderten Kontroll- und Herrschaftsformen widmen. Mit wenigen Ausnahmen liegt der Forschungsradius damit auf der kapitalistischen Unternehmung, die verstärkt und unter Zuhilfenahme subtiler Managementtechniken die Ressourcen und Potenziale der Erwerbstätigen abschöpft. Im Mittelpunkt der neuen Steuerungs- und Kontrollverhältnisse stehen damit auch die *Anpassungsfähigkeit der Beschäftigten an die neuen Arbeitsformen* und die *Warenförmigkeit der Arbeit*. Rationalisierungskritische und identitätstheoretische Deutungsprogramme rahmen in diesem Sinne auch die inhaltliche Reichweite der Subjektivierungsdebatte: Dem Leser wird der Eindruck vermittelt, dass er sich in einem Forschungsfeld bewegt, in dem eigentlich schon alles gesagt wurde, was zu sagen ist.

Vor dem Hintergrund der bisherigen Vorarbeit kann eine Perspektive, die sich auf die „Eigenlogik freiwilliger Selbstausbeutung" konzentriert, aber dennoch profitieren. Der Begriff selbst ist bislang eng mit unbekannten Belastungsphänomenen und gesundheitlichen Gefährdungen verknüpft, mit Hochqualifizierten und neuen Arbeits- und Kontrollformen sowie mit arbeits- und industriesoziologischen Kategorien, die neben der Systemebene auch auf der Handlungs- und Strukturebene sozialer Akteure ansetzen. Strenge Begriffsarbeit wurde hingegen kaum geleistet und in analytischer Hinsicht zeigt das Phänomen überraschenderweise wenig Profil. *Im Klartext: Freiwillige Selbstausbeutung bleibt in der arbeits- und industriesoziologischen Diskussion theoretisch unscharf.* Diesem Umstand sowie den Belegen der Empirik verdankt die vorliegende Analyse ihre Berechtigung und führt zu folgenden Arbeitshypothesen:

1. Arbeitshypothese: „Freiwillige Selbstausbeutung" als Phänomen subjektivierter Arbeit darf sich weder auf *strukturtheoretische Rationalisierungslogik* noch auf *subjektbezogene Anerkennungs- und Wettbewerbslogik* begrenzen lassen. Mit dem Begriff der Selbstausbeutung werden Aspekte thematisiert, die einerseits auf den *Produktionsprozess im Innern* der Subjekte und andererseits auf das *handelnde Zusammenwirken* der Beschäftigten verweisen.

2. Arbeitshypothese: Unter dem Gesichtspunkt von Theoriebildungsregeln leisten sozialwissenschaftliche Weltbilder wichtige Konturierungsarbeit. Ob *funktionalistisch*, *naturalistisch* oder *rationalistisch:* Die unterschiedlichen Ausgangspunkte beeinflussen das Erklärungsergebnis im Gesamt und liefern Orientierung, wie mit analytischen Schnittstellen und Konstruktionsanforderungen für eigene Modelle umzugehen ist.

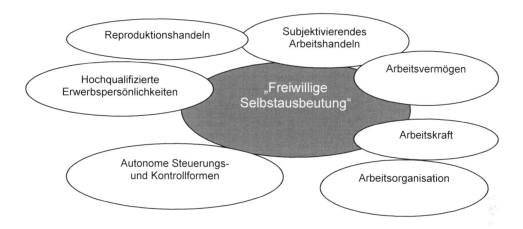

Abbildung 2: Kategorienportfolio für das Subjektivierungsphänomen „freiwillige Selbstausbeutung"

4 Heuristische Bezugspunkte für die Analyse „freiwilliger Selbstausbeutung"

Folgt man zeitdiagnostischen Perspektiven zur qualitativen Veränderung der Arbeit, so ist im Hinblick auf neue Belastungssituationen und psychosomatische Beschwerdebilder von einer „selektiven Wahrnehmung" auszugehen. Beobachtet wird von ArbeitssoziologInnen einerseits, dass aufgrund der angespannten Arbeitsvermarktverhältnisse der Arbeitsplatz einen immer größeren Stellenwert bekommt und sich beginnt, als reines „Existenzsicherungsinstrument" abzuheben. Andererseits, so die Diskussion, scheinen „Inhalt, Form und Qualität der Arbeit selbst" immer weniger zu interessieren.[27] Dass sich aber neben der Arbeit auch das Krankheitspanorama[28] wandelt, darauf wird erst ansatzweise Bezug genommen. Dennoch ist die Reaktion auf obige Entwicklung als vorausschauend und damit „strategisch" zu typisieren. Der einstimmige Tenor lautet nämlich, dass sich der Arbeitsbegriff der „Reformulierung" und „Neufokussierung" stellen müsse (vgl. Dunkel/Sauer, Hg., 2006). Unter diesem Gesichtspunkt wird denn auch ausgelotet, wie sich Arbeit neu fassen und analysieren lässt, und es wird gefordert, dass sich Arbeitsforschung verstärkt in arbeits- und gesellschaftspolitische Zusammenhänge einmischen sollte (vgl. Sauer 2006: 241). Auf diesen Aspekt verweist an anderer Stelle auch Moldaschl:

> „Wenn sich in empirischen Studien der Eindruck erhärtet, dass ausgepowerte und ausgebrannte Arbeitende sich kaum noch in der Lage sehen, über ihre eigene Reproduktion hinaus Verantwortung zu übernehmen, so hat auch das eine unmittelbar gesellschaftspolitische Dimension" (vgl. Moldaschl 2003a: 52).

Daher ist die Beobachtung, warum sich Erwerbstätige nicht gegen Maßlosigkeit und Überforderung wehren, gleichermaßen politisch wie problemsensibel. Bezug nehmend auf den Aspekt „freiwillige Selbstausbeutung" treten deshalb auch jene Deutungsschwerpunkte in Erscheinung, die sich in ihrem Ausgangsinteresse und in ihrer inhaltlichen Weiterentwicklung auf die Betroffenen und auf die *Arbeit am Selbst* konzentrieren: Das ist die Inblicknahme innerer Widerspruchs- und Spannungsmomente im Umgang mit komplexer gewordener Arbeit, das sich einspielende Verhältnis von Fremd- zur Selbstorganisation, die kreative Auseinandersetzung der Erwerbstätigen mit *ent*-lastenden und *be-lastenden* Momenten ebenso wie die (mehr oder weniger) erfolgreiche Grenzziehung zwischen Arbeits- und Lebensbereich. Insgesamt also Forschungsperspektiven, die sich gehaltvoll um die *Subjektivierung von Arbeit* gruppieren (vgl. hierzu Kap. 3 dieser Arbeit). Trotzdem liefern die genannten Perspektiven für eine Beantwortung der Frage, welcher „inneren Logik" beispielsweise die Verausgabungsbereitschaft von Hochqualifizierten folgt, lediglich analytische Fragmente. Dieses Kapitel wird deshalb für den eigentlichen *Analyse- und Modellierungsakt freiwilliger Selbstausbeutung* gleich in mehrfacher Hinsicht Konturierungsarbeit leisten:

---

[27] Vgl. hierzu „Von der Allgegenwart der verschwindenden Arbeit" bei Dunkel/Sauer (Hg., 2006)
[28] Vgl. hierzu bereits die empirischen Grundlagen in Kapitel 2 dieser Arbeit.

- Arbeitssoziologische Analysekategorien und handlungstheoretisch basierte Schlüssel-konzepte werden auf ihren Anwendungsbezug überprüft und präzisiert.
- Der Anspruch an ein tragfähiges Erklärungsmodell wird konkretisiert und mit akteurtheoretischen Redeinstrumenten allgemeiner Sozialtheorie abgestützt.
- Der Blick auf die freiwillige Selbstausbeutung wird als eigene Problemperspektive typisiert und soziologisch angemessen „verpackt".

4.1 Der Pfeiffer'sche Werkzeugkasten: Dialektik und reformulierte Marx'sche Kategorien

Ein kurzer Rückblick auf das bis jetzt Dargestellte zeigt: Der Problemaufriss zur freiwilligen Selbstausbeutung gestaltet sich aufwändiger als gedacht. Zwischenzeitlich stellt sich nämlich die Frage, was ein Analysekonzept wie das von Pfeiffer (2003/2004a), abgesehen von der bereits konstatierten „Handlungsnähe" (vgl. Abschnitt 3.4.), in Bezug auf freiwillige Selbstausbeutung tatsächlich leisten kann. Mit dem Bestreben, einen Begründungszusammenhang zu entwickeln, der „eigenständig" auf ein klar definiertes Belastungsphänomen Bezug nimmt, bietet sich an dieser Stelle ein Vergleich an. In den Mittelpunkt rückt damit neben Pfeiffer ein weiteres Mal das „Reproduktionshandeln" von Jürgens (2006). Denn obwohl sich beide Autorinnen im Zuge ihrer Forschungsarbeit auf den sozialen Akteur konzentrieren, lassen sich über eine Reflexion mit Zürn doch noch wesentliche Unterscheidungsmerkmale herausarbeiten. Im Ergebnis führt diese Unterscheidung auch zu einer eindeutigeren Positionierung. Wie der vorangestellte Exkurs bereits zeigen konnte: Während Jürgens ein Paradigma favorisiert, das auf dem methodologischen Individualismus basiert, setzt Pfeiffer unübersehbar auf „Naturalistisches":

> „Das naturalistische sozialwissenschaftliche Weltbild führt zu sozialwissenschaftlichen Theorien, die zwar an den sozialen Akteuren ansetzen, aber nicht deren bewusste Interessen und Überzeugungen als wichtigste Einflussfaktoren des Handelns ansehen. Es geht somit im Gegensatz zum funktionalistischen Weltbild nicht von einer Dominanz des Systems gegenüber den Akteuren aus. Das Handeln von Individuen und kollektiven Akteuren ist aber auch nicht durch rationale und intentionale Wahlhandlungen bestimmt, sondern gleichsam durch subintentionale Prozesse und Mechanismen, die von den Handelnden nicht kontrolliert werden können. Somit wird der Mensch wie schon im funktionalistischen Weltbild eher als Spielball unkontrollierter Prozesse angesehen. Im naturalistischen sozialwissenschaftlichen Weltbild sind es allerdings nicht externe Rahmenbedingungen, sondern interne Triebkräfte, die soziale Akteure antreiben" (Zürn 1992: 64/65; Hervorh. weggel.).

Letztlich wird mit dieser biologischen Grundlage den sozialen Akteuren aber auch die Fähigkeit abgesprochen, diese Rahmenbedingungen und Triebkräfte kontrolliert in eine gewünschte Richtung zu ändern. Dass diese Herangehensweise in theoretischer Hinsicht auch Risiken in sich birgt, scheint Pfeiffer aber bewusst zu sein. Denn das aufklärerische Ziel, „den Menschen von den kausalen Kräften zu befreien, die ihm Schaden zufügen", kann sich auch ins Gegenteil verkehren. Dann nämlich, wenn „extreme Varianten" des naturalistischen sozialwissenschaftlichen Weltbildes verwendet werden (Zürn ebd.).

Pfeiffer weiß sich diesbezüglich abzugrenzen. In kritischer Würdigung von Ansätzen, die das Qualitative, am Subjekt Hängende, in den Blick nehmen und damit freilegen, was der entfremdende und verzerrende Warencharakter der Arbeitskraft sowohl bindet wie verdeckt, forscht sie konsequent entlang einer dezidiert arbeitssoziologischen Perspektive.[29] Treffsicher steuert sie dabei auf Defizite und Leerstellen der Subjektivierungs- und Arbeitskraftunternehmerthese zu. Was dabei sichtbar wird, sind fehlende theoriegebundene Analysekategorien, mit welchen den Unterwerfungs- und Entfaltungsaspekten moderner Produktionskonzepte sowohl zukunftsgerichtet wie gesellschaftskritisch begegnet werden kann. Taylorismus- und tauschwertfixiert fehle es den sozialwissenschaftlichen Debatten nämlich vor allem an der Fähigkeit für den dialektischen Blick, so die Autorin. Sie selbst liefert demgegenüber den anspruchsvollen Beweis, dass es sich lohnt, Dialektik nicht nur zu fordern, sondern zu praktizieren. Indem sie „kategoriell präzisiert", „konzeptuell erkennbar integriert" und schließlich „empirisch brauchbar operationalisiert" (vgl. Pfeiffer 2004b) gelingt es Pfeiffer eindrücklich, die Ziele ihrer Gesamtstudie zu verfolgen: „Erstens: eine (erneute) Diskussion der Aktualität von Teilen des Marx´schen Werkes; zweitens: der Nachweis der Operationalität Marx´scher Konzepte für aktuelle soziologische Analyse; und drittens: die Einbettung und Rückbindung des arbeitssoziologischen Konzeptes des subjektivierenden Arbeitshandelns in einen gesellschaftskritischen Theoriekomplex" (vgl. hierzu Pfeiffer 2004a: 45).

Wenn mit Pfeiffer die organische Zusammensetzung des Kapitals deshalb zu einer relativen Zunahme vergegenständlichter und damit toter Arbeit führt, hat dies nicht nur ökonomisch quantitative Folgen im Sinne von Arbeitslosigkeit, sondern auch subjektbezogene und qualitative:

> „Es ergibt sich eine zunehmende Notwendigkeit von Aneignungstätigkeiten (also Verausgabung/Bildung von Arbeitsvermögen) zur Bewältigung des Umgangs mit komplexer gewordener, angehäufter toter Arbeit, denn ein Mehr an angehäufter vergegenständlichter Arbeit ist nicht mehr nur ein Mehr an Maschinerie, sondern vielmehr auch ein Mehr an Komplexität und Abstraktionsebenen [...]" (vgl. Pfeiffer 2004a: 162).

Mit diesem Arbeitsverständnis deutet Pfeiffer, ausgehend von den Informatisierungsfolgen, auch die Begleiterscheinungen rund um die Subjektivierung von Arbeit. In diesem Zusammenhang richtet sie ihr Interesse aber nicht an Unterwerfungsmomenten aus, sondern zeichnet mit dem Begriffspaar von Arbeitskraft und Arbeitsvermögen eindrücklich einen Perspektivenwechsel nach: Gebrauchs- und Tauschwertbildung gewinnen an aktueller Bedeutsamkeit, indem der Blick ganz einfach tiefer gelenkt wird. Nicht mehr der *äußere* Produktionsprozess und die Dynamik auf der betrieblichen Strukturebene bestimmen den Analyseverlauf, sondern der *innere* Produktionsprozess respektive die Subjektqualität, welche die Transformation von gebrauchs- in tauschwertiges Arbeitsvermögen bewerkstelligt. Pfeiffer nimmt damit das „Widerständige" in den Blick, das dem arbeitstätigen Subjekt eigen ist, und das sich dem totalen Zugriff kapitalistischer Arbeitskraftnutzung immer wieder zu entziehen weiß. Dieses „Widerständige" greift sie dort auf, wo das Emanzipatorische

---

[29] Vgl. für ein besseres Verständnis von Pfeiffers „Arbeitsvermögen" deshalb auch Negt/Kluge (1993), Wolf (1999), Bechtle/Sauer (2002) ebenso wie Knapp (1987). Ausgehend von diesen Werken sucht Pfeiffer in Bezug auf den subjektspezifischen Umgang mit Informatisierungsfolgen nach Bruchstellen und entwickelt daran anknüpfend ihr eigenes Forschungsprogramm.

und Selbsttätige im Arbeitsbegriff gerade nicht vermutet wird: in rationalisierungskritischen und subsumtionstheoretischen Deutungen.

Holtgrewe überprüft Pfeiffers Theorieleistung auch nur oberflächlich, wenn sie in die Richtung der Subjektivierungsdebatte meint, dass Pfeiffer trotz ihrem Interesse an den informationstechnischen Möglichkeiten letztendlich doch die Seite der Unterwerfung und Entfremdung akzentuieren würde (Holtgrewe 2003b: 24). Dieser Einwand ist nur begrenzt zulässig. Der Arbeitskraftunternehmer, theoretisch fassbar bislang nur als „Rohstoff und Prozessbedingung", wird durch das Arbeitsvermögen von Pfeiffer nämlich überhaupt erst um personale Momente erweitert. Dies gelingt Voß/Pongratz (1998) beispielsweise nur unzureichend.

Pfeiffer bewegt sich also mit offensichtlich missverstandenem Marx'schen Kategorieninventar auf Geschehnisse zu, die sich *nach* dem eigentlichen Verkaufsakt der Ware Arbeitskraft und *innerhalb des Subjekts* vollziehen: auf den widersprüchlichen und widerständigen Verwertungsakt dieser Ware und damit auf die *Arbeit an sich selbst*. Letzteres erfolgt in starker aber dennoch kritisch-distanzierter Anlehnung an Negt/Kluge (1993) und der politischen Ökonomie der Arbeitskraft. Die Ausgangspunkte für ihre eigenen Interessen – einerseits die gesellschaftliche und betriebliche Organisation von Arbeit, andererseits der arbeitstätige Mensch - kennzeichnet Pfeiffer als Ebenen, „auf denen die Konzeptionen von Informatisierungsprozessen einerseits ihren Ausgang nehmen, auf die umgekehrt aber auch Ergebnisse von Informatisierungsprozessen als abstrakte Vergegenständlichung wirken" (Pfeiffer 2004: 36).

Trotz ausgeprägtem Interesse am Transformationsprozess steht das subjektgebundene, emanzipatorische Arbeitsvermögen von Pfeiffer aber nicht völlig diametral zu Jürgens Reproduktionshandeln. Wie sich zeigen lässt, orientieren sich beide Forschungskonzepte am sozialen und handlungsfähigen Akteur. Während Pfeiffer jedoch auf die Strukturebene arbeitstätiger Subjekt abstellt und „Subjektivität" als theoretischen Strukturbegriff weiterentwickelt, bemüht sich Jürgens um die Handlungsebene. Konkret um den „Handlungsantrieb" nutzenorientierter Akteure, die nach dem Modell eines Homo Oeconomicus „eigensinnig Grenzziehung" und subjektivierte Gestaltungsleistungen erbringen. Oder mit Zürn und einem Querverweis zum rationalistischen Weltbild:

> „Damit wird den sozialen Akteuren eine prinzipielle Wahlmöglichkeit und Eigenbestimmtheit unterstellt, die sich sowohl auf ihre Ziele als auch auf ihre Verhaltensweisen bezieht. Es ist weniger das durch äußere Faktoren bestimmte Handeln der Akteure, sondern deren bewusste Entscheidung, die im Mittelpunkt des Interesses steht. Insofern zielt das rationalistische Weltbild weniger auf Handlungstheorien im naturalistischen Sinn als auf Entscheidungstheorien" (Zürn 1992: 124/125).

Mit dieser Gegenüberstellung wird deutlich: Sowohl Pfeiffer wie Jürgens verfügen über theoretische Werkzeuge, mit denen das Phänomen freiwilliger Selbstausbeutung „begreifbarer" wird. In konstruktiver Hinsicht bedeutsam ist, dass sich über das Reproduktionshandeln von Jürgens unmittelbar Hypothesen für die freiwillige Selbstausbeutung ableiten lassen. Bei Pfeiffer ist dies etwas komplizierter. Hier müssen eigene Thesen auf Grundlage des Analysekonzepts erst kreiert werden. Aber genau diese Erschwernis macht den besonderen Reiz aus, Pfeiffers Analyseraster auf das eigene Erklärungsmodell anzuwenden. Zumal Zürn zu den spezifischen Besonderheiten von naturalistischen und rationalistischen

Weltbildern festhält, dass wechselseitige Ergänzungen der unterschiedlichen Erklärungs-
modi nicht nur machbar, sondern auch hilfreich sein können.

Präsentiert Pfeiffer mit ihrem Werkzeugkasten also arbeitssoziologische Analyse „sta-
te of the art"? Es spricht zumindest einiges dafür. Innovative Perspektiven erschließen sich
dem Theorieinteressierten aber vermutlich erst über den unmittelbaren Anwendungsbezug
und im Zusammenhang mit einem zielgerichteten Forschungszuschnitt. Für Mechanismen
und Prozesse, die sich der wissenschaftlichen Beobachtung entziehen und nur allzu leichtfertig als unsichtbare Kräfte oder „neue Logik" abgehandelt werden, stellt Pfeiffers Ansatz
jedenfalls neue Interpretationsmöglichkeiten in Aussicht: „Arbeitskraft" und „Arbeitsvermögen" sind mit ihrer Tausch- und Gebrauchswertseite von Arbeit „im Subjekt dialektisch
vereint", und die „Arbeitsorganisation" liefert als ergänzende Analyseebene die Voraussetzung zur empirischen Betrachtung von Arbeitsvermögen „als im Subjekt zur Form gekommene Aneignung" (Pfeiffer 2004a.: 144).

Für die weitere Auseinandersetzung mit der freiwilligen Selbstausbeutung soll deshalb
auch hier das *lebendige Arbeitsvermögen* eine zentrale Stellung einnehmen. Sucht man
nämlich nach dem dialektischen Widerpart der Arbeitskraft im Subjekt, wäre man laut
Pfeiffer gut beraten, zuerst einmal nach dem per se Qualitativen, nicht Formalisierbaren
und nicht Ökonomisierbaren zu suchen (vgl. hierzu detailliert bei Pfeiffer ebd.: 166-194).
Mit dieser Optik ausgestattet würde die sozialwissenschaftliche Analyse Phänomene wie
Leiblichkeit, Stofflichkeit und subjektivierende Wissens- und Handlungsformen finden,
Phänomene des Arbeitvermögens eben. Warum also nicht auch das Phänomen freiwilliger
Selbstausbeutung?

4.2 Schimanks Akteur-Struktur-Dynamik: Abbildung kompakter sozialer Realität

Wenn für die freiwillige Selbstausbeutung ein Erklärungsmodell vorschwebt, das durch
seine Theoriearchitektur überzeugen will, ist dafür ein adäquates Umfeld zu schaffen. Hierfür bedarf es eines Bezugsrahmens, über den sich diejenigen Redeinstrumente, die sich für
eine Analyse freiwilliger Selbstausbeutung besonders gut eignen, überhaupt erst ableiten
lassen. Nicht im Sinne einer „one best way"-Lösung, sondern dahingehend, dass diese Redeinstrumente „Orientierungsmuster" zum Verständnis komplexer Situationen liefern oder
„bereits vorhandene implizite Orientierungsmuster transparent und argumentationszugäng-
lich zu machen" (vgl. Osterloh/Grand 2000: 356-357). Und so gilt es in einem nächsten
Schritt denn auch, mit Pfeiffers Analysekonzept den Nachweis zu erbringen, dass bei der
freiwilligen Selbstausbeutung ein Handlungsmuster vorliegt, das eng mit den Kategorien
von gebrauchs- und tauschwertiger Arbeit verbunden ist. Die Verausgabungsbereitschaft
von Hochqualifizierten wird folglich einer Perspektive untergeordnet, die auf emanzipatorische Aneignung und auf den Erhalt von potenziellem Arbeitsvermögen ausgerichtet ist.
Soziologisch erklärt ist damit - streng genommen - allerdings erst wenig.[30] Die konzeptionelle Rahmung der freiwilligen Selbstausbeutung über das Pfeiffer'sche Arbeitsvermögen
erlaubt aber, derartiges Verhalten ebenso wie die Ausbeutungsrhetorik aus dem Herr-
schaftsdiskurs herauszulösen und handlungstheoretisch als „anthropologische Notwendigkeit" zu klassifizieren (vgl. Berger/Luckmann 1999: 54). Nun ist weiterführend mit Berger

---

[30] Vgl. hierzu Essers „Logik der Erklärung" (1999: 39-63).

und Luckmann die Selbstproduktion des Menschen aber nicht nur (existenziell bedingt) notwendig, sondern immer auch „eine gesellschaftliche Tat" (Berger/Luckmann 1999: 54):

> „Sobald man spezifisch menschliche Phänomene untersucht, begibt man sich in den Bereich gesellschaftlichen Seins. Das spezifisch Menschliche des Menschen und sein gesellschaftliches Sein sind untrennbar verschränkt. Homo sapiens ist immer und im gleichen Maßstab auch Homo socius" (ebd.).

Wobei dieses menschliche Sein stets in einem Geflecht aus Ordnung, Gerichtetheit und Stabilität stattfinden und sich zugleich die Frage nach der Stabilität humaner Ordnungen stellen würde, denn: „Die eingeborene Instabilität seines Organismus zwingt den Menschen dazu, sich eine stabile Umwelt zu schaffen, um leben zu können" (Berger/Luckmann ebd.: 56). Die Berücksichtigung der „institutionellen Ordnung"[31] ergibt sich damit aus einer allgemein-soziologischen Perspektive heraus fast zwingend. So reflektieren auch Lange/Schimank (2004), dass die soziale Ordnung in der Neuzeit als ein von Menschenhand gestaltetes Geflecht von Institutionen zu begreifen ist, „das jeden Tag aufs neue der aktiven und passiven Zustimmung konkreter Menschen in Leistungs- und Publikumsrollen innerhalb dieses Institutionengeflechts bedarf" (ebd., 10).

Für die Frage, *wie und warum denn freiwillige Selbstausbeutung überhaupt passieren kann,* hat diese rekursive Denkweise also einschneidende Konsequenzen, denn die Erwerbstätigen werden – ohne wenn und aber - wieder zurück in die Eigenverantwortung geholt: Nicht mehr das betriebliche System ist für die unerwünschten Struktureffekte alleinverantwortlich, auch die erwerbstätigen Akteure leisten ihren Beitrag dazu! Und zwar über die Selektion von Handlungen, die jeweils auch anders ausfallen könnten. In diesem Zusammenhang hält Schimank zu den Identitätsanforderungen in der komplexen Arbeitsorganisation an anderer Stelle fest, „dass mit Subjektivität eine spezifische Potenz personaler Systeme zur Mitkonstitution – und nicht lediglich zum Nachvollzug – sozialer Ordnung bereitsteht" (Schimank 2002b: 55). Eine Potenz, die in ihren Grundzügen gut mit der Kategorie von *emanzipatorischem Arbeitsvermögen* korrespondiert. Umso mehr, weil Schimank hier auch eine Form individueller Identität bestimmt, bei welcher der *reflexive Subjektivist* „die je eigene Subjektivität, also die Totalität der biographisch erworbenen Selbstbindungen, zum Bezugsrahmen all seines Erlebens und Handelns macht" (vgl. zum "reflexiven Subjektivismus" erklärend Schimank 2005a: 243). Die Zugänglichkeit zum Phänomen freiwilliger Selbstausbeutung, ausgelöst durch Erschöpfungszustände und Burnout-Symptome, ist deshalb auch hier ohne die betroffenen Akteure nicht länger denkbar.

Um das untersuchte Phänomen also aus dem vergleichsweise engen Analysekorsett herauszulösen, drängt sich auf einer zweiten Erklärungsebene eine dezidiert *akteurtheoretische* Herangehensweise auf. Mit Schimanks Akteur-Struktur-Dynamik wird dabei ein Zugang gewählt, der sparsame Modellierung erlaubt. Denn mit einer

---

[31] Begriffliche Orientierung hierzu findet sich einerseits bei Hillmann (1994): Als soziologisches Begriffskonzept bezeichne die Institution „jegliche Form bewusst gestalteter oder stabiler, dauerhafter Muster menschlicher Beziehungen, die in einer Gesellschaft erzwungen oder durch die allseits als legitim geltenden Ordnungsvorstellungen getragen und tatsächlich gelebt werden" (ebd.: 375). Und andererseits bei Schimank (2005a): Für diesen sind Institutionen „notwendige Mechanismen zur Simplifizierung situativer Akteurkonstellationen – notwendig deshalb, weil Akteure gerade als rational Handelnde darauf angewiesen sind, dass ein sowohl sachlicher als auch sozial überschaubarer, eingegrenzter Möglichkeitsraum vorgegeben ist" (ebd.: 82).

akteurtheoretischen Soziologie (2002a) werden Handlungswahlen auf der Mikroebene an Akteurmodelle adressiert, die auf recht direktem Wege unterschiedliche Situations- und Selektionslogiken abbilden. Ob „Homo Oeconomicus", „Homo Sociologicus", „Identitätsbehaupter" oder „emotional man": Das Schimank´sche Handlungsprogramm ist theoretisch breit elaboriert und vor allem klar strukturiert. Die Tatsache, dass in der Empirik keiner der genannten Handlungsantriebe in Reinkultur vorliegt, schmälert das heuristische Potenzial keineswegs. Im Gegenteil: Der empirische Mix an Handlungsantrieben fordert letztlich dazu auf, analytisch gezielt zu trennen, um die soziale Realität kompakter abzubilden.

Schimank postuliert nun aber für die akteurtheoretische Anwendung, dass die Erklärung des einzelnen Handelns „nur eine Vorfrage" sein darf. Warum der Einzelne in einer bestimmten Situation dies und nicht etwas anderes tut, habe nur insoweit von Interesse zu sein, wie dieses Tun in das handelnde Zusammenwirken eingeht (Schimank 2005a: 24): „Wo immer man die Erklärung der einzelnen Handlungen also abkürzen oder sogar ganz weglassen und sich mit einer bloßen Beschreibung der faktisch stattfindenden Handlungen begnügen kann, soll man das tun" (ebd.: 25). Die Einzelhandlung als solche rückt damit in den Hintergrund, denn die ganze Aufmerksamkeit gilt dem handelnden Zusammenwirken und den daraus resultierenden Struktureffekten. Hier hält Schimank in Bezug auf abweichungsverstärkende und abweichungsdämpfende Dynamiken in Akteurkonstellationen ein Suchraster bereit, das auf unkomplizierte Weise dabei unterstützt, strukturdynamischen Prozessen auch in der Sozialdimension nachzugehen. Für die freiwillige Selbstausbeutung, die arbeits- und industriesoziologisch bislang von der funktionalistischen Strukturdimension dominiert wird, ist dies jedenfalls eine vielversprechende Perspektive. *Für die Rekonstruktion freiwilliger Selbstausbeutung wird deshalb kurzerhand die Vernetzung von zwei unterschiedlichen Theorieebenen angestrebt: Dem Subjektivierungstheorem der Arbeitssoziologie werden Akteurmodelle und die Strukturdynamik allgemeiner Sozialtheorie zur Seite gestellt.*

Schimanks Ratschlag, bei eigenen Erklärungsproblemen ökonomisch vorzugehen, wird hingegen nur bedingt Folge geleistet. Bei der Suche nach Anschlussfähigem für die freiwillige Selbstausbeutung zeigt sich nämlich, dass der Hinweis auf sparsame Modellierung in erster Linie am jeweiligen Problemgegenstand und an den fachspezifischen Möglichkeiten einer Teildisziplin auszurichten ist. Innovation im Feld der Arbeits- und Industriesoziologie setzt Grundlagenanalytik jedenfalls voraus. Nur über theoriegebundene Kategorien lassen sich auch neue arbeitsweltliche Phänomene wieder auf den Begriff bringen, an bestehende Konzepte anbinden und im Zuge der aktuellen Debatten analytisch an die Oberfläche bringen. Gezielte Kategorienarbeit, insbesondere eine handlungstheoretisch genährte, zeigt sich nicht zuletzt auch als analytischer Kraftakt, der die befruchtende Synthese von Handlungs- und Kontrollparadigma weiter vorantreibt. Angesichts der brisanten Burnout-Thematik ein aussichtsreiches Engagement, denn gerade die Realitätsaspekte neuer Beanspruchung und Belastung sprechen dafür, paradigmatisch unvoreingenommen vorzugehen. Eine Neujustierung der industriesoziologischen Schlüsselkonzepte, wie sie beispielsweise auch Tacke (2000) fordert, wird ohne systematische Theoriearbeit ohnedies nur schwer möglich sein.

Und die Quintessenz? Schimanks akteurtheoretisches Plädoyer inspiriert und liefert entscheidende Impulse. Etwa dahingehend, sich nicht mit einer Forschungsperspektive zu begnügen, die entweder auf der Handlungs- oder auf der Strukturebene um hinlänglich

bekannte Problemfelder kreist. In Bezug auf das Belastungsphänomen freiwilliger Selbstausbeutung jedenfalls sollte es gelingen, diese Zwiespältigkeit zu überwinden und mit der
Kombination von Arbeitssoziologie und akteurzentrierter Sozialtheorie die Erklärungsleistung zu erhöhen.

4.3 Das Anregungspotenzial organisationssoziologisch informierter Industriesoziologie

Wie sich zeigt, lässt sich der Begriff der freiwilligen Selbstausbeutung in der Subjektivierungsdebatte einigermaßen gut verorten: Es ist die Rede von Belastungsphänomenen, die in
Form und Inhalt neu sind, und die weit über das Einzelschicksal hinausreichen (vgl. hierzu
bereits Moldaschl/Voß, Hg., 2003), von neuen Arbeitsformen und Kontrollverhältnissen, in
denen tayloristische Strukturen von Autonomie überformt sind und widersprüchliche Folgen mit sich bringen, und von veränderten Anerkennungs- und Wettbewerbsbedingungen,
die in direkter Verbindung zur Marktförmigkeit moderner Arbeit stehen.

Will man angesichts dieser wissenschaftlich legitimierten Wahrheiten schließlich prüfen, ob sich der eigene Verstand womöglich ideologisch verführen lässt, kann *Selbstbetroffenheit* mehr hinderlich als förderlich sein: Zeigt die Berufsbiografie beispielsweise Burn-
out-Episoden und Etappen jahrelanger Überforderung, ist die Wahrscheinlichkeit hoch,
dass man sich der *Programmatik der Unterwerfung* zuwendet und beginnt, das Deutungsangebot in die Richtung der Opferrolle zu instrumentalisieren. Sei dies über die Beobachtung der eigenen Betroffenheit oder in Bezug darauf, wie beispielsweise Arbeitskollegen,
Freunde oder Bekannte in ähnlichen Berufssituationen mit ihren Belastungen zurechtkommen. Umgekehrt ist von einer Fokussierung auf Entfaltungstheorien auszugehen, wenn
überdurchschnittlicher Arbeitseinsatz mit ausgeprägten Selbstverwirklichungsansprüchen
und Karrierezielen einhergeht. Die Conclusio: *Freiwillige Selbstausbeutung bedarf im
Hinblick auf Begriffsarbeit und Erklärungsstrategie der Meta-Reflexion.* Hilfreiches dazu
findet sich bei Zündorf (1988).

Zündorf macht durch seine organisationssoziologisch informierte Forschungsoptik darauf aufmerksam, dass sich Begriffs- und Theoriebildung, Argumentationsfiguren und Er-
klärungsstrategien aus häufig unbewussten und unreflektierten metaphorischen Grundlagen
nähren. Mit Bezug auf Tenbruck (1981) plädiert er deshalb dafür, dass sich die Wissenschaft nicht auf die Produktion und Prüfung ihres Gegenstands beschränken darf, sondern
auch ihre stillen, und damit nicht gleich erkennbaren, Vorannahmen ans Licht holen muss,
will sie nicht in eine Sackgasse geraten (Tenbruck, ebd.: 336, zit. in Zündorf ebd.: 38). Mit
Braczyk (2000) kommt deshalb ein weiterer Vertreter, der sich mit organisationssoziologi-
schen Ansätzen in der Industriesoziologie auseinandergesetzt hat, zu Wort.

Im Gegensatz zu Zündorf, der sich mit den metaphorischen Wurzeln von Organisationstheorien beschäftigt, die Begriffe *Organisation, Betrieb* und *Unternehmung* aber synonym verwendet, setzt sich Braczyk mit dem Defizit eines theoretisch unterbestimmten *Be-
triebsbegriffs* auseinander. Dieses Defizit wurzelt in der historischen Betrachtung des Autors in einer Industriesoziologie der 50er und 60er Jahre, die sich maßgeblich an den Schriften von Marx orientierte. Dessen Betriebsbegriff war in seinen „situativen, arbeitsstruktu-
rellen, macht- und herrschaftsbezogenen sowie politischen Assoziationen vorzüglich abge-
bildet am industriellen Großbetrieb" (vgl. hierzu die Kommentierung zu Braczyks Essay

von Schmidt, 2000: 576-578). Hier war der empirisch wichtigste Ort, an dem sich der industrielle Wandel beobachten ließ. Es galt, jene Kräfte und Mechanismen der Industrialisierung und Rationalisierung zu erforschen, die überbetrieblich in der Gesellschaft verankert waren. Die Organisation in ihrer theoretischen Dimension war der Industriesoziologie hingegen häufig suspekt, denn als „Hülle" drohte sie die wahren Verhältnisse im Betrieb gewissermaßen zu verschleiern (vgl. Braczyk ebd.: 533). Dass ein allgemeines organisationstheoretisches Konzept für die Industriesoziologie vorteilhaft wäre, begründet Braczyk nun wissenschaftstheoretisch damit, dass der herrschaftsinduzierte institutionelle Wandel, mit dem wir es gegenwärtig zu tun haben, weitreichende sozialstrukturelle Konsequenzen hat. Und nachdem dieser Prozess vornehmlich auf der betrieblichen Ebene stattfinden würde, müsste sich ein entsprechendes organisationstheoretisches Konzept für die Rekonstruktion als vorteilhaft erweisen (vgl. ebd.: 549). Mit dem Einbezug einer „theoretischen Vergegenwärtigung des Betriebs als Organisation" wären Entscheidungen und Handlungen aber als Resultat von organisationalem Handeln zu rekonstruieren, was wiederum impliziere, dass erst von hier aus nach den (sozialen) Folgen zu fragen wäre (ebd.).

Welche theoretische Grundarchitektur ein organisatorisches Gebilde bestimmt, in dem sich sowohl *Ausbeutungsdynamik* als auch *Ausbeutungs-Rhetorik* breit machen, sollte unter dem Gesichtspunkt eigener Theoriearbeit also doch interessieren. Zumal mit dem Blickwinkel von Zündorf und Braczyk das individuelle Arbeitshandeln und die damit verbundenen Phänomene direkt mit den Bedingungen der formalen Organisation zu koppeln sind. Die Organisationsfigur unter den Kriterien freiwilliger Selbstausbeutung zu beleuchten, hieße dann, vereinfacht gesprochen, sich die metaphorische Qualität des Betriebs vor Augen zu führen. Folgt man nämlich Zündorfs Überlegungen zur organisationstheoretischen Hintergrundarchitektur, lässt sich die Bildanalogie nicht nur gutwillig erahnen, sie ist auch gut sichtbar: in Begriffsbildung, Aussagen, Analogien und Argumentationen der arbeits- und industriesoziologischen Diskussion. So ist die Kampfrhetorik, die bei der freiwilligen Selbstausbeutung bedrohlich mitschwingt, mit Rückgriff auf Zündorf auf die Metaphorik einer Arbeitsorganisation zurückzuführen, die organisationales Handeln als Schlachtfeld mit Siegern und eindeutig Unterlegenen rekonstruiert (vgl. hierzu die nachfolgende Tabelle). Dieser symbolische Grundriss ruft mit seiner Militäranalogie Assoziationen zu Kampf und Beutezügen geradezu hervor. Nun kann dies insofern noch relativiert werden, als dass sich der Wortursprung der *Beute* auf den mittelalterlichen Tauschhandel bezieht (vgl. Duden 1997). In diesem Zusammenhang wirkt der Begriff „Selbstausbeutung" im Sprachbild der militärischen Organisation aber geradezu verloren.

Auf Zündorfs Plädoyer Bezug nehmend, macht es folglich einen erheblichen Unterschied, auf welchen Typus betrieblicher Arbeitsorganisation die forschungsstrategische Argumentationslogik aufbaut: Ist es das mechanische und instrumentalisierte Ordnungssystem eines funktionalen Maschinenmodells? Das Organisationsmodell des menschlichen Gehirns eingedenk seiner kognitiven Grenzen? Die Spielarena für kalkulierte Schachzüge? Oder letztendlich doch das kämpferische Schlachtfeld, auf dem militärische Kommandos über Sieg oder Niederlage erfolgreicher Arbeitskraftnutzung entscheiden? Erhöhte Sorgfalt bei der Instrumentalisierung von Konzepten ist also vor allem dann geboten, wenn im Rahmen eigener Theoriearbeit mit dem unkonventionellen Moment der Selbstbetroffenheit experimentiert wird. Hier sollte im besten Falle eine Form selbst induzierter Meta-Reflexion stattfinden, die sich auch argumentativ abbilden lässt. Denn wie der nachfolgende Überblick zeigt, durchdringt die Paradigmenfrage nicht nur die zentralen Forschungsperspektiven, sie ist auch fest eingebaut in das Konzept betrieblicher Arbeitsorganisation:

Metapher	Bildersprache/ Analogien	Forschungsperspektive
Organisation als **Militär**	Stab, Linie, Befehlskette, Angriff von Konkurrenten, Rekrutierung von Mitarbeitern, Verschärfung der Kontrolle *Organisiertes Handeln als Schlachtfeld mit eindeutigen Siegern und eindeutig Unterlegenen*	Autoren der Organisations- und Industriesoziologie, Management-Forschung
Organisation als **Maschine**	Konstruktionsprinzip für effektives Funktionieren der arbeitsteiligen und interdependenten Organisationselemente: Rational geplanter Struktur- und Funktionszusammenhang mit legaler Herrschaft und zentralisierter Kontrolle *Mechanistische Vorstellung und instrumentelles Handeln, eingebettet in eine relativ stabile Umwelt*	Motivationsannahme: Wissenschaftliche Betriebsführung mit sozial-mechanistischen Annahmen (homo oeconomicus - vollkommen rationales Verhalten der Wirtschaftssubjekte mit ausschließlicher Orientierung an Einkommen und Gewinn) Bürokratische Organisation (Max Weber): legale Herrschaft aufgrund verbindlicher positiver Satzung zur Verhaltensregelung von Vorgesetzten und Untergebenen
Organisation als **Organismus**	Soziale Organisationen als Entitäten, die vom Austausch mit der gegeben Umwelt leben und sich an Chancen und Zwänge der Umwelt anpassen müssen *Analogie zum sozialen Organismus im Kampf um das Überleben*	Kontingenzansatz: Organisationsstrukturen als Resultate von Umweltbedingungen Ressourcenansatz: Unternehmen leben im Stoffwechsel mit der Umwelt und sind auf deren Ressourcen angewiesen Selektionsansatz: Modell der natürlichen Auslese
Organisation als **Gehirn**	Organisation als komplexes Gehirn mit begrenzter Rationalität, dessen Zellen die einzelnen Akteure darstellen, die arbeitsteilig bestimmte Funktionen erfüllen und ihren Teilbetrag zur Zielerreichung leisten *Analogie zur Funktionsweise des menschlichen Gehirns und dessen kognitiven Grenzen*	Verhaltenswissenschaftliche Organisations- und Entscheidungstheorie (Simon 1981): Verhalten als Resultate individueller Entscheidungen, die durch Entscheidungsprämissen konditioniert und vorstrukturiert werden (Stellenbeschreibung, Managementphilosophie u.a.m.) bzw. aus Verhandlungen resultieren
Organisation als **Spiel**	Organisation als System definiert keine Verhaltensregeln, sondern Spielregeln und eine begrenzte Anzahl von Gewinnstrategien *Analogie zur Logik des Spiels*	Verknüpfung von Handlungs- und Systemtheorie (Crozier/Friedberg 1979): Spiel als indirekter Integrationsmechanismus erscheint als grundlegendes Instrument kollektiven Handelns um die damit verbundenen Macht- und Abhängigkeitsverhältnisse zu strukturieren
Organisation als **Kultur**	Verkörperung des Wertesystems in der Persönlichkeitsstruktur und der Aktualisierung im Handeln der Mitglieder *Analogie zum Werte- und Sinnsystem*	Konzept der Unternehmenskultur: These vom Management als Sinnvermittlung, gemeinsame Wertvorstellungen und gelebte Überzeugungen, Identität und Stil des jeweiligen Unternehmens

Tabelle 1: Metaphorische Hintergrundannahmen zum Betrieb aus organisationssoziologischer Perspektive. Eigendarstellung in direkter Anlehnung an Zündorf (1988)

4.4 Typisierung der eigenen Problemperspektive

Die Vermessung des Problemgegenstands „freiwillige Selbstausbeutung" ist mit diesem Abschnitt nun weitgehend vollzogen. Was noch fehlt, ist eine dezidiert eigene Sichtweise auf den Wandel von Arbeit und auf kontrovers diskutierte Belastungsphänomene, allen voran auf das „Burnout-Syndrom". Den Ausgangspunkt dazu bildet auch hier das Themenfeld zur „Subjektivierung von Arbeit". Den Sukkus dieser Forschungslinie bringen Kleemann et. al wie folgt auf den Punkt:

> „Die Formulierung Subjektivierung von Arbeit bezeichnet in der arbeitssoziologischen Debatte ganz allgemein eine Intensivierung von individuellen, d.h. Subjektivität involvierenden Wechselverhältnissen zwischen Person und Betrieb bzw. betrieblich organisierten Arbeitsprozessen. Dies kann einmal heißen, dass Individuen von sich aus mehr Subjektivität in die Arbeit hereintragen, aber auch, dass die Arbeit immer mehr Subjektivität von den Individuen fordert. In beiden Fällen ist der zunehmende Stellenwert von Subjektivität mit einem relativen Rückgang von eindeutig vorstrukturierten, Subjektivität beschränkenden Situationen verbunden. Es gilt dann, Arbeitskraft unter dem Aspekt ihrer individuellen Besonderheit (und nicht, wie in der Arbeitssoziologie üblich, unter dem Aspekt ihrer Austauschbarkeit) zu betrachten" (Kleemann/ Matuschek/Voß 2003: 62; Hervorh. weggel.).

Was hat es mit diesen „intensivierten Wechselverhältnissen" aber tatsächlich auf sich? Anders gefragt: Wie lässt sich dieses Verhältnis mit den darin angelegten Bewegungen analytisch-empirisch erfassen und in Beziehung zum Phänomen freiwilliger Selbstausbeutung stellen, sowohl auf personaler als auch auf organisationaler Ebene? Die nachfolgenden Teilabschnitte dienen diesbezüglich einer Annäherung und einer vorläufigen Konkretisierung.

4.4.1 Betrieblich organisierte Arbeit: Der anspruchsvolle Umgang mit Wissen und Wissensarbeitern

Dass der Strukturwandel der Arbeit für Person *und* Organisation immer wieder Ungeplantes mit sich bringt, zeigt nicht zuletzt das erstarkende Interesse an neuen Gesundheitsgefährdungen. Wurde in Zeiten der Handarbeit das Heil (körperlicher Beeinträchtigung) noch im Bereich der Kopfarbeit gesucht, scheint sich der Spieß jetzt umzudrehen: Anhaltend geistige „Schwerarbeit" sucht den Ausgleich auf der körperlichen Ebene bzw. über Entspannungstechniken für Geist und Körper. Und die freiwillige Selbstausbeutung, so der Eindruck, reibt sich an jenen Merkmalen, die das Konzept der Arbeit begründen aber auch voranbringen sollten: am Gebilde der betrieblichen *Arbeitsorganisation* und am *Arbeitsgegenstand*, auf den die Beschäftigten ihr Arbeitshandeln beziehen.

Kritisch festzuhalten ist nun, dass eine Subjektivierungsdebatte, die sich auf das veränderte Wechselverhältnis von Person und Betrieb konzentriert, zwar das Subjekt in den Vordergrund rückt, die Dimension „Wissen" [32] mit ihrem Bezug zum Arbeitsbegriff aber vernachlässigt. Oder anders ausgedrückt: Eine *wissensinduzierte* Subjektivierung von Arbeit wird – mit wenigen Ausnahmen wie bei Jäger (2007) – nur selektiv thematisiert, denn

---

[32] Vgl. zum Konzept von „Wissensarbeit" ausführlich Stehr (1994) sowie die Aufarbeitung von Pfiffner/Stadelmann (1998): „Wissen wirksam machen: Wie Kopfarbeiter produktiv werden".

als Subjektivierungsvektoren treten vorrangig Globalisierung, soziokulturelle Wandlungs-dynamiken und technisch-organisatorische Komplexität in den Vordergrund. Für eine Ana-lyse, die ihren Problembezugspunkt am Hochqualifizierten ausrichtet, der sich nicht nur hoch engagiert, sondern auch hoch verausgabungsbereit zeigt, ist die Auseinandersetzung mit Wissensarbeit – ausgehend und in Ergänzung zu Pfeiffers Informatisierungsbegriff – aber unerlässlich. Zumal mit der Technisierung von Arbeit ja gerade das menschliche „Er-fahrungswissen" an Bedeutung gewinnt.[33] Und wenn dieses „Wissen" als Produktionsfaktor neben die traditionellen Ressourcen tritt, und erwiesenermaßen eine zentrale Rolle über-nimmt, stellt sich als nächstes die Frage, wie mit diesem „Rohstoff" im modernen Betrieb verfahren wird. Respektive, wie die Erwerbstätigen mit ihrem Status als Wissensarbeiter zurechtkommen.[34]

Wissen auf der personalen Ebene
Die Art und Weise, wie man an eine technisch-konstruktive Entwicklungsaufgabe heran-geht, oder wie man ein kreatives Werbekonzept entwickelt, lässt sich nur ansatzweise erklä-ren. Der Werbefachmann überlegt sich beispielsweise, welche kommunikative Zielsetzung und welche Inhalte der neue TV-Sport transportieren sollte. Demgegenüber hat der Ma-schinenbauingenieur mittels EDV-Technik eine konstruktive Detaillösung auszuarbeiten, die erst über den gefertigten Bauteil überprüfbar wird. Beide, der Kreativschaffende und der Maschinenbauingenieur, haben sich dieses Wissen nicht nur über das Lehrbuch ange-eignet, sondern in weiten Teilen durch praxisnahes *learning by doing*. Verinnerlichtes und damit implizites Wissen wird insofern verwertet, als dass beide Protagonisten über Such- und Sinnfindungsprozesse erfahrungsgeleitet an die Lösung ihrer Aufgaben herangehen. Ein Prozess, über den wiederum neues und vor allem akteurgebundenes (Erfahrungs)wissen generiert wird.

Dieses personale Wissenskonzept wird auch mit Begrifflichkeiten wie Intuition, Fin-gerspitzengefühl oder „Gespür" diskutiert (vgl. hierzu etwa Pfeiffer 2003: 189). Pfeiffer führt deshalb die Beobachtungsgrößen *Arbeitsgegenstand, Arbeitsmittel* und *Arbeitshan-deln* als jene Phänomenebenen ein, mit denen sich die Kategorie „Arbeitsvermögen" (aus-gearbeitet als Analyseschlüssel für den Informatisierungsprozess) überhaupt erst empirisch konkretisieren lässt. *Arbeitsmittel* sind dabei im physischen Sinne „Informations- und Kommunikationstechnologien". Repräsentiert sind diese Technologien durch Computerhard- und Software ebenso wie durch neue Medien bzw. durch die Verschmel-zung dieser Komponenten (vgl. hierzu bereits Schmiede1996a/1996b/1996c, ebenso Boes 1996 Baukrowitz/Boes 1996 aber auch Pfeiffer 2003/2004a).

Die Kategorie *Arbeitsgegenstand* ist hingegen weitaus schwerer fassbar, denn sie steht in unmittelbarem Bezug zum Arbeitshandeln. Boes (1996) beispielsweise unterscheidet zwischen „materieller Produktion" und „Arbeit in der Verwaltung": Während Fertigungsar-beit im Ergebnis „materielle Existenz mit stofflichen Eigenschaften" hat und Qualität somit objektiv bestimmt werden kann, lässt sich die Qualität reiner Informationsarbeit in hohem Maße „nur in einem bestimmten Interpretationskontext bestimmen" (ebd.: 162/163):

---

[33] Vgl. hierzu beispielsweise die Untersuchungen von Schumann et. al (1994) zur Produktionsarbeit ebenso wie von Pries et. al (1990) zum Erfahrungswissen qualifizierter Fachkräfte, weiters bereits Böhle/Rose (2002) zum Erfahrungswissen in hoch automatisierten Systemen oder auch Böhle et. al (2004) zur „Bewältigung des Unplanbaren".
[34] Vgl. hierzu auch Willke (1998) und die soziologische Perspektive auf „Systemisches Wissensmanagement".

> „Einerseits sind die Gegenstände mit denen Informationsarbeit beschäftigt ist, selbst künstliche geschaffene Konstrukte, deren Existenz vorrangig von bestimmten Modellannahmen über die Realität bestimmt ist. Andererseits ist das Ergebnis dieses Arbeitshandelns oft nicht objektiv bestimmt, die Feststellung des Erfolgs Ergebnis eines sozialen Ausdeutungsprozesses" (Boes ebd.: 163).

Mit anderen Worten: Informatisierte und wissensbasierte Arbeit ist nicht so ohne weiteres auf den Begriff zu bringen, und ebenso wenig lässt sie sich aus einer bestimmten Tätigkeitsform oder einer formalen Arbeitsaufgabe ableiten. Dieser *Unbestimmtheitsaspekt* von Arbeit findet sich auch bei Böhle et. al (2004). Hier allerdings mit direktem Bezug auf die Unplanbarkeit und Unbestimmtheit von Tätigkeiten, welche die Verantwortung für betriebliche Prozesse über den eigenen Arbeitsbereich hinaus beinhalten. Vor diesem Hintergrund erweitert Böhle sein Konzept vom „subjektivierenden Arbeitshandeln" um die Komponente der *Erfahrung* (vgl. Böhle et. al 2004: 12-54). Das Konzept „Qualifizierte Arbeit" greift er hingegen schon wesentlich früher auf:

> „Qualifiziert gilt nach dem vorherrschenden Verständnis eine Arbeit, wenn sie – in horizontaler Ebene – durch eine Komplexität von Arbeitsaufgaben charakterisiert ist und – in einer vertikalen Ebene – geistige Anforderungen gegenüber körperlich-praktischer Tätigkeit dominieren. Mit der Bezeichnung geistige Arbeit verbindet sich darüber hinaus die Vorstellung einer Befreiung von Mühsal körperlicher Beanspruchung und Entwicklung der eigentlich-menschlichen Fähigkeiten" (Böhle 1994; Hervorh. weggel.).

Wie die neuen Belastungsphänomene zeigen, scheinen diese humanistischen Idealvorstellungen aber gerade an ihrer eigenen Realität zu scheitern.

Wissen auf der betrieblich-manageriellen Ebene
Mit der These vom Wissen als „axiales Prinzip" unterstreicht Daniel Bell bereits Mitte der 70er das zunehmende Gewicht des Dienstleistungssektors und damit auch die Bedeutung wissensbasierter Technologien für politische Entscheidung und Steuerung. So beschreibt er die neuen Produktionsverhältnisse auch als ein *Spiel zwischen Menschen*, in dem die Beziehungen zwischen Menschen und die Dynamik von Gruppen eine neue Bedeutung bekommen. Bell prognostiziert zudem den Vorrang einer Klasse von professionalisierten und technischen Berufen in Hinblick auf die Entwicklung der Berufsstruktur. Daran anknüpfend wird mit Druckers „Wissensgesellschaft" das Management auch zur gestaltenden Kraft und zwar durch seine Funktion als *Anwendung von Wissen auf Wissen* (vgl. Drucker 1993). Wissen wird zur primären Industrie, die der Wirtschaft das wesentliche und zentrale Potenzial für die Produktion liefert. Anstelle von Gütern und Dienstleistungen produzieren Arbeitsorganisationen Ideen und Informationen und sind als soziale Systeme darauf angewiesen, die „Ressource Wissen" im vollen Umfang auszuschöpfen.[35] Wissen, sowohl *implizites* als auch *explizites*, ist in der Organisation aber an Akteure gebunden.[36] Die Frage der Unternehmen muss also lauten: Wie lässt sich auf betrieblicher Ebene an dieses Wissen heran-

---

[35] Vgl. hierzu auch Jäger (2007) und seine Analyse zum Anwendungsbezug von Giddens' Strukturationstheorie auf das Konzept Wissensmanagement.
[36] Vgl. zum impliziten/expliziten Wissen insbesondere das Modell der *Wissensumwandlung* bei Nonaka und Takeuchi (1997).

kommen, das nicht nur begehrlich, sondern auch in teilsystemischer Hinsicht geradezu existenziell erforderlich ist? Die Organisations- und Managementberatung scheint die Antwort zu kennen, denn das Angebot an Lösungsprogrammen zum Themenkomplex *Wissensmanagement* ist breit gefächert. Rationalisierungskritische Analysen zeigen jedoch, dass auch hier nur „mit Wasser gekocht wird". Verwiesen sei in diesem Zusammenhang auf die bereits behandelten Grenzen ökonomischer Rationalisierungslogik (vgl. Abschnitt 3.4 dieser Arbeit).

Wissen und das „autonome Subjekt"
Augenscheinlich wird mit dem Bezug auf das oben Gesagte, dass im wirtschaftlichen Kontext der *Subjektivitätsbedarf* steigt. Analytischen Tiefgang hat deshalb auch die Frage, die Jäger (2007) vor dem Hintergrund strukturationstheoretischer Anwendungsbezüge stellt: „Lässt sich Wissen überhaupt managen bzw. steuern"? Die lakonische Antwort: Nur zum Teil. Denn steuern bzw. kontrollieren im ursprünglich autoritären Sinne kann man, so Jäger, allenfalls das explizite und zugängliche Wissen. Implizites Wissen hingegen entzieht sich der direkten Steuerung und das Management muss auf indirekte und symbolische Mechanismen ausweichen (vgl. Jäger 2007: 186-187).

Max Webers Bürokratiebegriff (1921) zeigt in Bezug auf wissensbasierte Organisationen also analytische Bruchstellen, denn die „formale Organisation"[37] mit ihren starren, bürokratischen (und für das Subjekt auch entlastenden) Ordnungsrichtlinien beginnt angesichts Strukturwandel und Globalisierungsdruck zu erodieren. Für das Wechselverhältnis von Betrieb und Person hat dies allerdings einschneidende Konsequenzen: Mit der Auflösung von bewährten Reglementierungen driftet auch das eingespielte Konstellationsgefüge von Arbeitnehmer und Arbeitgeber auseinander. Wo gestern dank klarer (Zeit)vorgaben noch Erwartungssicherheit war, steht heute eine gewisse Beliebigkeit, hervorgerufen durch flexible Arbeitsstrukturen. Und die führt beim Management und bei den Beschäftigten zur sprichwörtlichen Belastungsprobe, denn individualisierte „Selbstorganisation" erfordert auch einen angemessenen betrieblichen „Steuerungsrahmen". Wenn deshalb an prominenter Stelle dafür plädiert wird, den Ansprüchen organisierter Arbeit neu zu begegnen und Subjektivität soziologisch angemessen zu berücksichtigen, so hat dies auch in soziologischer Hinsicht „Perspektive". Zumal mit Schimank (1987) der Subjektivitätsbedarf selbst in hoch technisierten Produktionsorganisationen nicht ab-, sondern zunimmt.[38] Und auch Jäger plädierte jüngst für ein „Subjekt der Moderne" (vgl. Jäger 2005: 520). Dieses Subjekt wäre dann, in einer Anlehnung an die Habermas´sche Diktion, als autonomes Subjekt gerade selbst „Urheber der sozialen Organisation", deren Verhältnisse die Menschen aufgrund kollektiver Lernprozesse und der gesellschaftlichen Steigerung von Lernkapazitäten gestalten können (ebd.).

Pfeiffer scheint mit ihren Bemühungen, das arbeitstätige Subjekt als qualitativ zu füllenden Strukturbegriff zu verstehen, jedenfalls ins Schwarze zu treffen. Dies gilt für eine zeitgemäße Arbeitssoziologie ebenso wie für Phänomene, die in ihrer empirisch-analytischen Ausformung die personale Beobachtungsebene tangieren. Inwieweit ihre Kategorien geeignet sind, auch die oben zitierten Belastungsproben aufzugreifen, gilt es aber

---

[37] Vgl. zur „formalen Organisation" detaillierter Mikl-Horke (2000) und die systemtheoretische Auseinandersetzung zu den „Funktionen und Folgen formaler Organisation" bei Luhmann (1999).
[38] Schimank (1987) vertieft hier die Identitätsanforderungen in der komplexen Arbeitsorganisation.

erst zu prüfen. Geeignete „Schnittstellen" für die Beschäftigung mit psychologienahen Erklärungsproblemen stellt sie zumindest in Aussicht.

4.4.2   Belastungsphänomene: Fachspezifisches und Begriffliches zu Berufsstress und Burnout

In ihrem Vorwort zu den Berichten, in denen Moldaschl/Voß *Betroffene* subjektivierter Arbeitsverhältnisse zu Wort kommen lassen, halten die Autoren fest, dass jeder Schritt der wissenschaftlichen Arbeit „von interpretativen Konstruktionen" geleitet, abhängig und auch durchdrungen sei. Dies beginne beim Interesse für ein Feld, bei der Entstehung der Fragestellung, bei der Beschreibungssprache, bei der Auswahl und so fort (vgl. Moldaschl/Voß 2003: 295). Wenn dann weiter argumentiert wird, dass Vertreter dieser Wissenschaftsposition keine allgemeingültigen, sondern eigene Erkenntnisse vorstellen würden, keine Tatsachen und Deutungen, sondern Deutungen von Deutungen vermitteln, so wäre ein solcher Forscher kein neutraler Überbringer von Wahrheiten, „sondern ein Subjekt, das anderen Subjekten eine Möglichkeit (oder mehrere) anbietet, ihre Wirklichkeit in neuer Weise zu sehen und ggf. in Auseinandersetzung mit Anderen diskursiv zu verarbeiten" (vgl. ebd.: 295/296.).

Diesem erkenntnistheoretischen Wissenschaftsverständnis ist grundsätzlich nicht zu widersprechen. Kritische Gegenrede ist aber angebracht, wenn Gefahr droht, dass die *Belastungsdimension* subjektivierter Arbeit im rationalisierungskritischen Diskurs stecken bleibt. Nicht, weil taylorismusfixiert argumentiert wird, sondern weil es an theoriegebundenen Analysekategorien fehlt, um der Selbstausbeutungsthematik und den damit verbundenen Folgen dort zu begegnen, wo sie auftreten: Auf der individuellen Handlungsebene eigensinniger Akteure. Prozesse, die „wie von selbst" ablaufen (vgl. hierzu Glißmann 2003: 257), werden in Ermangelung alternativer Kristallisationspunkte als herrschaftliche Logik auf den „körperlosen" Raum der Wechselverhältnisse projiziert und interessenspolitisch instrumentalisiert.[39] Für eine Belebung der Diskussion gilt es deshalb, nach Anschlussstellen zu suchen, an die sich konstruktiv andocken lässt. Nicht antithetisch, sondern im eigenen Fachbereich nach Ergänzung suchend und offen für die Impulse einer etablierten Burnout-Forschung.

„Arbeitsweltliche Belastung" aus soziologischer Perspektive

> „Arbeitspsychologie und Arbeitswissenschaft in engerem Sinne konzentrieren sich hauptsächlich auf die Analyse von Arbeitsaufgaben und individuellem Arbeitshandeln (neuerdings auch in Gruppen), also auf das Resultat von Rationalisierungsprozessen. Deren Mechanismen gegenüber bleiben sie oft blind oder gleichgültig" (Moldaschl 2001: 142).

Diesen Tatbestand würde denn auch die Industriesoziologie dazu verwenden, die Notwendigkeit für eigene soziologische Belastungskonzepte zu begründen.[40] Moldaschl selbst arbeitet in seinem Konzept der „widersprüchlichen Arbeitsanforderungen" heraus, dass

---

[39] Vgl. hierzu die These „Mehr Druck durch mehr Freiheit" von Glißmann/Peters (2001).
[40] Vgl. hierzu Böhle (1982) und die Anregungen für sein Forschungskonzept, das arbeitsplatz- und betriebsübergreifende Rationalisierungsgefährdungen aufgreift; weiters auch die einschlägigen Hinweise von Jürgens (2006).

Belastung stets auch „Ausdruck davon ist, dass die Betroffenen nicht die Macht haben, die ihr Arbeitshandeln behindernden Bedingungen zu verändern oder die vorgegebenen Ziele anzupassen – oder dass sie diese Macht nicht gebrauchen" (Moldaschl ebd.: 144). Plausibilität erhält diese Perspektive auch durch die Betroffenenstimme:

> „Im Moment bin ich ernstlich krank, nein, sicher keine stressbedingte Sache in diesem Fall, aber ein, zwei Wochen Krankschreibung und Ruhe täten mir sicher gut. Geht aber nicht. Es ist allerdings nicht mein Arbeitgeber oder mein Vorgesetzter, der mich nötigt, weiterzuarbeiten. Es ist auch weniger der Gruppendruck der Kollegen, diese sind auch landunter und legen einen gewissen Fatalismus an den Tag, was nicht geht, geht halt nicht. Ich selber bin es, die ihre Projekte, vielleicht gerade weil diese in so nervenaufreibender Zusatzarbeit konzipiert und begonnen wurden, nicht platzen lassen will. Und da ist noch das Verantwortungsgefühl gegenüber all meinen Kunden, die ich nicht hängen lassen will, denn im Gegensatz zu meinem Arbeitgeber loben sie meine Arbeitsergebnisse und betonen ihre Bedeutsamkeit für ihre eigene Arbeit" (Anstoßtext zum Subjektivierten Arbeitsalltag, in Moldaschl/Voß, Hg., 2003: 333; Hervorh. weggel.).

Es liegt „in der Natur der Sache", dass die Ursachen- und Belastungsforschung zur obigen Arbeitswirklichkeit nicht der Soziologie sondern den Fachbereichen Psychologie und Medizin vorbehalten ist. Eine Ausnahme bilden hier allenfalls die bereits erwähnten MedizinsoziologInnen (vgl. Siegrist 1996, Dragano/Siegrist 2005; Wendt/Wolf, Hg., 2006). Dies verwundert, weil die weithin geteilte Beobachtung, dass gerade die psychischen Belastungsfaktoren zunehmen, in den Arbeits- und Sozialwissenschaften durchgängig Zustimmung finden.[41] Und so kommt berechtigte Kritik auch aus den eigenen Reihen, denn Pröll/Gude (2003) halten in ihrem Forschungsbericht über „Gesundheitliche Auswirkungen flexibler Arbeitsformen" dezidiert fest, dass „eine chronische Unterbelichtung von Gesundheits- und Sicherheitsaspekten in industrie- und arbeitssoziologischer Forschung zu neuen Arbeitsformen und Produktionskonzepten" zu verzeichnen sei (vgl. ebd.: 174). Infolgedessen lässt sich im Hinblick auf *Selbstausbeutung, Selbstüberforderung, Selbstverausgabung, Selbstunterwerfung, Berufsstress* oder *Burnout* auch nicht ernsthaft von „Trennschärfe" sprechen. Es würde der Subjektivierungsdebatte also gut zu Gesicht stehen, eine Forschungslinie aufzubauen, die sich in spezifischer Weise diesen „neuen und bislang unbekannten" Belastungserscheinungen zuwendet: ausgerichtet an Handlungs- und Strukturbedingungen, welche diese Phänomene beeinflussen und frei von Berührungsängsten vor fachübergreifenden Forschungsinteressen. Stichwort: Burnoutforschung.

„Arbeitsweltliche Belastung" aus psychologischer Perspektive
Psychische Belastungen sind keine Erscheinung der Neuzeit. Es gab sie immer und es wird sie auch in Zukunft geben, zumal psychische Belastungen nicht zwangsläufig negativ einzustufen sind: „Sie können unter bestimmten Umständen schädigend wirken, ebenso aber in Form von Anregungseffekten auch leistungsfördernden und salutogenen, sprich gesundheitsfördernden Charakter annehmen" (vgl. Poppelreuter/Mierke ebd.: 5). Es gilt also, das eine vom anderen zu unterscheiden und mit Selye (1953) zwischen dem positiven, förderlichen „Eustress" und dem negativen, schädigenden „Distress" zu differenzieren. Die Arbeits- und Organisationspsychologie hält allerdings auch Konzepte bereit, die eine erkenntnistheoretische Betrachtung von *Belastung und Beanspruchung am Arbeitsplatz* erlauben: So ist bei den „Belastungen" laut Poppelreuter/Mierke analytisch exakt das (strukturbeding-

---

[41] Vgl. hierzu ausführlich Kapitel 2 dieser Arbeit.

te) Referenzumfeld gemeint, das auf die Gesundheit von Arbeitstätigen Einfluss hat (etwa Umgebungseinflüsse, soziale Einflüsse oder die Dauer und Intensität einer Tätigkeit). Die „Beanspruchung" hingegen bezieht sich auf die Individualebene von Arbeitstätigen und damit auf den kreativen Umgang mit den Belastungen. Denn erst die Ressourcenausstattung (Qualifikation, Motivation, Gesundheit) bestimmt letztlich darüber, ob sich Arbeitstätige durch eine Situation mehr oder weniger stark beansprucht bzw. umgangssprachlich ganz einfach „gestresst" fühlen. Die analytische Konsequenz: Ob Belastungs- bzw. Beanspruchungsfolgen positiv oder negativ bei den Beteiligten „ankommen", wird in erster Linie davon abgeleitet, wie der jeweils Betroffene auf belastende Situationen reagiert. Wenn aber Leistungseinbrüche, Stress oder das Trend-Phänomen Burnout vornehmlich aus der Perspektive der Betroffenen diskutiert werden (Diagnose, Interpretation, Intervention), und die betriebliche Arbeitsorganisation außen vor bleibt, so steht dies in engem Zusammenhang damit, dass diese „personenorientierte Beanspruchungs-Perspektive" auch die psychologische Praxis anleitet: Im Mittelpunkt steht die psychische Selbsthilfe und dieses Bild wiederum findet sich in der öffentlichen und medial geführten Diskussion wieder.[42]

Das Burnout-Syndrom: „Spezifisches" für die freiwillige Selbstausbeutung
Der unter Umsatzdruck stehende Vertriebsingenieur, der resigniert, weil er nach einem weiteren Arbeitswochenende vom Geschäftsführer angehalten wird, das mühsam ausgearbeitete Angebot (bereits vom Kunden rückbestätigt) wieder zurückzuziehen … der zynische Jungunternehmer, der dem abwandernden Kunden das Gefühl gibt, die Auflösung der Geschäftsbeziehung sei ihm ohnedies recht und der beleidigt von dannen zieht … der völlig überarbeitete Unternehmensberater, der sieben Tage die Woche auf Abruf für seine Klienten und Mitarbeiter erreichbar ist und nur auf Urlaub fährt, damit er seine familiären Pflichten erfüllt … all dies steht in engem Zusammenhang mit Burnout-Karrieren.

Burnout und *Berufsstress* überlappen sich in der begrifflichen Auslegung häufig und haben als reine Schlagworte wenig heuristischen Wert (vgl. hierzu Burisch 2006). Definitorisches findet sich deshalb bei der Arbeits- und Organisationspsychologie (vgl. bereits Poppelreuter/Mierke 2005; weiters Richter/Hacker 1997 oder Greif et. al 1991). *Berufsstress* resultiert gemäß den zitierten AutorInnen überwiegend aus Zeit- und Termindruck, und zwar vor dem Hintergrund der zu bewältigenden Arbeitsmenge. Die Folgen sind „kompensatorisches Verhalten", das zu erhöhter Anstrengung mit entsprechendem Stresserleben führt" (Poppelreuter/Mierke 2005: 23). *Stress* zeigt sich damit vornehmlich als Erleben quantitativer Überforderungen durch Zeitdruck, während *Ermüdung* als beeinträchtigte Leistungsfähigkeit erfahrbar wird und *Burnout* wiederum als emotionale Erschöpfung.[43] Je für sich können sich diese konkreten Symptome psychischer Beanspruchung negativ auf die Gesundheit und den Leistungsoutput Erwerbstätiger auswirken. Fengler (2002) definiert das Burnout-Syndrom auch als akute oder chronifizierte Anpassungsreaktion, und zwar als Folge von kurzzeitigem oder lang anhaltendem Stress in den äußeren oder inneren Lebensbedingungen.

---

[42] Vgl. beispielsweise das Dossier „Verlorene Seelen" von Löffler (2006) in einer Ausgabe des „Standard" oder die Stern-Reportage „Ausgebrannt und aufgefangen" (2007).
[43] Siegrist (1996) untersucht unter dem Aspekt von Berufsstress beispielsweise das Wechselbeziehungsverhältnis von Belastung und Engagement einerseits sowie den als frustrierend erlebten Gratifikationsentzug bei Missachtung dieses Engagements andererseits.

Für diese Studie relevant sind nun jene Zugänge, die aus der gezielten Weiterentwicklung des Burnout-Konzepts herrühren und die gleichzeitig auch den Stand der aktuellen Burnout-Forschung repräsentieren.[44] Weitgehend Einigkeit herrscht hier bei der international besetzten Burnout-Community nämlich darüber, was unter Burnout zu verstehen ist: *Ein multidimensionales Konzept, das auf drei Komponenten aufbaut.* Erstens: „Emotionale Erschöpfung". Zweitens: „Zynismus" im Sinne einer negativen Einstellung Personen bzw. Kunden oder Klienten gegenüber. Drittens: „Nachlass der Leistungsfähigkeit" und Ineffizienz. Alle drei Dimensionen sind im führenden Messinstrument eingebaut, dem MBI-Inventory von Christina Maslach. Neben dem Verfall von emotionalem und geistigem Engagement zeigt das Burnout aber auch pathologe Strukturen. Die Symptome reichen von Kopfschmerzen über Herzrasen bis zur Schlafstörung. Unabhängig von der pathogenen Beschaffenheit lassen sich Burnout-Symptome mit Schaufeli und Enzmann last but not least auch unterschiedlichen Ebenen zuordnen: der *individuellen*, der *interpersonellen* und der *institutionellen* Ebene (Schaufeli/Enzmann 1998).

Vergleichsweise neu an der Burnoutforschung ist, dass AutorInnen wie Maslach/Leiter (2001) oder Schaufeli bei ihren Ausgangsinteressen die Vorzeichen gewechselt haben. Bezug nehmend auf die Dimensionen *Erschöpfung, Zynismus* und *Leistungsversagen* wird nun gefragt, wie die institutionelle Beschaffenheit im organisationalen Umfeld sein muss, damit Burnout erst gar nicht passieren kann. Durch diesen Perspektivenwechsel innerhalb der Burnout-Forschung wird auch sichtbar, wo sich psychologische und soziologische Erkenntnisinteressen fast gegenläufig überschneiden: Während der Fachbereich der Arbeits- und Industriesoziologie Theoriedefizite auf der personalen Beobachtungsebene identifiziert, beschäftigt sich die Psychologie zwischenzeitlich mit den organisationsgebundenen Leerstellen.

Konkretes zum Phänomen freiwilliger Selbstausbeutung findet sich schließlich bei Burisch und bei Rösing. Bei Burisch zeigt sich ein „Nahverhältnis" zur freiwilligen Selbstausbeutung in empirischer Hinsicht: Er stellt die in der Literatur am häufigst genannten Burnout-Symptome übersichtlich zusammen und ordnet sie mit sieben Oberkategorien. Dabei stechen vor allem die „Warnsymptome der Anfangsphase" ins Auge. Zum einen der „überhöhte Energieeinsatz" (im Sinne von Hyperaktivität, freiwilliger unbezahlter Mehrarbeit, das Gefühl von Unentbehrlichkeit und das Gefühl, nie Zeit zu haben, die Verleugnung eigener Bedürfnisse u.a.m.) und zum anderen die „Erschöpfung" (im Sinne von nicht abschalten können, Energiemangel, Unausgeschlafenheit u.a.m.) (vgl. Burisch 2006: 25-26). Rösing wiederum spürt im weitläufigen Burnout-Reservoir treffsicher jene Knotenpunkte auf, die mit der analytischen Argumentationsfigur „subjektivierter Intensivierung"[45] korrelieren und darauf hinweisen, dass sich Bewegungsprozesse rund um das Burnout-Phänomen auch mit arbeitssoziologischen Kategorien nachzeichnen lassen. Laut einer Definition von McKinney-Dhalenne (2000), bei der Burnout nichts anderes ist, als ein *Misslingen von Grenzziehung auf individueller Ebene,* würde sich beispielsweise das „Reproduktionshandeln" von Jürgens (2006) anbieten.

---

[44] Vgl. hierzu bereits den Exkurs unter Kapitel 2 dieser Arbeit, weiters die Forschungsüberblicke bei Burisch (2006) und Rösing (2003) sowie detaillierter zum Burnout selbst die Analysen von Maslach/Leiter (2001), Schaufeli/Enzmann (1998) sowie Pines/Aronson/Kafry (2000).
[45] Vgl. zum „intensivierten Wechselverhältnis" bereits Kleeman et. al (2003: 62).

Das „Arbeitsvermögen" von Pfeiffer (2004a) hingegen, das sich bereits als zentraler Analyseansatz für die freiwillige Selbstausbeutung herausgeschält hat, lenkt den Blick auf eine andere Textstelle:

> „Burnout entsteht dann, wenn die Ressourcen erschöpft sind und nicht mehr aufgefüllt oder getauscht werden können. Zwar werden große Anstrengungen unternommen, hier entgegenzusteuern (andere Ressourcen anzuzapfen), aber wenn man schon erschöpft ist, wird das nicht gelingen und Burnout wird nur verstärkt … Es ist ein sich selbst perpetuierender Prozess, der bekannte Teufelskreis" (Rösing 2003: 112).

Die begrifflich-disziplinäre Beschäftigung mit vornehmlich psychologischen Belastungskategorien, welche in die Subjektivierungsdebatten unweigerlich eingebunden sind, soll an dieser Stelle nicht weiter ausgeführt werden. Der Streifzug durch die Burnoutforschung zeigt jedoch, dass ein Erklärungsmodell, das die freiwillige Selbstausbeutung von Hochqualifizierten im Auge hat, gut beraten ist, auch fachübergreifend Interesse zu zeigen. Grenzziehung und Grenzüberschreibung inklusive.

4.4.3   Freiwillige Selbstausbeutung: Beobachtungsdimension und Reichweite

Eine empiriegeleitete Theoriearbeit muss wissenschaftlichen Ansprüchen gleich in mehrfacher Hinsicht Genüge leisten. Sie muss einerseits den Problembezugspunkt angemessen erklären und relevante Forschungsansätze berücksichtigen. Sie muss andererseits auf eine empirische Überprüfung vorbereitet sein. Und sie muss schließlich für die empirisch-analytische Beobachtung auch Operationalisierbares zur Verfügung stellen. Im Folgenden werden deshalb Kennzeichen „gelistet", die vor dem Hintergrund der zitierten Forschungsansätze die Dimension der *faktischen Beobachtbarkeit* freiwilliger Selbstausbeutung definieren und die *analytische Reichweite* für die Erklärungsleistung bestimmen:

a.   Die Protagonisten freiwilliger Selbstausbeutung sind hochqualifizierte *Erwerbspersönlichkeiten in arbeitszeitflexiblen und handlungsautonomen Beschäftigungsverhältnissen.* Diese Akteure (Männer wie Frauen) arbeiten ergebnisorientiert, tragen hohe Verantwortung, verfügen über ausgeprägte Fachkompetenzen und legen eine hohe Verausgabungsbereitschaft an den Tag. Stellvertretend stehen für diese Berufsgruppe Ingenieure, Diplom-Kaufleute, Architekten, Kreativschaffende, Manager, Projektleiter, Unternehmensberater und Wissenschafter.

b.   Das Arbeitskonzept freiwilliger Selbstausbeutung ist die *Wissensarbeit.* In direkter Gegenüberstellung zur handwerklichen Tätigkeit oder zur industriellen Fertigung zielt Wissensarbeit auf intellektuelle Fähigkeiten, auf den kreativen Umgang mit abstrakten Inhalten und Unwägbarkeiten, auf die kompetente Anwendung von Informations- und Kommunikationstechnologie sowie auf die Unplanbarkeit im Arbeitsvollzug. Die betriebliche Steuerung und Kontrolle von Wissensarbeit ist in *flexible Arbeitsformen* eingebaut: ob Teleworking, projektförmige Arbeit oder freier Werkvertrag: Arbeite wann, wo und wie du willst, aber erreiche deine Ziele!

c. Die empirischen Bezugspunkte freiwilliger Selbstausbeutung verweisen bei den betei-
    ligten Akteuren auf ein *überdurchschnittliches Engagement und Professionalisie-
    rungsstreben im Beruf mit der Bereitschaft zu unbezahlter Mehrarbeit und zu indivi-
    duellen Qualifizierungsmaßnahmen.* Spezifische Indikatoren sind Wochenend-
    und/oder Nachtarbeit, Urlaubsverzicht, Priorisierung von Beruflichkeit zu Lasten
    anderer Lebensbereiche (Familie, Vereinswesen, Sport usw.) oder „24/7" als internali-
    sierter Handlungscodex (Erreichbarkeit: 24 Stunden an 7 Tagen die Woche). Die ar-
    beits- und industriesoziologische Debatte definiert über die *Subjektivierung von Arbeit*
    den „analytischen" Bezugspunkt. In diesem Zusammenhang wird freiwillige Selbst-
    ausbeutung als neues Belastungsphänomen interpretiert und als Folgeerscheinung sub-
    jektivierter Arbeit gedeutet.

d. Die Beobachtungsebenen freiwilliger Selbstausbeutung sind die *intrapersonale* Ebene
    und die *interpersonale* Ebene sozialer Akteure: mit dialektischem Bezug zum Refe-
    renzsystem betrieblicher Organisation.

e. Die Redeinstrumente der *arbeitssoziologischen Erklärungsebene* leiten sich aus der
    Aneignungsperspektive ab und konzentrierten sich auf ein emanzipatorisches Arbeits-
    vermögen, das unmittelbar am Subjekt hängt und dialektisch mit der tauschwertigen
    Arbeitskraft verbunden ist. Auf der *akteur- und strukturdynamischen Erklärungsebene*
    erschließt sich die Situations- und Selektionslogik freiwilliger Selbstausbeutung über
    den *Homo Oeconomicus* und über die *Konstellationslogik wechselseitiger Beobach-
    tung*.

f. Die „Analyseraster" freiwilliger Selbstausbeutung repräsentieren schließlich das For-
    schungsziel, soziologisch angemessen *die Verausgabungsbereitschaft von Hochquali-
    fizierten nachzuzeichnen:* gesundheitsgefährdende Risiken im Sinne einer „frühen"
    und nachweislichen Burnout-Symptomatik bereits mitgedacht.

4.5 Fazit: Arbeitssoziologische Analyse auf zwei unterschiedlichen Theorieebenen

Die Freilegung heuristischer Bezugspunkte für die freiwillige Selbstausbeutung zeigt: Um
ein eigenes Erklärungsproblem „soziologisch zu verrätseln"[46], tut man gut daran, sorgfältig
vorzugehen. Das heißt, den Entdeckungszusammenhang schlüssig zu entfalten, um dann,
mit Geduld, einen Bezugsrahmen zu entwickeln. Mit diesem Bezugsrahmen muss es möglich sein, Analyse- und Modellierungsprozesse *konzeptionell zu integrieren*, ohne dabei (für
eigene Konstruktionen) an Flexibilität einzubüßen. Für diesen Zweck werden Ausgangsinteresse („warum überschreiten Hochqualifizierte freiwillig ihre Leistungsgrenzen?") und
Ziele („ein Erklärungsmodell für die Eigenlogik freiwilliger Selbstausbeutung") in ein
Dekompositionsschema überführt und in relevante Teilfragen zerlegt. Erst vor diesem Hintergrund macht es Sinn, nach übersetzungstauglichen Kategorien und Redeinstrumenten
Ausschau zu halten, um schließlich den Problemaufriss festzuschreiben. In Folge wird
daher die *freiwillige Selbstausbeutung* (als Belastungsphänomen subjektivierter Arbeit und

---

[46] Siehe hierzu den Empfehlungskatalog Schimank´s für die Arbeit mit Theorien. Er nimmt Bezug auf Werkzeuge,
Denkstil und soziologische Rätsel (ebd.: 2002a: 333-344).

als erstes Anzeichen einer Burnout-Symptomatik) auf die Mikroebene sozialer Akteure verlagert und im Referenzumfeld der betrieblichen Organisation ausgeleuchtet. Analyse und (fallbezogene) Rekonstruktion erfolgen stufenweise und auf zwei unterschiedlichen Theorieebenen:

- *Arbeitssoziologisch* gesehen lautet die Aufgabe, freiwillige Selbstausbeutung sichtbar an das naturalistische Kategoriensystem von Pfeiffer zu koppeln und mit der *Subjektivität von Arbeitstätigen* auf den Begriff zu bringen.
- *Sozialtheoretisch* gilt es, freiwillige Selbstausbeutung über die akteur- und strukturdynamischen Modelle von Schimank zu erschließen: Einerseits über den „subjektiven Willen" eines differenzierungstheoretisch eingebetteten Homo Oeconomicus und andererseits über die „sozialen Kontrollmechanismen" wechselseitiger Beobachtung. Die Sozialdimension, respektive das handelnde Zusammenwirken von Hochqualifizierten, rückt damit erst im zweiten Erklärungsabschnitt in den Mittelpunkt.

5   „Freiwillige Selbstausbeutung" auf der Subjektebene

Ein Erhebungs- und Analyseinstrument wie das subjektgebundene „Arbeitsvermögen" von Pfeiffer (2004a), das zwar dialektisch ausgerichtet ist, aber dennoch auf das Widerständige im Subjekt abzielt, muss auch auf neue und subjektivierte Belastungsphänomen anwendbar sein. Diese Überlegung gewinnt umso mehr an Bedeutung, als Subjektivierungstheoretiker wie Kleemann et. al (2003) vermerken, dass in Hinkunft die Arbeitskraft in ihrer „individuellen Besonderheit" und nicht in ihrer Austauschbarkeit ins Blickfeld rücken sollte.

Will man unter diesem Gesichtspunkt auch zu einer Neubewertung der Subjektivierungsdebatte gelangen, zeigt sich allerdings, dass dem Interpretationsspielraum auch dann Grenzen gesetzt sind, wenn man zur Überprüfung von Theorieangeboten die Perspektive der Selbstbetroffenheit einbringt. Im Klartext: Eine Burnout-Episode befähigt noch lange nicht dazu, Deutungskonzepte in Frage zu stellen und vollmundig analytische Defizite auszumachen. Die Reflexionsmöglichkeiten nehmen *quantitativ* gesehen zwar zu, für die Formulierung einer Gegenrede ist dieser Tatbestand aber nur eingeschränkt verwertbar. Verlagert man hingegen den Schwerpunkt und bemüht sich um einen Beitrag zur theoretischen Grundlagenforschung, lässt sich damit auch das Niveau konstruktiv gerichteter Kritik anheben. Vornehmlich deshalb, weil sich umgehend die Bezugsverhältnisse ändern: Nicht länger „Fremdes" steht zur Disposition, sondern „Eigenes". Ergo: Der Rekonstruktionsplan ebenso wie die operationalisierten Erhebungs- und Analyseinstrumente sind auf ihren Anwendungsbezug hin zu erproben. Versuch und Irrtum eingeschlossen!

Pfeiffers Devise, bei eigenen Theoriemodellen nach Möglichkeit konzeptionellsichtbar zu integrieren und an Bestehendes anzuschließen, kann insofern überzeugen. Das Verfügbare ist in der Regel bereits auf Stärken und Schwächen „abgeklopft" und gut zugänglich. An Bedeutung gewinnen derart geformte Werkzeuge weiters, wenn sie an elaborierte Theoriekomplexe rückgebunden sind. Pfeiffers Analyseraster scheint sich deshalb für den arbeitssoziologischen Erklärungsabschnitt zur freiwilligen Selbstausbeutung auch gut zu eignen. *Die anspruchsvolle Aufgabe lautet immerhin, die „autonomiegestützte Ausbeutungsbereitschaft" näher an die Handlungs- und Strukturebene des arbeitstätigen Subjekts heranzuführen.*

Eine erste Erkenntnislücke wird dabei die Aneignungsperspektive schließen. Über diesen Weg soll freiwillige Selbstausbeutung als „Steuerungsregulativ" und als „Identitätsbewahrer" der Kategorie Arbeitsvermögen rekonstruiert werden. Damit erschließt sich die Eigenlogik freiwilliger Selbstausbeutung über den „Annex" von Arbeitsvermögen als eigenständige Subjektqualität, die in theoretischer Hinsicht einiges leisten kann: Sie verweist auf den sub-intentionalen Mechanismus, der den Balanceakt zwischen emanzipatorischer Aneignung und ökonomischer Selbstzurichtung bewerkstelligt.

5.1   Aneignungstheoretisches Analyseraster für Subjektivierungsfolgen

Der hier ausgearbeitete Begründungszusammenhang für die freiwillige Selbstausbeutung (vgl. Kap. 2 bis 4) steht im engeren Sinne für eine Potenzialanalyse, die auf soziologische

Erklärungsdefizite arbeitsweltlicher Belastungen ausgerichtet ist. Die Leitfrage: *„In welchem Umfang und in welcher Tiefe zollt die Debatte zur Subjektivierung von Arbeit den neuen Belastungsphänomenen Aufmerksamkeit, und wie sieht es mit dem analytischen Stellenwert aus, der dem Phänomen freiwilliger Selbstausbeutung zukommt?"* führt bislang zu folgendem Ergebnis: *Freiwillige Selbstausbeutung wird mit breiter Zustimmung als Folgeerscheinung subjektivierter Arbeitsprozesse interpretiert.* Ausgangspunkt dieser Interpretation ist die Ebene betrieblicher Arbeitsorganisation bzw. das asymmetrische Machtverhältnis von Arbeitgeber und Arbeitnehmer. Erklärungsbedarf ist damit über den „Perspektivenwechsel" zu argumentieren. Pfeiffers „Arbeitsvermögen" führt zu einem empirisch-analytischen Raster, mit dem es möglich wird, „freiwillige Selbstausbeutung" *ausgehend von der Ebene erwerbstätiger Akteure* zu erschließen. Für diesen Zweck werden zentrale Beobachtungspunkte markiert und mit Hilfe der Aneignungsperspektive inhaltlich aufgefüllt. Das Konzept „Wissensarbeit" fungiert dabei als theoretisches Bindeglied zwischen gesellschaftlicher und betrieblicher Organisation von Arbeit und steht in direkter Beziehung zum erhöhten Subjektbedarf auf Unternehmensebene sowie zu den belastungs- und beanspruchungsrelevanten Subjektivierungsfolgen für Erwerbstätige:

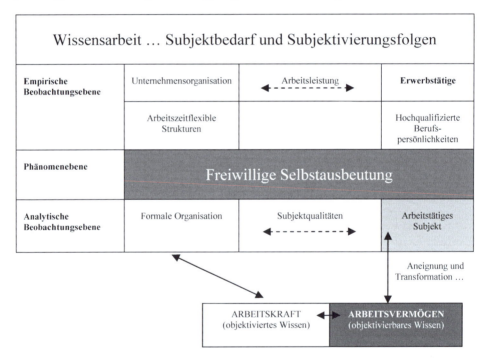

Abbildung 3:   Aneignungstheoretisches Analyseraster für belastungs- und beanspruchungsrelevante Subjektivierungsfolgen

5.2 Widersprüchliche Handlungsautonomie: Perspektivenwechsel für ein soziologisches Paradoxon

Auch wenn einer Rezension zur Folge Pfeiffers Konzept „analytisch zunächst schwer handhabbar" ist (vgl. hierzu Brödner 2005: 250/251): Möglicherweise gewinnt dieses Konstrukt gerade dadurch an Qualität, denn „nur auf dem Boden ganz harter Arbeit bereitet sich normalerweise der Einfall vor". So meinte zumindest Max Weber (1995: 13). Eine Basis für diese harte (wissenschaftliche) Arbeit scheint Pfeiffer jedenfalls geschaffen zu haben, denn sie präsentiert mit ihren arbeitssoziologischen Kategorien alles andere als leichte Kost. Dass sie damit aber gerade den Geschmack von AutorInnen treffen kann, die selbst ein gesteigertes Interesse an soziologischer Grundlagenanalytik mitbringen, lässt sich mit einer Forderung von Beckenbach zumindest vermuten. Dieser meinte nämlich schon vor längerem, dass der Problemhorizont für eine kritische Reflexion arbeitsförmiger Vergesellschaftung heute „tiefer gelegt" werden müsse: „Er kann nicht mehr nur die Tauschverhältnisse zwischen Kapital und Arbeit, den Anforderungs- und Leistungscharakter der Arbeitsverhältnisse oder die ökonomischen, zeitlichen oder die lebenspraktischen Aspekte der Verteilung der Arbeitsergebnisse und Zeitstrukturen betreffen" (Beckenback 1996: 142).

Dass bei einem industriegeschichtlich geprägten Arbeitsverständnis allerdings nicht *menschliche Emanzipation*, sondern Aspekte wie Entfremdung und Unterwerfung dominieren, dafür steht eine Vielzahl arbeits- und industriesoziologischer Forschungsbeiträge. Beispielhaft erwähnt sei etwa Gorz, der konstatiert, dass Arbeit im Sinne von Selbstverwirklichung in den virtualisierten Realitäten von immaterieller Ökonomie gar verschwinden würde (vgl. Gorz 2000: 10-11). Vertiefungsquellen zu Unterwerfungsmerkmalen moderner Arbeit lassen sich jedenfalls zur Genüge finden.[47]

Vor diesem Hintergrund schlagen Jäger/Pfeiffer (1996) eine gegenläufige Richtung ein. Unter Bezugnahme auf das zwiespältige Verhältnis von „produktiver und destruktiver Arbeit" bei Clausen (1988) beschäftigen sich die genannten Autoren mit der Marx´schen Begriffstradition auf eine Art und Weise, die man am besten mit dem Attribut der „Unvoreingenommenheit" beschreibt. Beide eint nämlich die These, dass die Marx´schen Kategorien auch für die moderne Arbeitssoziologie nichts an ihrer Aktualität eingebüßt haben. Und so setzt Pfeiffer im Zuge ihrer weiteren Forschungstätigkeit nicht von ungefähr auf einen erweiterten Arbeitsbegriff, der gerade innerhalb der Erwerbsarbeit das Unantastbare „greifbar" machen soll. Chirurgisch präzise legt sie das Defizitäre und Ausgeblendete frei, das den Arbeitsbegriff im Informatisierungsprozess prägt, ihn aber auch verstellt und damit seine ihm eigene Identität verdeckt.[48]

---

[47] Vgl. hierzu die teilweise schon zitierten Herausgeberwerke „Umbrüche gesellschaftlicher Arbeit" von Beckenbach/Treeck (1994), „Virtuelle Arbeitswelten" von Schmiede (1996c), „Kein Ende der Arbeitsgesellschaft" von Schmidt (1999) oder „Begrenzte Entgrenzungen" von Minssen (2000).

[48] Insgesamt holt Pfeiffer bei der „Informatisierung" etwas weiter aus. Aufbauend auf einem Plädoyer, die Bedeutung von Technik als unverändert wichtigen Bezugspunkt arbeitssoziologischer Analyse zu berücksichtigen, formuliert sie in kritischer Auseinandersetzung mit Autoren wie Rudi Schmiede (1996a/1996b/1996c) oder Scott Lash (2002) ihr eigenes, erweitertes Informatisierungsverständnis. Und zwar als einen „historischen, mit der kapitalistischen Verwertungslogik immanent verschränkten und daher nicht mit dem Einsatz von datentechnisch gestützten Technologien gleichzusetzenden Prozess" (Pfeiffer 2004a: 137). Dennoch gelingt es Pfeiffer, Aspekte wie die „Präformation von Erfahrung", die „Transformation von Erfahrungs- in Planungswissen", die „Heterogenität der Wissensformen", die „Pluralität ihrer Entstehungsorte" sowie die Dimension des „gesellschaftlichen Umgangs mit (nicht-objektivierbaren) Wissens- und Handlungsformen" in ihrem Konzept unterzubringen (ebd.: 36).

Vordergründig konzentriert sich Pfeiffers Arbeit auf das Subjekt selbst, das im modernen Arbeitsbegriff nur unzureichend berücksichtigt ist. Diese Herangehensweise führt die
Arbeitssoziologin schließlich zu Prozessen, die sich im Inneren des Subjekts und außerhalb
des Beobachtbaren vollziehen. Pfeiffer beruft sich hier in Abgrenzung zu Negt/Kluge
(1993) auf die Frühschriften von Marx und dessen Ausführungen zum *nicht-ökonomischen
Aneignungsprozess*. Unter diesem Gesichtspunkt versteht sie Arbeit denn auch als anthropologische und historisch-gesellschaftliche Kategorie einer *tätigen Aneignung von Welt*.
Die Verausgabung von Arbeitsvermögen sei folglich gleichermaßen Bedingung wie Ergebnis dieser Aneignung. Und so könne das im Subjekt gebundene Wissen „als das (zunächst)
nicht-vergegenständlichte, aber im Subjekt zur Form gekommene Ergebnis dieses Aneignungsprozesses gedacht werden (und eben auch als dessen Voraussetzung)" (Pfeiffer
2004a: 132/133).

Pfeiffer begreift Arbeitsvermögen (im Sinne des Vermögens, überhaupt arbeitstätig
sein zu können) also in erster Linie als „im Subjekt zur Form gekommene Aneignung".
Damit erhält der Marx´sche Aneignungsbegriff als theoretische Kategorie gänzlich neue
Aufmerksamkeit (vgl. Pfeiffer 2003: 196):

> „Zum Arbeitsvermögen zählen alle Qualitäten, die sich einer Objektivierung systematisch ent-
> ziehen, während das Vermögen und Potenzial, welches objektiviert und formalisiert werden
> kann und sich damit einem Leistungs- beziehungsweise Kontrollzugriff kapitalistischer Verwer-
> tung gegenüber zumindest potenziell kompatibel erweist, nach der erfolgreichen Transformation
> – aber eben erst dann – zur Arbeitskraft zu rechnen ist" (Pfeiffer 2003: 192).

Pfeiffer argumentiert dazu ergänzend, dass nur dann, wenn die Trennlinie entlang von Ob-
jektivierbarkeit und Formalisierbarkeit gelegt wird, das genuin Eigenständige des Arbeitsvermögens auch sichtbar bleibt (ebd.). Und wie sie eindrücklich vorführt, gelangt sie mit
dieser Perspektive auf die Spur nicht vollständig subsumierbarer Anteile lebendiger Arbeit.

Warum nun auch das Phänomen freiwilliger Selbstausbeutung einem anthropologisch
und historisch besetzten Aneignungsprozess untergeordnet werden soll, darauf antwortet im
weitesten Sinne und im Vorgriff auf das noch Folgende Lefèbre (1987). Dieser meint nämlich, dass das Individuum umso freier wäre, je mehr es über Potenzen und Fähigkeiten
verfügt. Und so nimmt Pfeiffer, unter anderem auch an Lefèbre anknüpfend, geradewegs
Kurs auf die Kreativität, Autonomie und Eigensinnigkeit menschlicher Arbeit. Diese
wissensbasierten Arbeitsqualitäten sind, wie oben schon zitiert, als spezifische Fähigkeit im
Subjekt angelegt und lassen sich in Marx´scher Tradition mit dem *privaten Aneignungsprozess* koppeln. Da diese private Aneignung aber im ureigensten Sinne der menschlichen
Gattungs- und Triebtätigkeit entspricht, lässt sich Aneignung selbst unter Berücksichtigung
kapitalistischer Rahmenbedingungen für unterschiedliche Analysezwecke instrumentalisieren, neue Belastungsphänomene eingeschlossen. Was für die vorliegende Untersuchung
bedeuten würde, genau dort nach aneignungstechnischen Eigenwilligkeiten Ausschau zu
halten, wo das Sichtbare – im vorliegenden Falle die freiwillige Selbstausbeutung – voller
Widerspruch ist. Womit jene Dimension diskutiert wird, welche die wissensbasierte Arbeit
ja gerade erst auszeichnet. Schließlich wird dieser zugeschrieben, dass sie zumindest ihrem
Potenzial nach die ökonomisch gebundene Entfremdung wieder ins Gegenteil verkehren
kann.

Der Versuch scheint jedenfalls lohnenswert, einem herrschafts- bzw. kontrolltheoretisch fundierten Belastungskonzept wie jenem von Moldaschl (2001) mit einem Perspekti-

venwechsel zu begegnen; in kritischer Würdigung zu den „widersprüchlichen Arbeitsanforderungen" und zu der damit verbundenen Sensibilisierung für neue und vor allem ernst zu nehmende Gesundheitsgefährdungen.[49]

Der Rekonstruktionsradius für die freiwillige Selbstausbeutung wird arbeitssoziologisch also auf einer Ebene verortet, in der sich über das Begriffspaar von *Arbeitskraft* und *Arbeitsvermögen* jene Produktionsverhältnisse widerspiegeln, in denen sich das arbeitstätige Subjekt dem umfassenden Zugriff kapitalistischer Verwertungslogik entzieht und kreativ jede Chance nutzt, *selbstbestimmt* produktiv zu sein. Ein Zugang, der auch mit den Hintergrundannahmen von Böhles subjektivierendem Arbeitshandeln korrespondiert: Böhle vertritt nämlich die These, dass dem *Konzept der Arbeit* selbst in modernen Gesellschaften eine fundamentale, anthropologische Begründung zukommt. Denn erst durch die Arbeit gelte es, „die eigenen naturhaften Beschränkungen zu überwinden und die Besonderheit des Menschlichen zur Entfaltung zu bringen" (Böhle 1999: 89; Hervorh. weggel.). Ein Verständnis also, das auf Selbstgestaltung und Selbstverwirklichung abzielt, um „die naturhaften Gegebenheiten in Richtung humaner Lebensbedingungen um- und neu zu gestalten" (ebd.).

Mit diesem anthropologisch erweiterten Arbeitsbegriffs sollte sich die freiwillige Selbstausbeutung schließlich sowohl über den *Produkt-* als auch über den *Prozesscharakter* von Arbeitsvermögen festmachen lassen: Einerseits als besondere Ausdrucksform von Aneignungsanstrengungen und andererseits als Artefakt dieser Aneignung.

5.2.1 Selbstverwirklichung und Unabhängigkeit durch Arbeit: „Hunger nach mehr" als Regelmechanismus für Selbstausbeutung

Mit dem Pfeiffer′schen Schwerpunkt auf den nicht-ökonomischen Aneignungsbegriff und der expliziten Berücksichtigung von Marx kommt für die Analyse freiwilliger Selbstausbeutung ein Menschenbild in Greifnähe, das dem Subjekt das Prinzip der Bewegung unterstellt und damit Lebensantrieb, Lebensgeist und Spannkraft meint. So ist Geschichte bei Marx nach einer Einschätzung des Humanisten Fromm, „die Geschichte der Selbstverwirklichung des Menschen, sie ist nichts anderes als die Selbsterschaffung des Menschen durch den Prozess seiner Arbeit und seiner Produktion" (vgl. Fromm 1999a, Bd. 5: 357). Diese produktive Charakterorientierung, durch die das Leben sinn- und freudvoll wird, ist bei Marx mit dem Konzept von Unabhängigkeit und Freiheit verknüpft, verwurzelt im Akt der Selbst-Schöpfung. Besonders gut im folgenden Zitat veranschaulicht:

> „Ein Wesen gilt sich erst als selbständiges, sobald es auf eignen Füßen steht, sobald es sein Dasein sich selbst verdankt. Ein Mensch, der von der Gnade eines andern lebt, betrachtet sich als ein abhängiges Wesen [...]" (vgl. MEW Bd. 40: 544).

---

[49] Im Rahmen einer groß angelegten Studie über die „Entwicklungsperspektiven von Arbeit" (vgl. hierzu bereits Lutz Hg., 2001) ortet Moldaschl in Bezug auf den betrieblichen Rationalisierungsprozess erhebliche Forschungsdefizite. Zentral steht die Beobachtung, dass die alte Gleichung „mehr Autonomie = weniger Belastung" keine Gültigkeit mehr hat. Das „Revidieren" dieser Perspektive erfolgt entlang der These „Herrschaft durch Autonomie". Die „widersprüchlichen Arbeitsanforderungen" im Visier, deckt Moldaschl nicht nur neuartige Belastungen auf, er lokalisiert diese Belastungen vor allem im qualifizierten Tätigkeitsbereich und in Verbindung mit neuen Arbeitsformen wie etwa der Gruppenarbeit (vgl. hierzu ausführlicher Moldaschl 2001: 132-164).

Wenn Pfeiffer also analytisch-empirische Aufmerksamkeit für das nur schwer oder gar
nicht Fassbare am Arbeitssubjekt fordert, das sich einer Objektivierung für ökonomische
Zwecke systematisch entzieht, argumentiert sie mit einem Arbeitsverständnis, welches
nicht allein auf die Erwerbsarbeit in kapitalistischen Verhältnissen beschränkt ist. Denn wie
sich herausstellt, berücksichtigt das Arbeitskonzept bei Marx in besonderer Weise die anthropologisch bestimmte Lebenstätigkeit als Wesensbestimmung der menschlichen Gattung.
Dieser Antrieb sorgt dafür, dass sich „Arbeit als bewusste menschliche Lebenstätigkeit" auf
„Selbstproduktion" und damit auf Widerständigkeit den Vereinnahmungs- und Entfremdungstendenzen kapitalistisch organisierter Arbeit gegenüber ausrichtet (Jäger/Pfeiffer
1996: 21). Offenkundig eine Merkmalsausprägung, die sich als historisch-existenzielle
Notwendigkeit ausdifferenzierte, noch dazu mit einiger Raffinesse. Hier zeigt sich also eine
Widersetzungsdimension von Arbeit, die vom Strukturwandel gesellschaftlicher Produkti-
onsbedingungen recht unbeeindruckt bleiben muss. Denn wie Marx an anderer Stelle festhält:

> „Der Mensch ist nur frei, wenn er seine Individualität „als ein totaler Mensch" bestätigt in jedem
> „seiner menschlichen Verhältnisse zur Welt, Sehn, Hören, Riechen, Schmecken, Fühlen, Den-
> ken, Anschauen, Empfinden, Wollen, Tätigsein, Lieben, kurz, alle Organe seiner Individualität"
> (MEW Bd. 40: 539).

Welche Bedeutung ist also diesem *Unabhängigkeits- und Freiheitsaspekt* im Sinne
Marx´scher Tradition beizumessen, wenn es gilt, die Steuerungs- und Kontrollmechanismen zu entschlüsseln, die unter dem Gesichtspunkt flexibler Arbeit paradoxerweise zu
mehr Druck und auch zu freiwilliger Selbstausbeutung führen? Im Rückblick auf das bisher
Diskutierte lässt sich die Antwort in einem Arbeits- und Subjektverständnis suchen, das
ohne Kreativität, Selbstverwirklichungsanspruch und ohne emanzipatorische Perspektiven
nicht denkbar ist. Mit dieser Blickrichtung sollte schließlich auch ein Hebel-Effekt erzielbar
sein: um die freiwillige Selbstausbeutung als Phänomen und Begriff kraftvoll aus den
asymmetrischen Macht-, Unterwerfungs- und Anerkennungsverhältnissen herauszulösen,
welche der Subjektivierungsdiskurs ihm derzeit zumutet. Pfeiffer liefert für dieses paradig-
matische „Aushebeln" entsprechende Werkzeuge, denn sie koppelt ihre Kategorien an ein
Subjekt, das strukturell über die Arbeit bestimmt ist: mit einer *tauschwertigen* und einer
gebrauchswertigen Seite.

Der interpretative Output, den sich diese Analyse aus der Marx´schen Prägung von
Pfeiffers Konzept verspricht, zeigt sich allerdings erst über die eigene Auseinandersetzung
mit dessen Thesen: „Die Arbeit [bei Marx] ist nicht nur ein Mittel zum Zweck – dem Produkt – sondern sie ist Selbstzweck, sie ist der sinnvolle Ausdruck der menschlichen Energie. Daher macht Arbeit Freude" (vgl. hierzu neuerlich die Auseinandersetzung Fromms
1999a, Bd. 5: 366 mit Marx; ebenso wie MEW Bd. 40). Fast befremdlich klingen diese
Worte in einer Zeit, in der gerade geistige Erwerbsarbeit immer öfter in Verbindung mit
Berufsstress und Burnout steht. Und dennoch: Es gelingt Marx bis heute, mit seinem geschichtlichen Arbeitsbegriff wissenschaftliche Aufmerksamkeit zu wecken.[50]

Autoren, die sich der vielfach zitierten These „Mehr Druck durch mehr Freiheit" (vgl.
Glißmann/Peters 2001) verschreiben, scheinen aber von der emanzipationsgerichteten,

---

[50] Vgl. hierzu neben Jäger/Pfeiffer (1996) auch Kößler/Wienold (2000) sowie auszugsweise Fromm (1999b) und
dessen Beschäftigung mit dem humanistischen Menschenbild von Marx.

arbeitssoziologischen Aufmerksamkeit nicht allzu beeindruckt. Zumal auch völlig berechtigt zu hinterfragen ist, ob philosophisch-humanistisches Gedankengut vor dem Hintergrund dieser neuen Belastungswelle überhaupt Platz finden kann. So ist davon auszugehen, dass ein Erwerbstätiger, der sich dem zunehmenden Arbeitspensum immer weniger gewachsen sieht, dem Marx´schen Idealismus wenig abgewinnen wird. Denn zwischen neuer Zuversicht, Panikattacken und depressiver Verstimmung muss der produktive Schöpfungsakt mit lähmender Erschöpfung konkurrieren. Nicht selten ausgelöst durch überhöhte Ansprüche an sich selbst (vgl. bspw. Freudenberger/Gail 2005). Die Folge: 14-Stunden-Tage und Freizeitverzicht inklusive. Flankiert von stetigem Energieverlust und Leistungsabfall verblassen einstige Erfolgserlebnisse und der Weg zum Gefühl „ausgebeutet zu werden" ist vorgezeichnet.[51] Letzteres nun, das Gefühl der Ausbeutung, werden die Betroffenen aber fast zwangsläufig auf den *ökonomischen* Ausbeutungsakt beziehen. Immerhin wird er spürbar mit der physischen und psychischen Begrenztheit seiner Leiblichkeit konfrontiert und nicht weniger mit seiner wirtschaftlichen Abhängigkeit und den gesellschaftlichen Produktionsverhältnissen. Dieser beklemmenden Situation lässt sich oft nur bei Strafe hoher Kosten entrinnen: Sei dies nun materiell oder immateriell im Sinne von Erwerbs- und Imageeinbußen oder überhaupt bis hin zum Selbstwertverlust.

In diesem scheinbar aussichtslosen Arbeitskontext bildet sich also die Kehrseite flexibler Arbeitsformen und handlungsautonomer Arbeitsbedingungen ab. Und folglich auch die Janusförmigkeit „attraktiver" Selbstständigkeit, „abwechslungsreicher" Projektarbeit oder „bequemer" Telearbeit. Leistungs- und Termindruckdruck, Rund-um-die-Uhr-erreichbar-sein, fehlende Erholungsphasen … all das lässt sich nicht so einfach wegdiskutieren. Einen gewissen Fatalismus an den Tag zu legen, kann dabei oft der einzige Ausweg sein, den Kopf noch über Wasser zu halten. Diese alltagsweltliche Beobachtung lässt sich auch in Beziehung zur „Protestphilosophie" bei Marx stellen: *„Ein Protest, der getragen ist vom Glauben an den Menschen, an seine Fähigkeit, sich selbst zu befreien und seine ihm innewohnenden Möglichkeiten zu verwirklichen"* (Fromm 1999, Bd. 5: 337). Bleibt die thesengerichtete Frage: *Trägt der Erwerbstätige die Hochkostensituation freiwilliger Selbstausbeutung möglicherweise deshalb mit, weil er eben diesem Selbstverwirklichungsanspruch Folge leisten will und er sich (unbewusst) von einem tief verankerten Unabhängigkeits- und Freiheitsstreben lenken lässt?*

Es liegt an Pfeiffers reformulierten Marx´schen Kategorien, diesen Überlegungen ein forschungsstrategisches Umfeld zu verschaffen: respektive am jungen Marx, der das Gattungsleben und die Lebenstätigkeit synonym zu einem Arbeitsbegriff stellt, der auf die Vorstellung vom unabhängigen, tätigen, produktiven Menschen abzielt:

> „Zu Beginn seiner Geschichte ist der Mensch von der Natur völlig abhängig. Im Verlauf des Evolutionsprozesses macht er sich mehr und mehr von ihr unabhängig; er beginnt die Natur zu beherrschen und verwandelt sie im Arbeitsprozess, und bei dieser Umwandlung der Natur wandelt er auch sich selbst. Die Abhängigkeit des Menschen von der Natur beschränkt seine Freiheit und Denkfähigkeit; er ist in mancher Hinsicht wie ein Kind. Langsam wird er erwachsen, und erst wenn er die Natur beherrscht und so zu einem unabhängigen Wesen geworden ist, kann er alle intellektuellen und emotionalen Fähigkeiten entfalten" (vgl. hierzu Fromm 1999b, Bd. 9: 60).

---

[51] Vgl. hierzu insbesondere die detaillierte Übersicht zum Burnout-Prozess, an dessen Beginn zumeist „Überengagement" steht (Burisch 2006: 24-34).

Womit der Mensch bei Marx nicht nur frei „von" etwas, sondern auch frei „zu" etwas ist (vgl. Fromm 1999a, Bd. 5: 364). Wen wundert also, wenn die in Aussicht gestellte Handlungsautonomie (einhergehend mit Laptop, Handy und Firmenfahrzeug) auf regen Zuspruch bei erwerbstätigen Menschen trifft? Schließlich ist damit die Perspektive verbunden, sich aus abhängigen Beschäftigungsverhältnissen zu lösen, Entfremdung aufzuheben und damit *Selbstbestimmung* und *Selbstproduktion* tatsächlich zu leben. *Die Bereitschaft, sich bei der Arbeit zu verausgaben, wenn auch in übersteigerter Form, ist dann aber nicht länger ökonomischer Erwerbszweck oder Legitimation für „Autonomie-Incentives", sondern anthropologisch bestimmbarer Selbstzweck zur Erhaltung und Bewahrung von Selbsttätigkeit.*

Der „Hunger nach mehr" dieser Teilüberschrift bezieht sich also auf das potenziell zugängliche „Mehr" an Eigenständigkeit in und durch die Arbeit, und zwar auf der analytischen Ebene arbeitstätiger und triebgesteuerter Subjekte. Diese Arbeit, die kapitalistisch geprägt auf Warentausch beruht, ist ohne Abhängigkeitsverhältnisse aber nicht denkbar: Weil das subjektivierte Arbeitshandeln sich nur auf das potenziell „Mögliche" beziehen kann, das der autonome Handlungs- und Gestaltungsspielraum herzugeben vermag, und nie auf das Absolute, kann auch der Hunger nach mehr Freiheit und Selbstverwirklichung nie zur Gänze gestillt werden. Mit Marx:

> „In der gesellschaftlichen Produktion ihres Lebens gehen die Menschen bestimmte, nothwendige, von ihrem Willen unabhängige Verhältnisse ein, Produktionsverhältnisse, die einer bestimmten Entwicklungsstufe ihrer materiellen Produktivkräfte entsprechen" (vgl. MEW Bd. 13: 616).

Die Enttäuschung vieler Menschen, wenn sich das Versprechen (in Bezug auf mehr Freiheit im Arbeitsalltag) ins genaue Gegenteil verkehrt, lässt sich damit – über die Subjekt- bzw. Mikroebene hinaus – auch in Beziehung zur Vergesellschaftungsdimension von Arbeit stellen. Um also die eigentümliche Genetik zu verstehen, warum sich arbeitstätige Subjekte trotz „völliger" Handlungsfreiheit selbst verausgaben (und trotz höchster physischer und psychischer Beanspruchung nicht davon ablassen), macht es durchaus Sinn, beim Marx´schen Arbeitsbegriff und dessen Menschenbild nach theoretischen und analytischen Konsequenzen zu suchen:

> „Es zeigt sich also von vornherein ein materialistischer Zusammenhang der Menschen untereinander, der durch die Bedürfnisse und die Weise der Produktion bedingt und so alt ist wie die Menschen selbst – ein Zusammenhang, der stets neue Formen annimmt und also eine Geschichte darbietet, auch ohne dass irgendein politischer oder religiöser Nonsens existiert, der die Menschen noch extra zusammenhalte" (vgl. MEW Bd. 3, 30).

Selbstausbeutung als widersprüchliche Subjektivierungsfolge muss mit dieser Argumentationslogik nun zumindest versuchsweise die „Wertbestimmung" der Opferrolle abschütteln. Denn bislang scheinen Burnout-Kandidaten gerade den neuen Arbeits- und Produktionsverhältnissen hilflos ausgeliefert zu sein. Arbeits- und industriesoziologisch wird diese Hilflosigkeit von post-fordistischen Regimes gerahmt, arbeitspsychologisch wiederum konzentriert sich mehr oder weniger alles auf die individuelle Belastungsresistenz der Betroffenen. Indem der Regelmechanismus freiwilliger Selbstausbeutung deshalb weiterhin hartnäckig nicht *außerhalb*, sondern *innerhalb* des Subjekts gesucht wird, zeigt sich dieses Vorhaben weniger als „Arbeit am Selbst", denn vielmehr als „Arbeit am Subjekt".

5.2.2 Aneignung von Arbeitsvermögen als Perpetuum mobile oder: Das kollektive Burnout als entzauberte Utopie

Vielleicht würde der Arbeitssoziologe Marx unsere Beschäftigung mit Belastungsphänomenen heute folgendermaßen kommentieren:

> „Die Beobachtung, dass mehr Handlungsautonomie auch mehr Druck verursacht, lässt sich nicht reduzieren auf globalisierungsbedingte Rationalisierungseffekte oder auf den Karriereauswuchs einer Hochqualifiziertenidentität. Wohl eher ist mit der nachweislichen Verzahnung von Arbeit und Geschichtlichkeit auch die anzueignende Lebenswelt (als bedingungsvolle Voraussetzung unserer Gattungstätigkeit) weitaus komplexer geworden: Sie ist durchdrungen von der Produktivkraft des Wissens. Die ´Aneignung durch Arbeit als Voraussetzung von selbstbestimmter Lebenstätigkeit´ auf der einen und die ´Aufhebung der Entfremdung´ im dialektischen Verhältnis zur Tauschwirtschaft auf der anderen Seite geraten damit zum Hochseilakt menschlicher Arbeitstätigkeit. Nicht Garn alleine gilt es zu bearbeiten, sondern dies mit Hand oder Maschine zu verarbeitende ´Garn´ ist nunmehr in ein vermarktungstaugliches Produkt zu überführen: Auf der Grundlage von Konzepten für intellektuelle Güter, die als ´vergeistigter Maßnahmenkatalog´ die lebendige Arbeit repräsentieren. Und die wiederum muss sich logistisch und werbetechnisch auf dem internationalen Markt beweisen. Womit der Aneignungsprozess nicht in einem körperlichen Sinne anspruchsvoller geworden ist, sondern in einem intellektuellen und damit auch psychischen Sinne."

Eine fiktiv formulierte Stellungnahme, die es nun gilt, mit dem Interesse an freiwilliger Selbstausbeutung auf ihre forschungspraktische Tauglichkeit hin zu überprüfen. Vorderhand über eine Textstelle bei Marx zur lebendigen Arbeit:

> „Garn, das nicht verwebt oder verstrickt wird, ist verdorbne Baumwolle. Die lebendige Arbeit muss diese Dinge ergreifen, sie von den Toten erwecken, sie aus nur möglichen in wirkliche und wirkende Gebrauchswerte verwandeln. Vom Feuer der Arbeit beleckt, als Leiber derselben angeeignet, zu ihren begriffs- und berufsmäßigen Funktionen im Prozess begeistert, werden sie zwar auch verzehrt, aber zweckvoll, als Bildungselemente neuer Gebrauchswerte, neue Produkte, die fähig sind, als Lebensmittel in die individuelle Konsumtion oder als Produktionsmittel in neuen Arbeitsprozess einzugehn" (Marx, Bd. 23: 198).

Die Arbeit, auch die vergeistigte, muss sich folglich mit ihrem Gegenstand verbinden und als lebendiges Produktionsmittel in Form von subjekteigenem Wissen und nicht formalisierbarer Erfahrung[52] in den nächsten Arbeitsprozess eingehen:

> „Alle Produktion ist Aneignung der Natur von seiten des Individuums innerhalb und vermittelst einer bestimmten Gesellschaftsform. In diesem Sinne ist es Tautologie, zu sagen, dass Eigentum (Aneignen) eine Bedingung der Produktion sei" (MEW Bd. 13, 619).

---

[52] Vgl. hierzu bereits Böhle et. al (2004) und die Auseinandersetzung der Autorenschaft mit dem Erfahrungswissen und dem Unplanbaren.

Ob dieses angeeignete, lebendige Arbeitswissen, dem das Subjekt auf jeder Stufe im Arbeitsprozess neue „personale Momente" zuführt (vgl. Pfeiffer 2004a: 141), allerdings zur Gänze dem Fremdzweck kapitalistischer Produktion zur Verfügung stehen soll, darüber entscheidet mit Pfeiffer ab sofort die qualitative Beschaffenheit von *Arbeitsvermögen*. Mitnichten eine spitzfindige Aufgabe. Wenn nämlich die leibliche Arbeitskraft Waren produziert, die ihr aufgrund der asymmetrischen Abhängigkeitsbeziehung von Kapital und organisierter Arbeit nicht gehören, wer entscheidet dann, welcher Anteil der lebendigen Arbeit beim Subjekt verbleibt und welcher ins Eigentum des Kapitals übergeht, wenn nicht das arbeitstätige und damit emanzipierte Subjekt selbst? Was auch zur nächsten und für diese Analyse entscheidenden Frage führt: *Inwiefern ist diese konstruierte Subjektgestalt eigentlich selbst „Herr der Lage", wenn es in letzter Konsequenz nicht mehr um Tausch, sondern um Selbsterhalt geht?*

Pfeiffer würde darauf antworten, dass das Arbeitsvermögen durch seine spezifische Genetik nicht „vernutzbar" ist. Dies zeigt sich in der Fortsetzung anthropologischer Argumentation nur konsequent, denn menschliches Arbeitsvermögen ist mit dem Verständnis von Pfeiffer ja nichts anderes als zur Form gekommene Aneignung. Und dieser Prozess ist nicht auf die Erwerbsarbeit beschränkt, sondern bestimmt die gesamte Lebenstätigkeit: „Solange das Subjekt lebt und in irgendeiner Form mit Welt umgeht, verausgabt und bildet sich Arbeitsvermögen", gleich einem „Perpetuum mobile", das sich im Gebrauch zwar verändert, aber nicht vernutzt (vgl. Pfeiffer ebd.: 161).

Dieser Vernutzungsaspekt, den Pfeiffer mit der Analogie eines Perpetuum mobile so pointiert aufgreift, muss im Hinblick auf die vertretene Forschungsperspektive aber ernsthaft hinterfragt werden. *Was, wenn nämlich aufgrund einer Störung bei der menschlich-tätigen Aneignung von Welt das „Bewegungsprinzip" der Gattungs- und Lebenstätigkeit plötzlich aus dem Gleichgewicht gerät?* Beispielsweise, weil die Energiezufuhr unterbrochen ist oder Energie aufgrund physischer und/oder psychischer Erschöpfung nur begrenzt fließen kann? Wenn folglich auch die analytische Ressource Arbeitsvermögen vernutzbar ist, weil das Perpetuum mobile an sich schon die „utopische" Maschine verkörpert?

Eine spekulative Frage, die aber für eine Analyse zur freiwilligen Selbstausbeutung zwingend anzugehen ist. Womit nicht Pfeiffers Arbeitsvermögen per se zur Disposition steht, sondern die Argumentationsfigur des *Perpetuum mobile*. Die kritisch-reflektierte Gegenrede verfolgt dabei dezidiert nicht das Ziel, das potenziell Unvollständige in den Blick zu nehmen, sondern das noch Fehlende, weil bislang (empirisch wie theoretisch) zu wenig Nachgefragte. Diese fehlenden Facetten gilt es, konstruktiv herauszulösen, um sie dann auf die neuen Belastungsphänomene umzulegen und instrumentell zu verwerten. So scheint Pfeiffers These der „nicht vernutzbaren Ressource Arbeitsvermögen" gerade angesichts empirischer Selbstausbeutung nicht haltbar, denn freiwillige Selbstausbeutung lässt im Direktbezug zu „Burnout-Karrieren"[53] gänzlich anderes vermuten. Wenn also das Arbeitsvermögen in seiner Produkt- *und* Prozesseigenschaft „sowohl im Subjekt als auch außerhalb des Subjekts zur Form kommt" (vgl. Pfeiffer ebd.: 166), dann nur deshalb, weil der Aneignungsprozess im Sinne biologisch-menschlicher Tätigkeit reibungslos funktioniert und sich Arbeitsvermögen in der Gestalt von spezifischen Fähigkeiten auf der Subjektebene selbstregulierend bilden und wieder verausgaben kann.

---

[53] Vgl. hierzu neuerlich zum Burnout-Syndrom bei Burisch (2006): Burnout beschreibt kein statisches Belastungsbild, sondern ein prozessbehaftetes und verweist im empirischen Zusammenhang unmittelbar auch auf die Tendenz zur freiwilligen und unbezahlten Mehrarbeit, um den anstehenden Leistungsdruck zu kompensieren.

Über das Erklärungsproblem freiwilliger Selbstausbeutung zeigt sich daher der Bedarf, die Kategorie Arbeitsvermögen vor allem in ihrer *Bewegungs- und Prozessgestalt* weiter auszubauen und zu instrumentalisieren. Gerät der Aneignungsprozess nämlich unter Druck und wird dadurch störanfälliger (und darauf deutet angesichts der Empirik zum Spannungsfeld von Arbeit und Gesundheit einiges hin), so ist mitnichten festzustellen: Hier ist Gefahr in Verzug, denn dem arbeitstätigen Subjekt droht das Fundament einzustürzen, auf das seine Lebenstätigkeit und Selbstbestimmung aufbaut. Immerhin ist dieses Subjekt aufgrund seiner biologischen Gebundenheit im Falle einer Störung nicht mehr in der Lage, für den geregelten Energiestrom zu sorgen, auf welchen das Arbeitsvermögen im Rahmen des Aneignungsprozesses angewiesen ist. Ein Arbeitsvermögen aber, das die Fähigkeit der situativen und kreativen Anwendung auf den Arbeitsgegenstand nicht mehr beherrscht und seine besondere Qualität in der Dimension des Unplanbaren nicht mehr zum Einsatz bringen kann, ist vor allem für den wissensbasierten Arbeitsprozess, der auf Subjektivität angewiesen ist, nicht mehr geeignet. Als *störungsrelevant* lassen sich in diesem Zusammenhang auf der empirischen Beobachtungsebene Indikatoren nennen, die als psychische Beeinträchtigung im Erwerbskontext gehandelt werden: allen voran der „Trendsetter" Burnout, der neben Erschöpfungs- und Angstzuständen auch pathologische Beeinträchtigungen berücksichtigt. Wenn also unter dem Gesichtspunkt arbeitssoziologischer Analyse der störungsfreie Aneignungsprozess die Voraussetzung für den Erhalt von Arbeitsvermögen ist, muss schlussgefolgert werden, dass das arbeitstätige und nach Unabhängigkeit strebende Subjekt auch im Gefahrenmoment „das Ruder" produktiver Selbsttätigkeit immer wieder an sich reißen und notfalls alles auf eine Karte setzen wird. *Freiwillige Selbstausbeutung ist damit als ein analytisch-empirisches Regulativ im Aneignungsprozess zu deuten, das gegensteuert, wenn die Bildung und Verausgabung von Arbeitsvermögen auf Störungen verweist und die autonome Selbsttätigkeit des Subjekts gefährdet ist.* Mit direktem Bezug auf die Aneignung bei Marx zeigt sich das existenziell Bedrohliche dieser These sogar noch etwas dramatischer: „Der Mensch lebt von der Natur, heißt: Die Natur ist sein Leib, mit dem er in beständigem Prozess bleiben muss, um nicht zu sterben" (vgl. MEW Bd. 1: 88). Was allerdings erfordern würde, die „Erwerbsarbeit als Unterkategorie gesellschaftlicher Arbeit" in einer Anlehnung an Jäger/Pfeiffer (1996) auf das bloße Mittel der Bedürfnisbefriedigung zu reduzieren, und zwar auf das „Bedürfnis der physischen Existenzerhaltung" (vgl. hierzu Jäger/Pfeiffer ebd.: 19).

Der Aneignungsprozess ist folglich ein Prozess, der kontinuierlich an der Energie und Lebenskraft zehrt, in seiner Ausrichtung für die menschlich-tätige Aneignung von Welt aber existenziell ist. *Das Burnout-Syndrom, hier berücksichtigt als destruktive Entwicklungslinie freiwilliger Selbstausbeutung, zeigt sich damit aber gar als „gegenläufiges Perpetuum mobile im Aneignungsprozess": Die menschliche Energie entwickelt sich im Störfall gegen Null, denn dort, wo immer weniger Arbeitsvermögen gebildet wird, lässt sich auch immer weniger verausgaben. Parallel dazu veralten und verkümmern die wissensbasierten Bestandsreserven, denn sie entsprechen nicht mehr den Arbeitsmarktanforderungen im Sinne von Innovationsfähigkeit und kreativen Gestaltungsbeiträgen. Und das stets potente Arbeitsvermögen in der Analogie zur utopischen Maschine, die ohne Energiezufuhr immer weiterarbeitet und sich bewegt, wird vor dem Hintergrund der Burnout-Thematik damit zur Utopie.*

Bestätigendes findet sich hierzu auch bei Kößler/Wienold (2000). Denn wenn „der Inhalt der Selbsterhaltung" im Gang der Geschichte sich (auch) auf den historisch erreichten

Stand der Bedürfnisse beziehen muss (vgl. ebd: 72), scheint die hier formulierte These einer „regulativen Gegensteuerung zur Bewahrung von Aneignungskompetenz" ebenso wie die kritische Gegenposition zum „Arbeitsvermögen als Perpetuum mobile" nicht völlig unangebracht. Denn gleichgültig ob Nahrung, Wohnung oder Konsumzwang: „Durch diese [die Bedürfnisse] wird definiert, was auf einer bestimmten Entwicklungsstufe gesellschaftlich notwendig ist, um die Menschen zu erhalten" (vgl. Kößler/Wienold ebd.). Sich immer wieder auf neue Aneignungserfordernisse einzulassen, scheint eine solche Notwendigkeit zu sein, und im historischen Rückblick unverändert auch auf Kosten individueller Gesundheit zu gehen.

Pfeiffer beschreibt menschliches Arbeitsvermögen aber nicht zuletzt auch als „Spiegel der Verhältnisse" und als Potenzial, das im unmittelbaren Wortsinn auch „Vermögen von etwas Angelegtem, noch nicht Verausgabtem" meint (vgl. ebd. 2004a: 160). Dieser „atmende lebendige Verweis auf das geschichtliche Potenzial des gesellschaftlichen Gesamtarbeiters" lässt Pfeiffer vermutlich auch die Forderung formulieren, dass frühere Humanisierungsansätze mit hoher Dringlichkeit wieder in die arbeitssoziologische Forschung zu integrieren wären. Unter Berücksichtigung der hier angestellten Überlegungen ist dies jedenfalls zu befürworten, denn das Arbeitskonzept wird auch im weiteren geschichtlichen Verlauf eine qualitative Entwicklung erfahren: auf einer neuen Stufe und damit verbunden mit neuem und heute noch völlig unbekanntem Gefährdungspotenzial für die arbeitstätigen Menschen.

Schließlich geht es aber auch darum zu erkennen, dass die *kollektive Selbstausbeutungsdynamik mit der Entwicklungslinie eines kollektiven Burnouts* die „Einheit von Individuum und Gattungstätigkeit"[54]. gefährdet. Es wäre also nur wünschenswert, wenn ein Analysekonzept mit einer Leitfigur wie dem Pfeiffer'schen Arbeitsvermögen Gehör findet. Insbesondere für ihre Hinweise, wo allenfalls nach neuem Gestaltungspotenzial und damit nach neuen Utopien zu suchen wäre. Bestenfalls mit dem Hauptaugenmerk „auf das Bild vom gesellschaftlichen Menschen", der sich auf das Gemeinwesen bezieht und damit einen Teil seiner individuellen Lebenskraft ausdrückt.[55]

Ein wenig Ernüchterung bringt die analytische Gewissheit, dass ein Perpetuum mobile letztendlich nur das „Sinnbild" der utopischen Energiemaschine widerspiegelt, allerdings schon. Denn spätestens mit der Aufschließung der Vernutzungsdimension von Arbeitsvermögen dürfte bezüglich des Phänomens freiwilliger Selbstausbeutung nachvollziehbar sein: Eine Arbeitswelt, die sich durch wissensbasierte und subjektivierte Arbeitsprozesse auszeichnet, würde mit dem Vehikel des Perpetuum mobile wohl eher dem kollektiven Burnout entgegensteuern – und damit auch den letzten Hoffnungsschimmer auf den Utopiegehalt emanzipierter Arbeit zerstören.

5.3 Freiwillige Selbstausbeutung als Phänomen der Gebrauchswertbildung

Ersichtlich wird vor dem Hintergrund der bisherigen Überlegungen und gesprochen mit Pfeiffer/Jäger (2006), dass die strukturellen Effekte im Gegenstandsbereich der Arbeit schon immer ein untrennbares Konglomerat von sozialen und ökonomischen Effekten wa-

---

[54] Vgl. hierzu die Überlegungen von Negt/Kluge (1993: 87) zur „politischen Ökonomie der Arbeit".
[55] Pfeiffer bezieht sich hier auf Negt (1996: 504) und dessen Einführungen zu den Feuerbach-Thesen bei Marx.

ren.[56] Das Bemühen, die autonomiegestützte Ausbeutungsbereitschaft von Hochqualifizierten näher an die Handlungs- und Strukturebene arbeitstätiger Subjekte heranzuführen, avanciert damit zu einer Aufgabenstellung, deren Ergebnis die arbeits- und industriesoziologische Diskussion wohl kaum revolutionieren wird. Sehr wohl aber kann diese Untersuchung eine Richtung aufzeigen, wie denn ein Phänomen wie die freiwillige Selbstausbeutung als Begriff und analytisch-empirische Kategorie in das oben zitierte Konglomerat von Struktureffekten einzubinden wäre. Respektive, auf welchen Analyseebenen und mit welchen theoretischen Kategorien freiwillige Selbstausbeutung als Folge von Subjektivierungsprozessen fassbar werden soll: in erster Instanz für die Arbeits- und Industriesoziologie und in zweiter für einen fachübergreifenden Forschungsansatz.

So zeigt sich das Zweckdienliche der Pfeiffer'schen Analysekategorien zwischenzeitlich auch noch aus einer anderen Sicht. Ein Konzept, entwickelt als offenes Erfassungsraster und unmittelbar Bezug nehmend auf den Arbeitssoziologen Marx, verfügt über hinreichend theoretischen Background zur Bearbeitung eigener, arbeitsbezogener Problemstellungen. Allein, dass Gesellschaft bei Marx stets gleichbedeutend mit der Arbeitsgesellschaft ist, verspricht hochwertige Andockstellen für das Phänomen freiwilliger Selbstausbeutung an die gesellschaftliche Organisation der Arbeit. Die Instrumentalisierung von Pfeiffers Analysekonzept für den hier verfolgten Forschungszweck erfolgt also bereits vor dem Hintergrund strategisch-konzeptioneller Theoriearbeit. Was die Sache nicht unbedingt einfacher macht, denn schließlich gilt es, diesem Qualitätsmaßstab wenigstens ansatzweise gerecht zu werden. Konzentriert sich der Forscherblick jedoch ebenso konsequent wie bei Pfeiffer oder bei Negt und Kluge auf Produktionsverhältnisse, die im Inneren der Arbeitssubjekte stattfinden, sind neue Erkenntnisse ebenso wie analytische Konsequenzen für die zukünftige Beschäftigung mit Belastungs- und Beanspruchungsphänomenen vorprogrammiert. Etwa dahingehend, dass für Reflexionszwecke jenen Burnout-Thesen aus der Psychologie der Vorzug zu geben ist, die ebenfalls streng *innenorientiert* prüfen: Der Burnout-Kandidat ist dann nicht länger Opfer seiner Umstände und abhängig von äußeren Faktoren, sondern ein „Selbstverbrenner" und dadurch abhängig von inneren Faktoren (vgl. hierzu Fischer 1983). Wobei dieser Blick über den soziologischen Tellerrand hinaus nur das untermauert, was die bisherige Analyse ohnedies schon freilegen konnte: Die „intensivierten Wechselverhältnisse", auf die Kleemann et. al (2003) aufmerksam machen, zeigen gerade auf der personalen Untersuchungsebene erwerbstätiger Akteure „soziologisches Profil". D.h., indem die ganze Aufmerksamkeit auf den Aneignungsprozess gelenkt wird, gelingt es, freiwillige Selbstausbeutung als Steuerungsregulativ und als Identitätsbewahrer von lebendigem Arbeitsvermögen zu rekonstruieren.

Die Anwendung von Pfeiffers Analysekonzept reduziert sich deshalb auch nicht auf die reine Tauglichkeitsprüfung von Anwendungsbezügen. Vielmehr gilt es nachzuweisen, dass freiwillige Selbstausbeutung als *„Regulativ der Aneignung"* dem gebrauchswertseitigen Arbeitsvermögen zugehörig ist und sich auf der empirischen Ebene als Artefakt beobachten lässt. Dieser Rekonstruktionsvorgang ist schließlich der Erweiterung des Konzepts von emanzipatorischem Arbeitsvermögen gleichzusetzen: für eine theoriegestützte Auseinandersetzung mit belastungs- und beanspruchungsrelevanten Subjektivierungsphänomenen. Sich theoretisch ambitioniert den kausalen Subjektivierungsmechanismen zu

---

[56] Die beiden Autoren kommentieren kritisch die Elendsdebatte der Arbeits- und Industriesoziologie und erbringen den Nachweis, dass die Disziplin längst einen eigenständigen Beitrag zur soziologischen Handlungstheorie geleistet hat.

widmen und dabei stringent arbeitssoziologisch vorzugehen, heißt im Sinne operationali-sierter Forschung also: Kategorien prüfen, sich mit der Herleitung dieser Kategorien ausei-nandersetzen und das Fehlende aufspüren, das für die eigene Forschungsarbeit hilfreich sein kann. Das *Bewegungsprinzip*, das im Rahmen der „Doppelarbeit" von Negt/Kluge (1993) immer wieder auftaucht – mehr oder weniger explizit – scheint für die weitere Durchdringung der freiwilligen Selbstausbeutung jedenfalls Erkenntnisträchtiges bereit zu halten. So lässt sich mit Pfeiffer zeigen: Der Aneignungsprozess sorgt dafür, dass es uns Arbeitstätigen gelingt, uns kontinuierlich neues Arbeitsvermögen anzueignen.

5.3.1 Der „innere" Arbeitsprozess: Balance-Akt zwischen erfolgreicher Aneignung und ökonomischer Selbst-Zurichtung

Pfeiffer nimmt mit der Architektur ihrer Kategorien bewusst fordernd das emanzipatorische Potenzial lebendiger Arbeit ins Visier: Sie unterstellt dem Menschen die evolutionäre Wei-terentwicklung und wendet sich damit explizit gegen eine „polit-ökonomisch motivierte Kritik am Herrschenden" (Pfeiffer 2004ab: 152). Mit ihrem eigen Analysekonzept, das in erster Linie der neuen Komplexität im Arbeitsprozess gerecht werden soll, vermittelt sie dem Leser, wenn auch unintendiert, dass die aktuelle Subjektivierungsdebatte von irritie-render Einseitigkeit geprägt ist. Was für den Wissenschafter aber Herausforderung im Sin-ne konstruktiver Kritik ist, zeigt sich dem Unbedarften und Nichtwissenschafter weit weni-ger spektakulär, dafür aber folgenreich. Der Letztere liest durch seine individuelle Erfah-rungsbrille und sucht in erster Linie nach Orientierung für sein Handeln.

Der Terminus „folgenreich" bezieht sich hier auf Negt und Kluge, die auf die Gefahr hinweisen, dass sich, wenn Proteste falsch politisiert werden, sich diese entweder unge-steuert explosiv nach außen richten oder aber nach innen gegen den Träger dieser Kräfte (Negt/Kluge 1993: 89). Weder das eine noch das andere Szenario dürfte letztendlich für die Beteiligten, d.h. für Arbeitgeber ebenso wie Arbeitnehmer, von Nutzen zu sein. Der Inter-essenspolitik ist auch nicht zu widersprechen, wenn sie vehement die Stimmen der Betrof-fenen einfordert, die zu Wort kommen müssten, damit die von selbst ablaufenden Prozesse verständlicher und einsichtiger werden. Allerdings – und dies sollte die wohl zentrale wis-senschaftliche Forderung sein – müssen den Betroffenen wie den Helfern, ob nun Gewerk-schaft, Coach oder weitsichtiger Arbeitgeber, auch Analyseinstrumente an die Hand gege-ben werden, mit denen eine adäquate und am Maßstab der Objektivierung ausgerichtete (Selbst)überprüfung überhaupt möglich wird. Sinnvoll ist deshalb auch hier eine explizite Bezugnahme auf Negt und Kluge, von wo aus Pfeiffer ihre Begriffskategorie Arbeitsver-mögen maßgeblich weiterentwickelt hat. Im Wesentlichen, so Pfeiffer, würde die „Politi-sche(n) Ökonomie der Arbeitskraft"[57] nämlich auf „die Arbeit an sich selbst" abzielen, die nötig sei, die Eignung zur Arbeit für das Kapital überhaupt erst zu erzeugen. Dies leiste die leibliche Arbeitskraft permanent, und das je schon Bewältigte gerinne zur neuerlichen Ar-beitsdisposition (Pfeiffer 2004a: 146).

Es überrascht daher kaum, dass über diesen Aspekt des „Sich-selbst-zur-Arbeitskraft-Herrichten(s)" (Pfeiffer ebd.: 152) auch die Selbstausbeutung bei Negt/Kluge bereits ent-sprechend berücksichtigt wird: „Selbstausbeutung, instrumentelles, planendes Funktionie-ren des Hirns, Gehorsam oder Nichtmucksen der Organe und Zellen bis an die Grenze der

---

[57] Vgl. ausführlich Negt/Kluge (1993) im ersten Band von „Geschichte und Eigensinn".

psychosomatischen Krankheit oder des Todes" sind gleich lautend mit dem „äußeren Gesetz" (vgl. Negt/Kluge ebd.: 1993: 88). Das „innere Gesetz" hingegen wäre mit der „selbstregulativen Triebökonomie" gleichzustellen (ebd.). Diese Triebkraft allerdings ermögliche die Vorgänge des äußeren Gesetzes überhaupt erst: und zwar als Zuarbeit dessen, was alleine arbeiten würde.

Wenn Negt/Kluge das „Produktionsverhältnis der Arbeitskraft als Ware zu sich als Lebewesen" beschreiben, und auch als das „Tauschverhältnis zwischen Selbstausbeutung des Subjekts, bereits konstituierter Arbeitskraft, hiergegen Eigensinn der von ihr immer erneut anzueignenden Naturkraft", dann muss dies wie folgt interpretiert werden: Indem Selbstausbeutung begrifflich und als Phänomen äußerer Gesetze von vornherein an die konstituierte, marktförmige Arbeitskraft gekoppelt ist, wird der emanzipatorische Moment, über den das arbeitstätige Subjekt im anthropologischen Sinne bereits verfügen müsste, auch bei Negt/Kluge untergraben. *Würde die hier interessierende „freiwillige Selbstausbeutung" nämlich dem nicht-ökonomischen Aneignungsprozess untergeordnet und als spezifische Ausdrucksform von emanzipatorischem Arbeitsvermögen behandelt, so dürfte die Selbstausbeutung bei Negt/Kluge nicht synonym zum begrifflichen und ökonomisch besetzten „Tauschverhältnis" stehen, sondern synonym zur menschlichen „Triebökonomie".* Was gleichbedeutend mit der Notwendigkeit ist, selbst beim inneren Produktionsprozess noch eine Stufe tiefer anzusetzen: und zwar, was den Austausch der inneren Verhältnisse der Arbeitskraft zu sich selbst anbelangt. Die Konkretisierung zu Negt/Kluges Deutungszugang kann deshalb nur lauten: Selbstausbeutung ist nicht einseitig als „äußeres Gesetz" polit-ökonomischer Ausbeutung zu begreifen und auch nicht als deren Produktionsverhältnis, sondern als Element einer spezifischen Regulations- und Steuerungslogik, die an ein emanzipatorisches Arbeitsvermögen und an den Aneignungsprozess zu koppeln ist. Schließlich muss das arbeitstätige Subjekt ja im ureigensten Interesse stets darum bemüht sein, Arbeitsvermögen „auf Dauer" verfügbar zu halten und nicht nur für ein einmaliges, befristetes Dienstverhältnis. Es umfasst mit Pfeiffer doch „all die Fähigkeiten […], die für eine Auseinandersetzung mit Welt – für Aneignungsprozesse im weitesten Sinne also – nötig sind und sich in deren Verlauf neu bilden, umformen, transformieren: die umfassende Formung und Anwendung der *Sinne, lebendiges Arbeitswissen* mit seinen objektivierbaren (aber noch nicht objektivierten) und nicht objektivierbaren Anteilen von Erfahrungswissen und schließlich Fähigkeiten der situativ konkretisierenden Anwendung von theoretisch fundiertem Wissen bzw. von theoretisch fundierten Verfahren und Methoden" (vgl. Pfeiffer 2004a: 160).

Nun ist in jeder Verausgabung von Arbeitskraft stets auch ein Anteil von „Steuerungsarbeit" mitzudenken, und zwar als „spezifisches Arbeitsvermögen" (vgl. Negt/Kluge 1993: 107): Ins Auge fallen würde diese Spezifik jedoch erst als „Steuerungsverlust", resultierend aus „Ausfällen" in der „Balance-Ökonomie", dem „Spezialfall der Selbststeuerung" (ebd.): Hier handelt es sich mit Negt/Kluge um die Vergegenständlichung der Bewegungsströme im Sinne von permanent aufgewendeter Arbeitskraft durch die Produzenten (die arbeitstätigen Subjekte also). Und so ist diese Balance-Ökonomie als theoretisches Konstrukt auch Bestandteil eines jeden Arbeitsprozesses und zugleich Praxis einer kompensatorischen Gegenproduktion, die der Entfremdung gegensteuert, „damit es auszuhalten ist" (vgl. Negt/Kluge ebd.: 106).

In diesem *Aushalten* zeigt sich denn auch der bedeutsame und mit theoretischen Konsequenzen verbundene Unterschied zwischen den Arbeitsvermögen von Negt/Kluge und

Pfeiffer. Die Arbeitssoziologin Pfeiffer versieht ihre Forschungsoptik mit einem handlungs-
theoretischen Paradigma und dem Menschenbild der humanistischen Ethik: Unter diesem
Gesichtspunkt will sich der Mensch die Natur mittels seiner Arbeit selbstbestimmt aneig-
nen.[58]

Demgegenüber ist das Arbeitsvermögen bei Negt und Kluge als *Kategorie der Doppelarbeit* von einem *Mehr* an Aufwand überformt, das dem Arbeitstätigen *als Produzent
von tauschwertkompatibler Arbeitskraft* durch das Kapital zugemutet wird: Phantasietätig-
keit, Arbeit des Protests, Deutungsarbeit, Trauerarbeit oder Selbst- und Fremdtröstungen
sind bei Negt/Kluge jene Äußerungsformen, die unter die Rubrik der „Balance-Ökonomie"
kontrolltheoretisch zu subsumieren sind: ein immer wieder „Zurecht-Kommen-Müssen"
mit der strukturdeterminierten Kapital- und Verwertungslogik und weniger ein handlungs-
bestimmtes „Zurecht-Kommen-Wollen". Wobei Pfeiffers Forschungsperspektive im Vergleich zu Negt/Kluge keineswegs anthropologisch verklärt ist. Schiebt sie doch dem einseitigen Blick auf das Arbeitsvermögen methodisch zwingend die Dialektik unter und stellt
damit die innere Beziehung zur politisch ökonomischen Arbeitskraft her, die schon per se
für die gesellschaftlichen Verhältnisse und kapitalistischen Rahmenbedingungen sprechen
muss. Denn in ihrer formalen Ausprägung lässt sich die Arbeitskraft, ebenfalls am Subjekt
hängend, transformieren, nutzen und auch verwerten. Zumal, so Pfeiffer selbstkritisch, die
Kategorie des Arbeitsvermögens „im Verlust des dialektischen Gegenparts" jede Kritik wie
auch jede Utopieperspektive völlig aufgeben würde (vgl. Pfeiffer ebd.: 172).

Da Pfeiffer dem Arbeitsvermögen aber Gebrauchswert zuspricht, der sich in der Gestalt des lebendigen Arbeitswissen nur seinem Potenzial und Vermögen nach objektiveren
lässt, attestiert sie ihrer Schlüsselkategorie einen Überhang an Autonomie und Eigensinn
und lenkt den Blick damit fast zwingend auf das emanzipatorische Regulativ, nunmehr
verkörpert in der analytischen Figur der freiwilligen Selbstausbeutung: *Diese freiwillige
Selbstausbeutung als emanzipatorisches Regulativ entscheidet als „Annex" des Arbeitsvermögens darüber, was in tauschwertige Arbeitskraft transformiert werden soll und was
als nicht objektivierbares und nur potenziell zugängliches Wissen beim Gebrauchswert
verbleibt: gewissermaßen als Sockelbetrag, den das Arbeitsvermögen immer wieder neu
veredelt.* Für das arbeitstätige Subjekt ist dies schlussendlich ein Balance-Akt, der seines-
gleichen erst suchen muss und ohne Artefakte in der empirischen (Arbeits)wirklichkeit nur
schwer zugänglich wäre.

Im Bemühen, *freiwillige Selbstausbeutung* arbeitssoziologisch zu verorten, lohnt also
die direkte Beschäftigung mit Negt und Kluge: Ihr Konzeptvorschlag zur „Balance-
Ökonomie" verfügt über analytische Qualität, was für die angestrebte theoretische Verortung freiwilliger Selbstausbeutung auch Konsequenzen hat. Wird die freiwillige Selbstausbeutung nämlich als Regulativ und Identitätsbewahrer von emanzipatorischem Arbeitsvermögen interpretiert, so wird es möglich, die kraftvolle Gegenbewegung zu beobachten, die
bei drohendem Steuerungsverlust menschlicher Aneignungskompetenz Gestalt annimmt:
Dies gilt zum einen für den Subjektivierungsprozess und die Widersetzungsenergie, die das
Arbeitsvermögen bei der Transformation in Arbeitskraft in die Waagschale legt und damit
zur Aufhebung von Entfremdung beiträgt. Und zum anderen für den nicht-ökonomischen
Aneignungsprozess von Arbeitsvermögen, der existenziell bedingt auf produktive Selbsttätigkeit ausgerichtet ist. Aktive und zum Ausdruck gebrachte Steuerungsarbeit von emanzi-

---

[58] Vgl. hierzu auch Jäger (2005) und dessen Auseinandersetzung zur „Dienstleistung als Aggregat ganzer Menschen": Überlegungen im Anschluss an die „Theorie der Gesellschaft" von Jürgen Habermas.

patorischem Arbeitsvermögen also, die jeweils vergegenständlicht im Artefakt freiwilliger Selbstausbeutung sichtbar wird.

5.3.2 Mit naturalistischen Kategorien zur Selbstausbeutung Hochqualifizierter?

„Neue Managementformen können für die Beschäftigten einen realen Gewinn an Freiheit in der Arbeit bedeuten. Der Zwang der Anweisungen ist weg, aber der Druck ist größer denn je. Wie kommt das zustande? Bewährte Formen von Gegenmacht drohen ins Leere zu laufen, wenn die Beschäftigten selber die Regelungen ignorieren, die doch zu ihrem Schutz vereinbart worden sind. Warum tun sie das?" (vgl. Glißmann/Peters 2001: 7).

Einmal mehr also diese bereits vertraute Frage, die sich wie ein roter Faden durch die vorangestellten Kapitel zieht und hartnäckig auf den Widerspruch verweist, dass trotz realem Freiheitsgewinn in abhängigen Beschäftigungsverhältnissen der Druck größer denn je ist. Verständlicherweise will deshalb auch die arbeitspolitische Interessensvertretung der Funktionalisierung individueller Selbständigkeit entgegensteuern. Und setzt dort an, wo diese Funktionalisierung in einem kontrolltheoretischen Sinne ihren Ausgang nimmt: beim unternehmerisch gebundenen Kapital, das mit den flexibilisierten Arbeitsformen nur eine neue Form innerbetrieblicher Herrschaft gefunden hat.

Die Bemühung der Interessensvertretung, Erwerbstätige mit mehr Kompetenz auszustatten, wenn Maßlosigkeit und systematische Überforderung das Arbeitsbild prägen, trifft offensichtlich den Nerv der Zeit, denn Betroffene finden sich mehr als genug. Wird allerdings der Widerspruch von Handlungsautonomie und Selbstorganisation nicht länger nur im Tauschverhältnis von Kapital und Arbeit gesucht, sondern im Produktionsprozess, der sich im Inneren der Subjekte vollzieht, drängt sich folgende Überlegung auf: *Nicht „mehr Druck durch mehr Freiheit", sondern „mehr Druck durch höhere Aneignungs- und Widersetzungserfordernisse" bestimmen den Widerspruch autonomer Steuerungs- und Kontrollverhältnisse.* Eine erkenntnistheoretische Perspektive, die nicht nur analytisch weit reichende Konsequenzen hat. Die Betroffenen, die gerade erst begreifen, was sich hinter ihrem Rücken tut, müssen bereits wieder umdenken und „praktisch-politische Handlungsempfehlung"[59] umdeuten: nicht gegen den Arbeitgeber, sondern gegen sich selbst. Offen bleibt, in welche Richtung die Ernüchterung größer ist: Beim Gewahrwerden der Funktionalisierung für arbeitspolitische Interessen oder beim Erkennen, dass es sich bei der freiheitsraubenden Selbstausbeutung auch um freiheitssuchende und existenziell akzentuierte Selbstbestimmung handelt. Der unbequeme Nebeneffekt beim letzteren: Gefordert ist nicht mehr, Verantwortung zu delegieren (an den Arbeitgeber oder an das kapitalistische System), sondern selbst Verantwortung zu übernehmen. Hier in einem dialektischen Sinne für die Bildung und Aufwertung von Arbeitsvermögen und nicht allein für die Arbeitskraft, die auf den Markt zu tragen ist. Denn anstelle der systematischen Überforderung durch herrschaftsinduzierte Fremdeinwirkung muss nunmehr der eigene systematische Widerstand gedacht werden, der darauf abzielt, Selbstbestimmung und Selbsttätigkeit im ökonomisch bestimmten Aneignungsprozess durchzusetzen und zu bewahren.

---

[59] Vgl. hierzu beispielsweise Glißmann (2003: 255), der seine Erfahrungen als langjähriger Interessensvertreter in die Subjektivierungsdebatte einbringt und die neuen Belastungsphänomene offen diskutiert.

Der Verdienst rationalisierungskritischer Bemühungen ist allerdings nicht gering zu schätzen, denn mit der Thematisierung von Überforderung und Ohnmachtsgefühlen geht eine Enttabuisierung einher, die auffordert zu handeln: auf Seiten der Arbeitnehmer ebenso wie auf Seiten der Arbeitgeber und nicht nur im qualifizierten Tätigkeitsbereich. Der arbeitspolitische Versuch aber, den Betroffenen ihre prekäre Situation über herrschaftliche Motive indirekter Steuerungsmaßnahmen einsichtig zu machen, lässt am Ende nur das übrig, was diese Bemühungen antreibt: Das Interesse ist politisch und auf dem Tisch liegt strategische Marketing- und Kommunikationsarbeit, die auf die Gewinnung von neuen Mitgliedern abzielt.

Der theoretische Sachverhalt also, dass am Beispiel des Arbeitsvermögens und mit der Metapher der „menschlichen Hand" sich auch Unsichtbares wie die „Eigenlogik" freiwilliger Selbstausbeutung angreifen und bewegen lässt, macht selbst die anspruchsvolle Begriffsarbeit[60] zur lohnenswerten Anstrengung: Der Beobachterblick, der ohne geeignete Kategorien nur an Äußerlichkeiten haften bleibt und sich daher leichtfertig vereinnahmen lässt, entwickelt völlig neue Qualitäten. Man gelangt vor allem zu einer unangepassten Sichtweise, die – je nach Adressierung – eben auch unbequem sein kann. Insofern nämlich, als dass gut gemeinte Expertenratschläge für den Umgang mit arbeitsbedingten Belastungs- und Beanspruchungssituationen kritisch hinterfragt, wenn nicht gar in Frage gestellt werden müssen.

Somit hat die Arbeits- und Industriesoziologie unverändert viel vor sich. Schließlich meinte Marx in seinen Thesen zu Feuerbach treffend: „Die Philosophen haben die Welt nur verschieden interpretiert, es kömmt drauf an, sie zu verändern" (vgl. Marx Bd. 3, Thesen über Feuerbach: 7). Pfeiffer zeigt diesbezüglich eine Richtung auf. Sie gibt sich nicht mit Deutungen zufrieden, sondern leistet selbst strategische Begriffs- und Theoriearbeit. Mit dem Dreiklang von „Arbeitsvermögen, Arbeitskraft, Arbeitsorganisation" stellt sie eine konzeptionelle Bühne zur Verfügung, auf der sich – als Soziologin oder Selbstbetroffene – den Widerspruchsmomenten moderner Arbeit dort begegnen lässt, wo der Widerspruch sichtbar wird: bei den Produzenten der begehrten Wissensarbeit. Allerdings überzeugt Pfeiffer weniger mit erwerbstätigen Protagonisten, die selbst zu Wort kommen, sondern mehr mit theoriegebundenen Kategorien für die analytisch-empirische Subjektebene.

Das innere Produktionsverhältnis, an dem Pfeiffer so brennend interessiert ist, ist schließlich auch mehr als nur *der Quell'* von Subjektqualitäten, die sich einer Transformation in Arbeitskraft „immanent (weil der Transformationsprozess selbst neues Arbeitsvermögen bildet) und qualitativ (weil die gebrauchswertbezogenen Anteile sich per se einer Transformation in Tauschwert widersetzen) entziehen (vgl. Pfeiffer 2004a: 142)*: Die kreativen und eigensinnigen Subjektqualitäten sind Teil einer Genetik, die mit der Argumentationsfigur freiwilliger Selbstausbeutung den emanzipatorischen Aneignungsprozess und damit seine eigene Steuerungs- und Selbstbewahrungslogik bestimmen.* Das „Arbeitsvermögen" als naturalistische und emanzipatorisch ausgerichtete Kategorie lässt sich damit als Kontrastfolie für belastungs- und beanspruchungsrelevante Subjektivierungsfolgen verwenden bzw. für die freiwillige Selbstausbeutung instrumentalisieren. Dadurch wird rationalisierungskritisches und identitätstheoretisches Denken gleichermaßen auf die Probe gestellt.

---

[60] Vgl. zur „Arbeit am Begriff" ausführlicher Negt/Kluge (1993: 91).

Die Befürchtung von Hirsch-Kreinsen[61], dass empirisch relevante Entwicklungstendenzen übersehen werden, scheint sich jedenfalls nicht zu bewahrheiten. Gerade neuartigen Subjektivierungsphänomenen, die in der soziologischen Theoriearbeit aufgrund der schwierigen Zugänglichkeit bislang nur wenig Beachtung gefunden haben, lässt sich mit Marx´schen Grundlagen zwischenzeitlich nämlich auch „neu" begegnen. Pfeiffers emanzipatorischem „Arbeitsvermögen" kann zumindest zugesprochen werden, dass es sich nicht nur eignet, neue Trends informatisierter Arbeit aufzuspüren: Die reformulierte Marx´sche Kategorie kann, sofern sie entsprechend modifiziert wird, auch subjektivierungsbedingte Belastungszusammenhänge erhellen. Dort nämlich, wo Komplexitäten, Spannungen und Verschlingungen diese Zusammenhänge zudecken.

Wenngleich also die Entscheidung, die arbeitssoziologische Analyse freiwilliger Selbstausbeutung einem naturalistischen sozialwissenschaftlichen Weltbild unterzuordnen, auf den ersten Blick vielleicht eigenartig anmutet: Gesprochen mit Kleeman et. al (2003) erfordern die „intensivierten und Subjektivität involvierenden Wechselverhältnisse zwischen Person und Betrieb" offensichtlich nach unkonventioneller Methodik. Die von selbst ablaufenden Prozesse freiwilliger Selbstausbeutung sind damit auch nicht länger als getarnter Zugriffsmodus kapitalistischer Kommandoregimes zu begreifen, sondern an einen Arbeitsbegriff rückzubinden, der den produktiven und selbsttätigen Menschen analytisch wieder ernster nimmt.

Theoretisch abgestützt wird diese These mit dem Konzept des emanzipatorischen Arbeitsvermögens von Pfeiffer (2004a). Allerdings instrumentalisiert und erweitert mit dem „Regulativ" freiwilliger Selbstausbeutung, das mittlerweile als Ausdrucksform und Identitätsbewahrer von emanzipatorischem Arbeitsvermögen zu verstehen ist:

---

[61] Vgl. hierzu Hirsch-Kreinsen (2003) zur „Renaissance der Industriesoziologie".

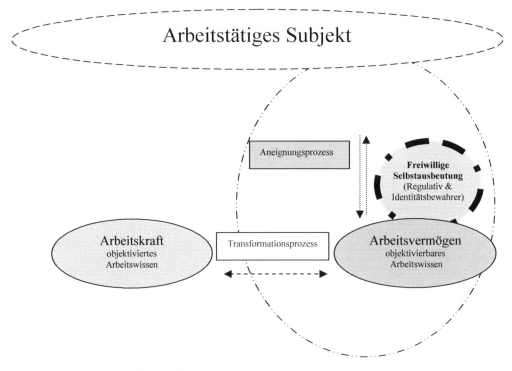

Abbildung 4:   Freiwillige Selbstausbeutung: Akteur- und subjektgebundenes
                  „Steuerungsregulativ" emanzipatorischer Aneignung

5.4 Zum Anwendungsbezug freiwilliger Selbstausbeutung aus der Aneignungsperspektive

Versteht man freiwillige Selbstausbeutung als *substanzielles Steuerungsmerkmal* im Aneignungsprozess, so hat dies neben interpretativem Gehalt auch theoretische Konsequenzen: Kommt es im Zuge der Aneignung zur „Übersteuerung" oder gar zum „Steuerungsverlust", dann wäre das Burnout-Phänomen durchaus als *gescheiterter Aneignungsprozess* zu analysieren. Ist die „freiwillige Selbstausbeutung" mit Hilfe Marx´scher Kategorien begrifflich also neu gefasst und mit den Eigenschaften einer naturalistischen *Kategorie* versehen, kann sie in instrumenteller Hinsicht schon einiges leisten: Sie kann 1) die Unabhängigkeits- und Selbstverwirklichungsansprüche menschlicher Gattungstätigkeit an die Oberfläche tragen. Sie kann 2) die Verausgabungsbereitschaft von *qualifikatorischen Zuschreibungen* befreien: sei dies der Berufsstatus oder das Ausbildungsniveau. Und sie kann 3) das individuelle Anerkennungsstreben, aber auch den herrschaftsinduzierten Zwang freiwilliger Selbstausbeutung relativieren. Denn an die Stelle von Unterwerfungs- und Entfaltungsthesen rücken vor diesem Hintergrund die inneren Produktionsverhältnisse.

Empirisch gesehen ist mit dieser Instrumentalisierung von Arbeitsvermögen und Aneignung, ausgerichtet am Phänomen freiwilliger Selbstausbeutung, aber erst wenig erreicht. Diese selbstkritische Einschätzung beruht auf dem expliziten Hinweis von Schimank, dass Theorien stets „empirische Bodenhaftung behalten und nachweisen müssen" (Schimank 2002a: 341). *Es gilt folglich, über die Instrumentalisierungsleistung hinaus zu prüfen, ob die freiwillige Selbstausbeutung als theoriegebundenes „emanzipatorisches Steuerungsmuster" von menschlichem Arbeitsvermögen auch jenem Anwendungsbezug gerecht wird, den die Soziologie an ihre theoretischen Konstrukte stellt.* Unterstützend ist dafür zweifellos der Erfahrungshintergrund einer „privatwirtschaftlich Erwerbstätigen", denn das Nahverhältnis zu Arbeitssituationen, wie sie alltäglich vorkommen, muss nicht erst mühsam konstruiert werden. Unabhängig davon, ob Projektverantwortung, Marketingleitung oder freie Selbständigkeit: Der berufliche Weg, der den Entdeckungszusammenhang dieser Analyse repräsentiert, ist gleichermaßen mit glücklichen und weniger glücklichen Momenten gepflastert. Kritisch-distanzierte Reflexion im Sinne der Weber'schen „Wertfreiheit" ist daher für das nun Folgende einmal mehr voraussetzungsvolle Bedingung. Somit steht die deklarierte Betroffenheit meiner Selbst (im Sinne selbst gemachter Erfahrungen) nicht für empirisch-biografische Bezugspunkte, sondern allein für den methodisch-reflexiven Filter. Dieser Filter ist dort anzuwenden, wo die erwerbsbezogenen Belastungsphänomene im Rahmen sozialwissenschaftlicher Debatten unter dem Gesichtspunkt „freiwilliger Selbstausbeutung" gedeutet werden: *Es zeichnet sich nämlich ab, dass von einer „Instrumentalisierung" rationalisierungskritischer Theoriekonzepte für interessenspolitische Zwecke auszugehen ist.* Das eine vom anderen zu unterscheiden und bei Zeiten zu widersprechen, ist die Herausforderung für die Entfaltung fundierter Kritik: In Bezug darauf, was die (mehr oder weniger) geeignete Paradigmenwahl betrifft, will man die Subjektivierung von Arbeit als Theoriegrundlage für soziologische Belastungskonzepte heranziehen.

Unter dem Gesichtspunkt von freiwilliger Selbstausbeutung, die aus der Aneignungsperspektive argumentiert, wäre der These „Mehr Druck durch mehr Freiheit" nämlich vehement zu widersprechen. Insbesondere dort, wo mit Rückgriff auf rationalisierungskritische Deutungen zur Subjektivierung gleich vom (betrieblichen) „Kommandosystem" gesprochen wird (vgl. Peters 2001: 21). Dieses „System von Befehl und Gehorsam", so der Autor, wäre angeblich dafür verantwortlich, dass unter dessen Herrschaft Erwerbstätige, die sich freiwillig selbst ausbeuten, letztendlich vom Kapitalismus ausgebeutet werden.

Mit den Augen der Arbeitspolitik erfährt also gerade der Erwerbstätige einer „modernen" Arbeitswelt eben jene Entfremdungserscheinungen am eigenen Leib, von denen seit Marx immer wieder die Rede ist: Die Produktivkräfte der Arbeit werden von dem Einzelnen als ihn beherrschende Kräfte erfahren, denen er sich zu unterwerfen hat.[62] *Im Zuge dieser Analyse gilt es deshalb nachzuweisen, dass „freiwillige Selbstausbeutung" als empirisches Phänomen nicht (ausschließlich) an betriebliche Rationalisierungskonzepte rückzubinden ist, sondern wesentlich auch an die strukturelle Beschaffenheit arbeitstätiger Subjekte, die mit spezifisch eigensinnigen Subjektqualitäten ausgestattet sind.* Überprüft wird folglich ein „Gegenentwurf" zu herrschaftstheoretisch angelegten Erklärungen: mit einem handlungstheoretisch klassifizierten „Steuerungsmuster" emanzipatorischer Aneignung, das unverrückbar am menschlichen Arbeitsvermögen hängt und empirisch wie analytisch in der Gestalt freiwilliger Selbstausbeutung beobachtbar wird. Den Wirklichkeitsbezug für dieses

---

[62] Zum „Entfremdungsbegriff" vgl. direkt bei Marx in den „Ökonomisch-philosophischen Manuskripten" (MEW Bd. 40)

Vorhaben stellen jene Betroffenen her, die bei Moldaschl/Voß (2003: 297-335) zu Wort kommen. Entlang von personifizierten Beschreibungen, die alle den subjektivierten Arbeitsalltag meinen, gilt es nun, „theoretisch zu rekonstruieren": Diese Rekonstruktion

> „verfolgt den Zweck, die Anwendbarkeit einer Theorie auf einen einzelnen Fall zu überprüfen oder auch einen einzelnen Fall nach Maßgabe einer solchen für bewährt gehaltenen Theorie dem Verständnis zu erschließen (Prototyp etwa der psychoanalytische Fallbericht, die Interpretation der Lebenswelt einer Arbeiterfamilie nach Maßgabe materialistischer Annahmen) (Mollenhauer 1984: 158, zit. in Heinze 1995: 97).

Mit einem „unangepassten" arbeitssoziologischen Rekonstruktionsergebnis zu Fallberichten freiwilliger Selbstausbeutung ist jedenfalls zu rechnen. Unangepasst insofern, als dass die Ausbeutungsrhetorik mit dem Pfeiffer´schen Arbeitsvermögen den Anstrich kalkuliert-ökonomischer Ausbeutung bereits ein Stück weit hinter sich gelassen hat: Als „emanzipatorisches Steuerungsmuster", das so gar nicht mit den neu aufkommenden Entfremdungstendenzen übereinstimmen will. Um zu dieser Sichtweise zu gelangen, ist es allerdings notwendig, die „betrieblich-organisationale" Beobachtungsebene (vorläufig) auszublenden: zugunsten einer „personalen" bzw. akteurzentrierten Ebene, von der aus „freiwillige Selbstausbeutung" aneignungstheoretisch beleuchtet wird. Im Mittelpunkt der Rekonstruktionsarbeit steht damit aber das autonome und nach Unabhängigkeit strebende Arbeitssubjekt, und nicht mehr der post-fordistische Steuerungsrahmen betrieblicher Kontrolle.

5.4.1 Vom Sachzwang zum Perfektionismus: „Übersteuerte Aneignung" von Arbeitsvermögen

Führt man sich vor Augen, was die „Reportagen aus der subjektivierten Arbeitswelt" bei Moldaschl/Voß (2003) ans Tageslicht bringen, bleibt von der Marx´schen Freude an der „produktiven Selbsttätigkeit" nicht mehr allzu viel übrig. Weckt doch die neue Freiheit in flexibilisierten Beschäftigungsverhältnissen eher schon müde Erinnerungen an Goethes Zauberlehrling: *Die Geister, die ich rief (*Autonomie, Selbstbestimmung, Selbstorganisation und Laptop), *die werd´ ich nicht mehr los:*

> „Fast alle bei uns klagen über zunehmende Leistungsverdichtung. Ich merkte dies auch an mir selber, es wurde schwieriger, Termine einzuhalten, … und weil es mir persönlich peinlich ist, bei einem Meeting schlecht vorbereitet zu erscheinen und rumzustottern, wurden die Abende und Wochenenden häufiger, an denen ich etliche Stunden mit der Erarbeitung von Konzepten, dem Schreiben von Texten und dem Gestalten von Foliensätzen verbrachte" (vgl. hierzu den Arbeitnehmerbericht aus der subjektivierten Arbeitswelt bei Moldaschl/Voß 2003: 333).

Diese Steigerung des Zeitaufwandes zur Verrichtung von Arbeitsaufgaben kennzeichnet stellvertretend eine Situation, die Erwerbstätige trotz flexiblen Arbeits(zeit)strukturen mit dem Widerspruch von Selbstüberlastung und Selbstüberforderung konfrontiert. Glißmann (2003) kommentiert dies mit Bezug auf einen ähnlichen Sachverhalt als „neue Katastrophe in der Arbeit", verursacht durch Menschenhand und für den einzelnen erlebbar als „zwingende sachliche Gewalt" (Glißmann ebd. 265). Der Autor bezieht sich dabei auf einen geheimnisvollen Prozess, der von Selbstbeschleunigung und Selbstverstärkung bestimmt ist, und bei dem die Beschäftigten mit ihrem eigenen Tun und Denken das Interesse der Arbeitgeber realisieren und gegen sich selbst richten (vgl. ebd.: 265).

Diese politisch angeheizte Erklärung für „Maßlosigkeit und systematische Überforderung" (ebd.: 264/265) soll mit nüchterner Analytik etwas abgekühlt werden. Denn gerade der zitierte Arbeitnehmerbericht verweist doch geradewegs auf jenen Prozess, bei dem gebrauchwertiges Arbeitsvermögen angeeignet und in tauschwertkompatible Arbeitskraft überführt wird.

Im konkreten Fall muss lebendiges Arbeitswissen den situativen Anforderungen eines Meetings gerecht werden: Der Beschäftigten ist es nachvollziehbar „peinlich", wenn sie schlecht vorbereitet ist und herumstottert, weshalb sie Vorkehrungen trifft und beginnt, auf Hochdruck zu arbeiten. Aneignungstechnisch gesehen bildet sie im Schreiben der Texte und im Gestalten der Folien automatisch neues Arbeitsvermögen – um es im nächsten Meeting wieder sedimentieren und verausgaben zu können. Sowohl die Verrichtung der anstehenden Arbeitsaufgaben als auch der Transformations- und Aneignungsprozess fordern dieser Arbeitnehmerin allerdings das Letzte ab. Oder etwas differenzierter: Sie selbst fordert sich das Letzte ab! Es genügt ihr vor allem nicht, die sachlich-formale Arbeitsaufgabe korrekt zu erledigen (in diesem Falle ein Meeting vorzubereiten), die Vorbereitung muss schlicht „perfekt" sein. Hier spielen also auch die persönlichen Ansprüche eine erhebliche Rolle. Erst über die herausragende Leistung ist nämlich gewährleistet, dass die nach Anerkennung strebende Hochqualifiziertenidentität im Arbeitsumfeld auch die erwartete Bestätigung findet (vgl. bereits Kotthoff 1998). Was hier allerdings Anerkennung findet, ist die *objektivierte und damit individuell subjektivierte Leistung* menschlicher Arbeitskraft. Und die muss auf Subjektebene und mit Hilfe von lebendigem Arbeitsvermögen zuerst als objektivierbares Vermögen angeeignet und dann transformiert werden.

Was beim Erwerbstätigen die Hochqualifiziertenidentität ist, die sich bedroht fühlt, ist beim arbeitstätigen Subjekt also das gebrauchswertige Arbeitsvermögen, das (kurzfristig?) zur Disposition steht. Hier dagegen zu halten, ist für den Arbeitstätigen empirisch wie analytisch die einzige Möglichkeit, im subjektivierten Arbeitsprozess „zu überleben": indem immer wieder aufs Neue gebrauchswertiges Arbeitsvermögen angeeignet und tauschwertkompatible Arbeitskraft in den subjektivierten Arbeitsprozess eingebracht wird. Es wird nicht nur weiterhin für Anerkennung, sondern auch für die gattungsbedingten „Unabhängigkeits- und Selbstbetätigungsansprüche" gesorgt. Die Betroffene, die hier Signalhandlungen setzt, die dem Phänomen freiwilliger Selbstausbeutung zuzuordnen sind, wird unter diesem Gesichtspunkt auch weiterhin alles daran setzen, ihr Arbeitsvermögen auf hohem Niveau verfügbar zu halten. Freiwillige Selbstausbeutung ist damit aber nicht länger „Äußeres", sondern Inneres; ein Regulativ, dem das Arbeitsvermögen sein Dasein verdankt, denn es leistet *Identitätsarbeit auf Subjektebene*.

Der subjektiv wahrgenommene Druck, der mit zunehmender Leistungsverdichtung einhergeht, führt also geradewegs auf das „Produktionsverhältnis der Arbeitskraft als Ware zu sich als Lebewesen" (vgl. Negt/Kluge 1993). Denn der drohenden Peinlichkeit, den eigenen und den fremden Erwartungen nicht zu entsprechen, weil keine subjektivierte bzw. objektivierbare (Super)Leistung erbracht wird, dem gilt es bereits im Vorfeld entgegen zu wirken: strategisch kalkuliert und noch bevor sich die Arbeitskraft mit ihrer tauschwertseitigen Warenförmigkeit im Ernstfall beweisen muss. Diese Steuerungsarbeit bewerkstelligt die zitierte Protagonistin Kraft ihres Arbeitsvermögens nun sichtlich zum Preis von Überlastung und Überforderung: Die „Kombination von Pflicht (die eigentliche Arbeitsaufgabe) und Kür (der Professionalitätsanspruch)" ist im arbeitsvertraglichen Zeitrahmen einfach nicht mehr unterzubringen.

Die freiwillige Selbstausbeutung, die hier in direkter Beziehung zum ausgeprägten Anspruchs- und Leistungsdenken steht, ist offensichtlich eng mit Versagensängsten und mit dem Absprechen von Kompetenz verknüpft. Und der aneignungsanalytische „Sinnbezug"? Würde das Szenario eintreffen, dass die Erwerbstätige dem Subjektbedarf hochqualifizierter Wissensarbeit nicht mehr entsprechen kann, hätte das zur Folge, dass die reine Arbeitskraft, losgelöst von der Person, für die Organisation nicht mehr taugt, denn sie ist jetzt in ihrer Warenförmigkeit wertgemindert. Dass dies wiederum mit Folgewirkungen verbunden ist, erklärt sich von selbst, denn die Tauschwertfähigkeit ist die Eintrittskarte für den freien Arbeitsmarkt. *Freiwillige Selbstausbeutung ließe sich damit auch als voraussetzungsvolles Handeln interpretieren, mit dem sich die Erwerbstätigen noch eine „Exit-Strategie" offen halten können: Die Beschäftigten entscheiden (zumindest aus subjektiver Sicht) immer noch selbst, ob und wann sie das Unternehmen wechseln. Vorausgesetzt natürlich, „die Sache mit dem Arbeitsvermögen" funktioniert.*

Die Selbstbeschleunigung und Selbstverstärkung, die Glißmann im Zusammenhang mit der zunehmenden Selbstüberforderung beschäftigt, steht damit für eine handlungsgeprägte und am Subjekt hängende, *naturalistische Eigendynamik*. Diese Dynamik wird von einem sub-intentionalen Steuerungsmechanismus angetrieben, der als Phänomen „freiwilliger Selbstausbeutung" beobachtbar wird. Allerdings aktiviert das Subjekt diesen Mechanismus erst dann, wenn es im wörtlichen Sinne „eng" wird: auf der beobachtbaren und auf der nicht beobachtbaren Arbeitsprozessebene. *Folgenreich für den Erwerbstätigen ist somit der „Beschleunigungsfaktor" freiwilliger Selbstausbeutung, denn der Bewegungskreislauf von Aneignung, Bildung, Sedimentierung und Verausgabung neigt offensichtlich zur Übersteuerung: Das Arbeitsvermögen ist durch seine physisch-existenzielle Determiniertheit nur begrenzt reflexionsfähig und arbeitet intuitiv (oder mit Negt/Kluge: „triebökonomisch") jenem Steuerungsverlust entgegen, der den Aneignungs- und Transformationsprozess bedroht.* Und so kann das Phänomen freiwilliger Selbstausbeutung als „empirischer Artefakt" dieser Übersteuerung interpretiert werden, der im wörtlichen Sinne künstlich erzeugte Störsignale sendet, um das arbeitstätige Subjekt und damit auch den erwerbstätigen Akteur auf das instabile Gefüge der inneren Produktionsverhältnisse aufmerksam zu machen. In der empirischen Auslegung kann freiwillige Selbstausbeutung als spezifische Ausdrucksform und Steuerungslogik des Pfeiffer'schen Arbeitsvermögens also zweckdienliche Hinweise liefern und gefestigte Vorstellungen ins Wanken bringen.

5.4.2 Burnout: Gescheiterter Aneignungsprozess

„Ich habe meine Arbeit weiterhin geschafft – aber langsam droht sie mich zu schaffen. Ich wache nachts auf und klebe mir schweißgebadet kleine gelbe Haftzettel an die Stirn, immer noch getreu meinem Glauben an Zeitmanagement. […] Ich treffe mich samstags nicht mehr mit Freunden damit ich nicht am Sonntag übermüdet rumhänge und mich bei meiner „freiwilligen und unentgeltlichen Arbeit nicht quälen muss. […] Im Moment bin ich ernstlich krank. […] Was mir jetzt ernsthaft Sorgen macht ist, dass ich das Gefühl habe, eine meiner Grundqualifikationen geht flöten, die ich in meiner Arbeit benötige: meine Fähigkeit, andere Menschen motivieren und ermutigen zu können. Ich verliere meine Kraft, meine Ausstrahlung, meine Überzeugungsfähigkeit. Ich bin drauf und dran, meine eigene Arbeit zu entwerten. Vielleicht ist das ein

Hebel für mich, etwas zu ändern. Denn das will ich nicht, schlechte Arbeit liefern. Nicht aus Pflichtbewusstsein, sondern aus Selbstachtung" (vgl. Arbeitnehmerbericht aus der subjektivierten Arbeitswelt bei Moldaschl/Voß 2003: 333).

Führt man sich bei dieser Schilderung nochmals die vorangegangene Fallrekonstruktion vor Augen, so hat bei diesem Erwerbstätigen die freiwillige Selbstausbeutung als aneignungsrelevantes „Regulativ" bereits versagt: Das innere Produktionsverhältnis ist alles andere als stabil, die Aneignung von neuem Arbeitsvermögen scheint aus den Fugen geraten und der Steuerungsverlust ist als subjektgebundenes, negatives Beanspruchungserleben bereits zur Form gekommen. So reflektiert der Erwerbstätige seine eingeschränkte Leistungsfähigkeit und sein Unvermögen unter dem Gesichtspunkt, den täglichen Anforderungen nicht mehr gewachsen zu sein. Dem Analyseblick, der weiter konsequent aneignungstheoretisch gerichtet ist, zeigt sich zudem, dass auch bei diesem hochqualifiziert Erwerbstätigen nicht materielle Existenzängste im Vordergrund stehen, sondern im weitesten Sinne „Selbstbestimmungsfaktoren".

Als problematisch erweist sich hier aber vor allem, dass selbst die Handlungsmuster freiwilliger Selbstausbeutung nicht mehr richtig greifen („Haftzettel am Kopf"). Was sich zwischenzeitlich damit gleichsetzen lässt, dass der *Gegensteuerungsmechanismus* auf der Aneignungsebene nicht mehr funktioniert. Der Transformationsprozess droht ebenso zu scheitern wie der private Aneignungsprozess, was so viel heißt, dass die Bildung und weitere Verausgabung von Arbeitsvermögen ernsthaft in Gefahr ist. Der *empirische Artefakt*, der auf den Steuerungsverlust aufmerksam macht, ist indessen ein schleichendes Burnout; der chronische Prozess mit den typischen physischen und psychischen Begleiterscheinungen. Dass die Lebenstätigkeit und das produktive Leben existenziell bedroht sind, scheint dem Erwerbstätigen nicht nur implizit bewusst zu sein. Immerhin berücksichtigt er in seiner Rhetorik metaphorisch den „Hebel", der erforderlich sein wird, um sich aus seiner prekären Arbeitssituation wieder befreien zu können. In einem theoretischen Sinne bemerkenswert ist bei diesem Fall, dass der empirisch beobachtbare Steuerungsverlust zur Aufrechterhaltung der inneren Produktionsverhältnisse gut erkennbar und in engem Zusammenhang mit dem Unabhängigkeits- und Selbsttätigkeitsanspruch steht: Eine nicht-ökonomische Dimension, die sich ohne adäquate Analysekategorien (wie hier dem emanzipatorischen Arbeitsvermögen und der Aneignung) im Gegenstandslosen verliert, weil nicht mit Begriffen fassbar.

Spannend ist also das Folgende: Bevor dieser Akteur im wahrsten Sinne des Wortes „das Handtuch wirft" und ob der Verhältnisse resigniert, übernimmt die Steuerungslogik emanzipatorischer Aneignung beobachtbar die Führung – der Erwerbstätige setzt im Bewusstsein der folgenreichen Konsequenzen alles auf eine Karte. Es gilt für ihn, mit letzter Anstrengung den Aneignungsprozess anzutreiben und dem Verlust dieses Vermögens die Stirn zu bieten. Denn nur der gesunde und voll entwickelte Mensch ist mit Fromm gesprochen der produktive Mensch: „Der Mensch, der echt an der Welt interessiert ist und auf sie antwortet: er ist der reiche Mensch" (vgl. Fromm 1999b, Bd. 9: 82). Das Regulativ der freiwilligen Selbstausbeutung lässt sich damit auch von bedrohlichen Burnout-Symptomen nicht einschüchtern und leistet ein weiteres Mal Steuerungsarbeit. *Wenn Selbstausbeutung folglich als strukturrelevantes Merkmal menschlichen Arbeitsvermögens instrumentalisiert und damit zum „Steuerungsfaktor" von im Subjekt zur Form gekommener Aneignung wird, dann wäre das Phänomen Burnout nicht nur als „gescheiterter Aneignungsprozess" zu analysieren. Erkenntnistheoretisch gesehen öffnet sich hier auch ein Sichtfenster, „wie" oder besser „an welcher Stelle genau" sich die neuen Belastungen im Arbeitsprozess zur Untersuchungsperspektive einer psychologisch vereinnahmten Burnoutforschung abgrenzen lassen.* Wo die Psychologie nämlich in Bezug auf Berufsstress und Burnout-Neigung von spezifisch-psychologischen Charakterprofilen spricht, meint die Soziologie ein spezifisch-arbeitstätiges Subjektprofil. Und auch das lässt sich – analog zum psychologischen Profil – „coachen": Wenn die hier zitierten Fallbeispiele stellvertretend für die moderne Arbeitswelt stehen, darf der Trend hin zu „beruflichen Coachings" [63] nämlich nicht weiter verwundern. Bleibt die Frage: In welchen Zusammenhang lässt sich die Inanspruchnahme von Coachings zur „freiwilligen Selbstausbeutung" bzw. zum Steuerungsregulativ emanzipatorischer Aneignung stellen? Die Antwort folgt postwendend, obwohl etwas weiter auszuholen ist.

Freiwillige Selbstausbeutung – ein Fall für den „Coach"?
Berufliches Coaching ließe sich hier – akzentuiert als „Beratung für den kompetenten Umgang mit Berufsstress und Burnout-Risiken" - auch als „Fitness-Programm" für subjektgebundenes Arbeitsvermögen deuten. Dem Arbeitsvermögen wird über den Coachingprozess immerhin „neues" Wissen zugeführt, mit dem sich bestehende wie zukünftige Arbeitsaufgaben besser bewältigen lassen. So halten Kleemann et. al (2003) Bezug nehmend auf Thesen zum Arbeitskraftunternehmer auch fest:

> „Subjektivierte Arbeit und eine ihr adäquate Bildung überschreitet die dichotome Trennung von Arbeit und Leben und fokussiert auf den Alltag der Personen als gesamten Lebenszusammenhang. Wesentliche Kompetenzen müssen verstärkt dort und so gebildet werden, wo und wie sie angewendet werden und worin sie wurzeln: angekoppelt an die gesellschaftliche Realität und das praktische alltägliche Leben der Subjekte (vgl. Kleeman et. al 2003: 101/102; Hervorh. weggel.).

In diesem Zusammenhang bringen die Autoren auch eine Forderung von Dewe (1999) ins Spiel, der für einen „reflexiven, kritischen Qualifikationsbegriff" plädiert. Letztendlich gehe es nämlich darum, dass Bildung die Menschen befähige, sich gegen Vereinnahmung und Funktionalisierung zu behaupten. Womit der Coaching-Bezug zur freiwilligen Selbstausbeutung zu Ende gedacht werden kann. Denn jener Erwerbstätige, der für sich erkennt, dass er sinnbildlich *den Hebel ansetzen muss,* will er aus dem Teufelskreis der persönlich-sachlichen Verstrickung ausbrechen, hat grundsätzlich mehrere Möglichkeiten: Er kann zum Beispiel wie bisher weitermachen und den körperlichen Zusammenbruch provozieren. Er kann weiters das Arbeitsverhältnis aufkündigen, eine neue Stelle annehmen oder sich selbständig machen. Oder er kann sich Hilfe von außen holen und alternative Lösungsstrategien ausarbeiten. Entscheidet er sich für letzteres und lässt sich auf ein professionalisiertes, berufliches Coaching ein, so bleibt dies für das gebrauchswertseitige Arbeitsvermögen nicht ohne Folgen: Das arbeitstätige Subjekt eignet sich immerhin neues Wissen an, das in

---

[63] Die Internetsuchmaschine „Google" meldet beim Begriff „Berufliches Coaching" derzeit rund 192.000 Treffer: Der Bogen spannt sich von der Lebensberatung über das Einzelcoaching bis hin zum frauenspezifischen Karriere-Coaching. Der Bedarf, in beruflicher Hinsicht schnell und sicher ans Ziel zu gelangen, scheint jedenfalls groß zu sein. Denn der Begriff des Coaching, abgeleitet vom angelsächsischen „coach", hat seinen Bedeutungsinhalt vom Kutscher, der souverän lenkt und dem Fahrgast dabei hilft, das anvisierte Ziel zu erreichen: „Coaching ist Unterstützung, eine Situation klarer oder aus einer anderen Perspektive zu sehen und rückt damit neue Lösungsmöglichkeiten in das Blickfeld" (vgl. König/Volmer 2003: 10).

dieser Form noch nicht zur Verfügung stand. Es gilt nämlich, aus der belastenden Problemsituation herauszutreten und über einen Positionswechsel neue Blickfenster auf das eigene Arbeitshandeln zu erschließen: sei dies fehlendes Zeitmanagement, mangelhafte Delegationsfähigkeit oder das Aufdecken einer ungesunden Lebensweise (mangelnde Bewegung und unregelmäßige Mahlzeiten). Wollen die Erwerbstätigen auch diesen Ansprüchen noch gerecht werden, um endlich der selbstzerstörerischen Dynamik freiwilliger Selbstausbeutung zu entkommen, kann dies beim Work-Life-Balance-Programm beginnen und bei der zeit- und kostenintensiven Psychotherapie enden.

Das Arbeitsvermögen als Kristallisationspunkt der Aneignungsprozesse „der gesamten (auch biografisch gedachten) Lebenswelt des Subjekts" (vgl. Pfeiffer 2004a: 161) wäre mit der Aneignungsperspektive auf das Phänomen „freiwilliger Selbstausbeutung" damit um eine analytische Facette reicher. Und wenn Pfeiffer dem soziologischen Beobachter ans Herz legt, sich in Bezug auf die Produktionsverhältnisse im Mittelfeld von Objektivierbarem und nicht Objektiviertem zu positionieren, müsste mit der aneignungstheoretischen Rekonstruktion einer erfolgreichen Coachingleistung tatsächlich jene Komponente in Erscheinung treten, die das Eigenständige und Autonome am Arbeitsvermögens ausmacht: Eine spezifische Subjektqualität, die nunmehr um die Fähigkeit, im Zuge der „Auseinandersetzung mit (Arbeit)welt" souverän den eigenen Standpunkt zu wechseln, erweitert ist um von dort aus das destruktive Arbeitshandeln mit völlig neuen Reflexionskompetenzen zu hinterfragen.

In Ergänzung zu Glißmann (2003: 255-273) bzw. Glißmann/Peters (2001), die den Beschäftigten das kapitalistische und herrschaftliche Prinzip, das sich hinter *indirekten Steuerungsmaßnahmen* verbirgt, erklären wollen, verfolgt die hier vorgelegt Rekonstruktion also ein dezidiert anderes Ziel. Das ist auch deshalb wesentlich, weil hier ein Erkenntnisinteresse vorliegt, das fachübergreifend nach Erklärungen Ausschau hält: naheliegend und bereits hinreichend dargestellt bei der repräsentativen Burnout-Forschung. Diese bezieht sich unter anderem auch auf das „Ausbrennen" und den „Überdruss" in bürokratischen Organisationen:

> „In unserer Gesellschaft entstehen immer mehr und immer komplexere Bürokratien, doch die meisten ihrer Angestellten lernen nie, wie man ´ein guter Bürokrat´ werden kann. [...] Robert Pruger, Professor für Social Welfare an der Universität von Kalifornien, vertritt (deshalb) die Meinung, dass nur sehr kompetente Menschen ihre beruflichen Ziele in komplexen Organisationen erreichen. Er empfiehlt den Angestellten, sich die Fertigkeiten anzueignen, die man braucht, um sich in einer Bürokratie durchzusetzen, und nicht zu versuchen, sich der Organisation zu entziehen. Als Bürokrat muss man mit den Belastungen und Begrenzungen umgehen, aber auch die Gelegenheiten zu nützen wissen, die das Leben in derartigen Organisationen bestimmen. Kompetente Bürokraten nannten die Fertigkeiten, die ihnen geholfen haben, die üblichen Ursachen des Überdrusses zu umgehen" (vgl. Pines et. al 2000: 91).

Pines et. al verweisen hiermit auf die Notwendigkeit, dass gerade die Erwerbstätigen selbst gefordert sind, sich dem Dilemma von Überdruss-Situationen zu stellen. Wenn Soziologie im Weber´schen Sinne also „verstehend-erklären"[64] will bzw. danach trachtet, ihr bestehendes Erklärungsangebot zu ergänzen, scheinen Burnout-ForscherInnen doch einiges bereit zu halten, was zumindest nützlich sein könnte. Zum Beispiel, wo jene Ursachenherde für den Überdruss und das Ausbrennen liegen, die in direkter Verbindung zu betrieblichen Organi-

---

[64] Vgl. zur „verstehend-erklärenden Soziologie" nach Max Weber neuerlich bei Esser (1999: 4-8).

sationsprinzipien stehen. Die Rede ist vom Ursachenherd der „Überlastung" aufgrund quantitativer Anforderungen, vom Ursachenherd „Mangel an Autonomie" (im Sinne fehlender
Gestaltungsfreiräume) sowie vom Ursachenherd „Mangel an Belohnungen" (im Sinne fehlender Anerkennung und Wertschätzung für die geleistete Arbeit) (vgl. Pines et. al ebd.).[65]
Der alamierende „Beeinträchtigungspegel", über den vor allem die Gruppe der Hochqualifizierten klagt, ist damit aber nicht unternehmensspezifisch bestimmt, sie liegt in der Arbeit
selbst. Was schließlich auch zu folgendem Schluss führt: *Vor dem Hintergrund von Burn-
out-Erkenntnissen verweisen die Folgen subjektivierter und wissensbasierter Arbeit auf den
Bedarf von Bewältigungsstrategien, die weitaus komplexer als bisher angenommen codiert
sind. Dies gilt für die Menschen in den Unternehmen ebenso wie für die Unternehmen, die
auf diese Menschen angewiesen sind. Und nicht weniger für eine Fachsoziologie, die sich
in ihrem Gegenstand auf die Bereiche „Arbeit" und „Organisation" konzentriert.*

5.5 Praktizierte Dialektik: Selbstausbeutung und Burnout als Artefakt betrieblicher Realität

Die Feststellung, dass freiwillige Selbstausbeutung als „Steuerungsregulativ von Arbeitsvermögen" nicht nur auf das Konzept Burnout, sondern auch auf Coachingprozesse anwendbar ist, verdeutlicht: Die Entsprechungslogiken emanzipatorischer Aneignung müssen
im empirischen Feld großzügig verteilt sein. Vorausgesetzt, das Forschungsinteresse für
praktische Erklärungsprobleme ist aneignungstheoretisch ausgerichtet und sucht – analytisch wie empirisch – den autonomen und ganzen Menschen. Eine Perspektive, die sich als
brauchbarer Brechungsindex anbietet. Einerseits, um den Belastungsfolgen subjektivierter
Arbeit zwischen den Polen von Unterwerfung und Entfaltung und in Ergänzung zu rationalisierungskritischen und identitätstheoretischen Angeboten mit einem naturalistischen Verständnis zu begegnen. Andererseits, um nach Erklärungen Ausschau zu halten, wie mit den
gesellschaftlichen Implikationen flexibler Arbeitsformen auch disziplinübergreifend umzugehen ist. Zumal Rösing (2003) mit einigem Nachdruck vermerkt, dass *Burnout* derzeit im
„gesellschaftlichen Vakuum" angesiedelt sei: „In der Burnout-Forschung bleibt der burnt-
out case ein anonymes Individuum, für das niemand – außer er selbst verantwortlich ist"
(vgl. Rösing ebd.: 240). Und so verbleibt dieses Phänomen als ausschließlich individuelles
Problem in der Forschung privatisiert, denn die soziale und gesellschaftliche Dimension ist
ausgeblendet. Nicht lückenlos zwar, denn die Autorin verweist beispielsweise auf Karger
(1981), für den die Marx´sche Entfremdung auch ein Ausdruck der Entfremdung des Arbeiters sein kann, der sich seiner Warenförmigkeit bewusst wird und sich deshalb ausgebeutet,
elend, physisch erschöpft und emotional ausgelaugt fühlt (vgl. hierzu Rösing ebd.: 241-
241).[66]

---

[65] Auf die unterschiedlichen Bezugspunkte von Burnoutforschung und Arbeitssoziologie zur „Autonomie-
Dimension" wird im Rahmen dieser Studie nicht dezidiert Bezug genommen.
[66] Neben Karger (1981) findet Rösing noch zwei weitere Arbeiten, die in diesem Zusammenhang erwähnenswert
sind: Cherniss und Kranz (1981) etwa führen das Burnout-Phänomen auf den Verlust an gemeinschaftlich geteil-
ten Werten zurück. Die schwedischen Forscher Starrin, Larsson und Styrborn (1990) hingegen kritisieren, dass die
Burnout-Forschung sich zeitlich, räumlich und inhaltlich auf einen ganz kleinen Ausschnitt reduzieren würde und
lediglich die private Welt des arbeitenden Menschen, seine Persönlichkeit und die sozialen Beziehungen im Be-
rufsfeld berücksichtige. In ihrem Buch, das nur auf schwedisch vorliegt, nehmen sie jedoch Bezug auf den For-

Im vorliegenden Zusammenhang führt dieser Exkurs wieder direkt auf den Pfad von gebrauchswertseitigem Arbeitsvermögen zurück, das in Anlehnung an Pfeiffer ohne den wechselseitigen Bezug zur tauschwertseitigen Arbeitskraft nicht denkbar ist. Praktizierte Dialektik, wie sie Pfeiffer fordert, würde für die theoretische Reichweite freiwilliger Selbstausbeutung nämlich bedeuten, auch die betriebliche Organisationsebene in die forschungsstrategischen Überlegungen miteinzubeziehen:

> „Die Arbeitsorganisation, in die das Subjekt eingebunden ist, ist der am ehesten eingrenzbare und benennbare Ausschnitt von Welt, den sich das Subjekt im Arbeitsprozess aneignet und innerhalb von dessen strukturellen und konkreten Bestimmungen permanent Arbeitsvermögen gebildet und teilweise in Arbeitskraft transferiert wird" (vgl. Pfeiffer 2004a: 164).

Zu dieser „betrieblichen Örtlichkeit" haben aber gerade rationalisierungskritische Konzepte bereits umfangreich Erklärungsarbeit geleistet. Weshalb auch überraschend ist, dass zu den „widersprüchlichen Arbeitsanforderungen" von Moldaschl (2001) seitens der arbeits- und industriesoziologischen Forschung nur wenig vorliegt, das sich als „spezifische Ergänzung" charakterisieren ließe. Darauf Bezug nehmend wird auch jene Dimension freiwilliger Selbstausbeutung aufgegriffen, die unter dem Gesichtspunkt neuer Belastungs- und Beanspruchungsfolgen das größte Potenzial für anschlussfähige Thesen hat: die „Achsenverlängerung" freiwilliger Selbstausbeutung hin zum Burnout, und damit das Scheitern von hochqualifizierten Erwerbstätigen im flexibilisierten Erwerbsumfeld. *Denn angesichts der asymmetrischen Machtverhältnisse in betrieblichen Organisationen muss zumindest hinterfragt werden: Gibt es für das adäquate Scheitern auf Subjektebene auch ein vergleichbares Scheitern auf der Organisationsebene? Gewissermaßen als Analogie zum subjektgebunden Steuerungsversagen?*

Anschlussfähiges findet sich zunächst bei Holtgrewe (2006). Sie geht den Bedingungen nach, die für kreatives und innovatives Handeln in flexiblen Organisationen voraussetzungsvoll sind. Insbesondere interessiert sich Holtgrewe dafür, wie sich Organisationen und Subjekte aufeinander beziehen. Dieses wechselseitige Konstitutionsverhältnis ist gleichzeitig „ermöglichend und restringierend" gedacht, und es ist nicht gleichgewichtig, sondern herrschaftlich (vgl. Holtgrewe ebd.: 10). In ihrem Theoriebaukasten sieht Holtgrewe schließlich auch vor, „Organisation als reflexive Strukturation" zu verstehen (ebd. 31). Die Autorin bezieht sich hier auf einen theoretischen Ansatz von Ortmann et. al (2000), die ihrerseits bei der Giddens´schen Strukturationstheorie Anleihe nehmen. Damit setzt sich die formale Organisation nicht einfach aus Handlungen zusammen, sondern repräsentiert eine „bestimmte Verfasstheit" des Handelns (Holtgrewe ebd.). Was zur Folge hat, dass die krisenhafte Entwicklung rund um die Phänomene *freiwillige Selbstausbeutung, Berufsstress* und *Burnout*– entgegen der hier entfalteten Thesen zum Aneignungsprozess – wieder zurück auf die organisationale Ebene zu holen sind. Insbesondere, weil Situationsdeutungen auf der personalen Arbeitsprozessebene durch das asymmetrische Verhältnis zur Arbeitsorganisation in hohem Maße vorstrukturiert sind. Und weiter mit Holtgrewe:

> „Das organisierte Handeln bildet gewissermaßen bewusst und intendiert Strukturen aus und sucht damit den Raum der intendierten Handlungsfolgen gegenüber den nichtintendierten aus-

---

scher Asplund (1987), der auf der Grundlage einer historischen Gesellschaftsanalyse zeigt, wie alle Bezüge in der Gesellschaft immer abstrakter werden.

zuweiten – was wiederum nicht ausschließt, sondern sogar unvermeidlich zur Folge hat, dass man sich damit auch weitere und weiterreichende nichtintendierte Folgen einhandelt. Zunächst jedoch richten Organisationen das Handeln an bestimmten, ausgewählten Zwecksetzungen aus und setzen demgegenüber alle weiteren möglichen Rationalitäten für irrelevant" (Holtgrewe 2006: 31)

Übertragen auf den Wandel in den Steuerungs- und Kontrollverhältnissen würde dies bedeuten, dass ein Management, das auf handlungsautonome Strukturen setzt, auch den Rahmen erweitert, in dem sich unintendierte Struktureffekte manifestieren können. Was im Ergebnis gleichlautend damit ist, dass bei erhöhtem Subjektbedarf der „Kelch der Transintentionalität"[67] auch vor dem arbeitstätigen Subjekt nicht Halt machen wird. Gefordert sind damit aber vor allem jene Unternehmen, die überwiegend auf wissensbasierte Leistungen basieren. Ob Unternehmensberatung, Rechtsanwaltskanzlei, Konstruktionsbüro oder Werbeagentur: Einerseits muss der Gestaltungsrahmen für diese Wissensarbeit(er) neu ausgeleuchtet werden und andererseits gilt es, die managerielle Sensorik neu abzustimmen; insofern ist es konsequent zu prüfen, wo, wann und wie auf grundlegende Störfelder im personalen Umfeld zu reagieren ist. Wenn Holtgrewe deshalb vorschlägt, die formale Organisation auch unter dem Aspekt der „Handlung" zu sehen, die anderes Handeln zu beeinflussen und zukünftiges Handeln zu gestalten versucht, führt dies geradewegs zu einem Organisationsverständnis, das der verhaltenswissenschaftlichen Entscheidungstheorie zuzuordnen ist. Denn Barnard (1938) definiert die formale Organisation als Systeme bewußt koordinierter Handlungen oder Kräfte von zwei oder mehr Personen (vgl. hierzu die Interpretation von Berger/Bernhard-Mehlich 2002). Dennoch sind jene Elemente nicht aus den Augen zu verlieren, die Mikl-Horke (2000) so treffend mit der *teilsystemischen Funktionalität des Betriebs* umschreibt, den „Herrschaftsverband" und das „zweckbestimmt eingesetzte Wirtschaftsinstrument" (vgl. hierzu bereits Mikl-Horke ebd.: 109).

Womit sich die eingangs gestellte Frage, ob es für die arbeitssoziologische Rekonstruktion des Burnout im Sinne eines „adäquaten Scheiterns auf Subjektebene" auch ein „äquivalentes Scheitern auf Organisationsebene" gebe, nunmehr beantworten lässt. Und zwar über das *Marx'sche Transformationsproblem* und über die *Prämisse begrenzter Rationalität*. Vorerst zu Marx: Beim Transformationsproblem geht es bekanntlich um nichts anderes als um die Transformation von Arbeitskraft in Arbeitsleistung. Das bringt mit sich, dass sich das „analytische Zentrum" für das Phänomen „freiwillige Selbstausbeutung" vom inneren zum äußeren und damit *tauschwertigen Produktionsprozess* verschiebt. Wenn deshalb im Rahmen der „Labor Process Debate" von Braverman (1985) postuliert wird, dass diese Transformation die vornehmliche und damit wichtigste Aufgabe des Managements wäre, so bleibt in Bezug auf die theoretische Rekonstruktion des Burnouts eigentlich nur eine Schlussfolgerung übrig: *Das Äquivalent zum „gescheiterten Aneignungsprozess" auf der Subjektebene ist der „gescheiterte Transformationsprozess" auf der Organisationsebene.*

Was nun die Begründung für dieses Scheitern betrifft, so liegt nahe: Ein Organisationskonzept, das dem Handeln der beteiligten Akteure auch Entscheidungsfähigkeit zugesteht, ist mit der Theoriefigur „begrenzter Rationalität" (Simon 1976) gekoppelt. Denn bei

---

[67] Vgl. zur „Transintentionalität des Sozialen" bspw. Greshoff/Kneer/Schimank (2003). Und am Beispiel von Laptop und Handy: Was anfangs begehrlich erscheint, wird möglicherweise schon bald als Fluch empfunden, denn die Arbeit kann außerhalb der örtlichen Betriebsstätte mühelos weitergeführt werden. Dank kabelloser Internet-Technologie sogar am Sandstrand im Badeurlaub oder beim Schifahren in den Bergen.

den neuen Belastungsphänomenen scheint der Homo Oeconomicus als korporativer Akteur an seine Grenzen zu stoßen. Damit die Organisation ihren Aufgaben kurz-, mittel- und langfristig gerecht werden kann, so Berger/Bernhard-Mehlich (2002), muss sie nämlich vor allem Komplexität und Unsicherheit beherrschen:

> „Ein wesentlicher Teil der Theorie der Organisationsentscheidungen besteht dementsprechend in der Analyse der organisatorischen Mechanismen, die für die Entscheider die Komplexität und Veränderlichkeit der Umwelt reduzieren und ihn in eine vereinfachte Entscheidungssituation versetzen" (vgl. ebd.: 142).

Angesichts der Ausführungen zur subjektivierten Wissensarbeit (vgl. unter Kapitel 4) hat diese analytische Perspektive also nichts an Aktualität eingebüßt, denn „Entscheider" zu sein, setzt heute nicht mehr voraus, eine Management- oder tragende Führungsfunktion inne zu haben. Vielmehr ist jeder Wissensarbeiter in einer betrieblichen Entscheidungs-funktion, und zwar in Bezug auf den flexibilisierten, selbstorganisierten und ergebnisorien-tierten Erwerbsrahmen. Zielgenaues findet sich hierzu bei Jäger (2007), der bei seiner An-wendung von Giddens auf das „Ganzheitliche Wissensmanagement" zum Schluss kommt, dass mit der strukturationstheoretischen Perspektive vor allem der Blick für „Gegensätze in der Rationalität", für „differente Aspekte der Rationalisierung" und für „unintendierte Handlungsfolgen auf der Basis unerkannter Handlungsbedingungen" geschärft wird (vgl. Jäger ebd.: 197). *Insofern lässt sich zumindest theoretisch behaupten, dass es sich bei der freiwilligen Selbstausbeutung ebenso wie beim Burnout um beobachtbare Artefakte betrieb-licher Realität handelt, die auch dialektischen Kriterien entsprechen.*

Spätestens mit diesem Abschnitt dürfte klar sein: Gesundheitspolitische Konzepte tun gut daran, ihre Ausrichtung an ganzheitliche Unternehmensstrategien zu knüpfen.[68] Wenn-gleich eine systematische Inhaltsanalyse dieser Programme vermutlich zum Ergebnis hätte, dass die Interventionsmaßnahmen überwiegend auf der Beschäftigtenebene ansetzen und die strukturelle Unternehmensebene weitgehend ausgeblendet ist. Dies zu prüfen ist jedoch nicht mehr Ziel der vorliegenden Arbeit und bleibt deshalb als reine Hypothese stehen.

5.6 Fazit: Handlungstheoretische Klassifizierung und empirische Bodenhaftung

Das Phänomen freiwillige Selbstausbeutung wird unter Bezugnahme auf die nun vorliegen-de Analyse- und Rekonstruktionsarbeit explizit im *Inneren* des Subjekts gesucht: Über den privaten Aneignungsprozess von emanzipatorischem Arbeitsvermögen, das sich an die gesellschaftliche Organisation der Arbeit rückbinden lässt und das fest mit dem Strukturbe-griff des arbeitstätigen Subjekts verzahnt ist.

Die Instrumentalisierung und Erweiterung der Pfeiffer´schen Kategorien um das ana-lytische Element einer „Steuerungslogik" für den nicht-ökonomischen Aneignungsprozess ist vorläufig aber erst als modulare Teilleistung zu verstehen. Konkret handelt es sich dabei um den arbeitssoziologischen Baustein für ein Erklärungsmodell, das auf zwei unterschied-lichen Theorieebenen die Genese und Dynamik freiwilliger Selbstausbeutung durchdringen

---

[68] Vgl. beispielsweise den Leitfaden von Molnar/Geißer/Haiden (2002) zum „Erkennen von Stressfaktoren und Optimieren von Ressourcen im Betrieb", der gemeinschaftlich von der Wirtschaftskammer Österreich, der Bun-desarbeiterkammer und dem Österreichischen Gewerkschaftsbund herausgegeben wird.

soll. Und so kann das zusammenfassende Ergebnis der bisherigen Analyseschritte als „handlungstheoretische Klassifizierung" einer Begrifflichkeit ausgewiesen werden, die bislang weder empirisch noch analytisch eindeutig zuordenbar ist. Zwar taucht die „freiwillige Selbstausbeutung" immer wieder in den einschlägigen Debatten arbeitssoziologischer Forschung auf, systematische Begriffsarbeit erfolgte bislang aber nicht. Dies mag damit zu tun haben, dass die konflikthaltige „Ausbeutung" in der Marx´schen Theorietradition bereits erschöpfend behandelt wurde; das Kriterium der „Freiwilligkeit" hingegen ist – historisch gesehen – neu und steht in enger Verbindung zu flexibilisierten, subjektivierten und wissensbasierten Arbeitsprozessen. Insofern ist die Anbindung freiwilliger Selbstausbeutung an den Erwerbstypus der „Hochqualifizierten" ebenso wie das Rekonstruktionsergebnis zur „freiwillig geleisteten Mehrarbeit" als ambitionierter Versuch zu deuten. Dahingehend, dass sowohl der Beobachtungsstandpunkt in einer bereits gefestigten Subjektivierungsdebatte gewechselt als auch die handlungstheoretisch fundierte Analyse forciert wird. Einerseits mit Hilfe reformulierter Marx´scher Kategorien und andererseits mittels Abgrenzung zu Konzepten, die ebenfalls „akteurzentriert" arbeiten, die „biologische Triebstruktur" aber außer Acht lassen oder diesen Aspekt als stille Hintergrundannahme voraussetzen. Ausgehend von der eigenen Selbstbetroffenheit bekommen diese sub-intentionalen Mechanismen, die in einem naturalistischen sozialwissenschaftlichen Paradigma beheimatet werden, nun aber empirische Bodenhaftung. Konkret entlang von Fallbeispielen, welche zur „Subjektivierung von Arbeit" bereits vorliegen (vgl. Moldaschl/Voß 2003) und die für den Zweck der theoretischen Rekonstruktion gezielt ausgewählt wurden. Zusammenfassend erweist sich die forschungsstrategische Entscheidung, über den Aspekt der „Freiwilligkeit" die widersprüchliche Ausbeutungsbereitschaft samt ihren belastungs- und beanspruchungsrelevanten Folgen dem emanzipatorischen Aneignungskonzept unterzuordnen, jedenfalls als aufschlussreich: für die arbeitssoziologische Herangehensweise an ein Subjektivierungsphänomen und für das eigene Erkenntnisinteresse.

6 „Freiwillige Selbstausbeutung" auf der Interaktionsebene

Arbeitshandeln in flexiblen Arbeitsstrukturen ist nicht per se mit freiwilliger Selbstausbeu-tung gleichzusetzen und die freiwillige Selbstausbeutung wiederum keine zielgerichtete Intention der beteiligten Akteure. Weder externe Rahmenbedingungen noch subjektiver Wille umtreiben nämlich aus der Perspektive „nicht-ökonomischer Aneignung" den sozia-len Akteur, der sich im subjektivierten und wissensbasierten Arbeitsprozess „freiwillig selbst ausbeutet", sondern interne Triebkräfte. Und diese Kräfte arbeiten als unbewusster Vorgang auf der Subjektebene dem Arbeitsvermögen zu, das sich engagiert um die Auf-rechterhaltung autonomer Selbsttätigkeit bemüht.

Dem Anspruch, eine eigenständige Erklärungsleistung nachzuweisen, die eindeutig „eigenes" leistet, sollte dieser arbeitssoziologische Erkenntniszugang wenigstens im Ansatz gerecht werden. Der argumentative Nachweis, kritisch-würdigend und auf wissenschaftli-chen Zugewinn ausgerichtet, zeigt sich wie folgt: Auch beim eigensinnigen „Reprodukti-onshandeln" (Jürgens 2006) wird quer zu kontrolltheoretischen Konzepten argumentiert. Während Jürgens bei ihrer teilsystemisch differenten „Arbeits- und Lebenskraft" aber auf den nutzenorientierten und entscheidungsfähigen Akteur setzt, der zielgerichtet priorisiert und seine Ressourcen zwischen arbeitsweltlichen und lebensweltlichen Bezügen „aufteilt", wenn die Arbeitslast die Belastungsgrenze übersteigt, verweist der Pfeiffer´sche Aneig-nungsprozess explizit auf Mechanismen, die von den Handelnden gerade *nicht* kontrolliert werden können. Der einzige Wermutstropfen: Auch ein Deutungszugang entlang reformulierter Marx´scher Kategorien ist nur eine weitere Perspektive, die in Bezug auf subjektivierungsbedingte Belastungsfolgen neben rationalisierungskritischen und identitäts-theoretischen Konzepten um Anwendungsbezüge konkurriert. *Im zweiten Erklärungsab-schnitt wird deshalb auf die Geräumigkeit allgemeiner Sozialtheorie gesetzt. Das Erkennt-nisinteresse wandert dabei vom Inneren des Subjekts zum eigendynamischen sozialen Pro-zess, der ebenfalls „systematisch aus der Akteursperspektive argumentiert" (Mayntz/Nedelmann 1987: 667): um schließlich zu einem tragfähigen Erklärungsmodell vorzudringen, das den ganzen Aufwand rund um die freiwillige Selbstausbeutung auch rechtfertigt.*

Im Unterschied zur rein arbeitssoziologischen Herangehensweise gehen sozialtheore-tisch angelegte Forschungsperspektiven bekanntlich davon aus, dass sich soziologische Erklärungsprobleme stets auf das gleichartige Handeln vieler beziehen. Erst daraus ergeben sich nennenswerte strukturelle Effekte.[69] Dies impliziert aber, dass nicht länger die spezi-fisch-individuelle Handlungswahl des *unabhängigen Selbst* im Mittelpunkt steht, sondern der organisatorisch-strukturelle Rahmen einer flexiblen und handlungsautonomen Unter-nehmung. Und damit auch „Intentionsinterferenzen", die das Arbeitsleben mitunter etwas kompliziert machen (vgl. Schimank 2002a: 173). Denn für (fast) jede Handlung gibt es nun auch ein Gegenüber, das ähnliche oder andere Intentionen verfolgt.
In welcher Verbindungslinie stehen diese Überlegungen aber zur freiwilligen Selbstausbeu-tung? Pragmatisch formuliert: Es sollte damit gelingen, jene Widersprüche aufzufächern,

---

[69] Vgl. Esser (1999) und seine Einführungen in die „Soziologische Analyse".

die auch dem arbeitssoziologischen Kategorieninventar nicht zugänglich sind. Pfeiffer und Jäger plädieren diesbezüglich auch berechtigt für den „Brückenschlag zwischen Arbeits- und Industriesoziologie und Allgemeiner Soziologie" (Pfeiffer/Jäger (2006). Die akteurtheoretischen Redeinstrumente von Schimank (2002a) bieten sich dafür besonderer Weise an, denn die drei sozialwissenschaftlichen Weltbilder, auf die in Anlehnung an Zürn (1992) schon mehrfach hingewiesen wurde, liegen bei Schimank gleich in „gebündelter Fassung" vor. Mit Zürns Hintergrundinformation zur Theoriebildung ist eine analytische Trennung aber jederzeit möglich, denn Schimanks Instrumentenkoffer ist gut sortiert und damit vielfältig einsetzbar:

- Die vier Akteurmodelle (Homo Oeconomicus, Homo Sociologicus, Identitätsbehaupter und „emotional man") erlauben sparsame Modellierung, denn sie adressieren Handlungswahlen auf der Mikroebene an teilsystemische Situations- und Selektionslogiken.
- Die drei Konstellationstypen (Beobachtungs-, Beeinflussungs- und Verhandlungskonstellation) bestätigen sich als geeignete Suchhilfen, um strukturdynamischen Prozessen in der Sozialdimension nachzugehen.

Was allerdings im Hinblick auf die Rekonstruktionsarbeit zur freiwilligen Selbstausbeutung *für* Schimank und gegen alternative sozialtheoretische Entwürfe spricht (wie etwa den viel rezitierten Giddens), argumentiert sich unterstützend mit Neuberger (1995): *Es ist nicht möglich, „aus der Strukturationstheorie unmittelbar prüfbare Hypothesen für mikropolitische Studien abzuleiten"; diese Hypothesen müssen viel mehr auf der Basis von Giddens' Überlegungen kreiert werden (vgl. ebd.: 318).* Jene Übersetzungsarbeit, die Giddens dem Anwender also abfordert, kann folglich zu Lasten eigener Theoriearbeit gehen. Denn die schöpferische Kraft, die man nebst einer ordentlichen Portion Hartnäckigkeit für eigene Theoriemodelle benötigt, geht auf der Wegstrecke, auf der man Giddens *abarbeitet, zerlegt und wieder in seine Projekte einarbeitet,* womöglich verloren. Oder argumentiert im Jargon der Rational-Choice-VertreterInnen: Die Ressourcen sind auch bei intellektueller Arbeit begrenzt. Für Schimank spricht diesbezüglich, dass die einfache Handhabung seiner Instrumente das „bildgebende Verfahren" beschleunigt, das bei der Rekonstruktion undurchsichtiger Phänomene „Licht ins Dunkel der Verhältnisse" bringen kann.

Neben einer transparenten Theoriearchitektur überzeugt Schimank vor allem durch die konsequente Rückbindung seiner Ausgangsinteressen an differenzierungstheoretische Perspektiven.[70] Dieser Zugang lenkt die offenen Fragen zur freiwilligen Selbstausbeutung auf recht direktem Wege zur Nutzenkomponente und zum Entscheidungsraum eines „Homo Oeconomicus", dem sein *Wollen* in großen Teilen gesellschaftlich vorgezeichnet ist. Bedeutsam ist dies auch deshalb, weil das individuelle Wollen nicht auf der Subjektebene verharrt, sondern auf die Absichten weiterer Akteure stößt: Ob und wie lange sich Projektleiter A gegen Projektleiter B durchsetzen wird, und in welches betriebliche Abhängigkeitsgefüge beide eingebunden sind, spielt im Hinblick auf die individuelle Interessensrealisierung eine erhebliche Rolle. Hier formieren sich nämlich „Akteurkonstellationen", die bewirken, dass der Einzelne „bestimmte Intentionen nicht monologisch verfolgen kann, sondern auf die Koordination mit anderen angewiesen ist" (Schimank 2000: 244). Womit folgende Leitfragen diesen letzten Erklärungsabschnitt kennzeichnen: *1) Welche Hand-*

---

[70] Vgl. zur differenzierungstheoretischen Gesellschaftsbeschreibung Schimank (2000/2005a).

lungsantriebe und welche Handlungsbedingungen leiten – analytisch reduziert - hochquali-fizierte Akteure, die sich im Kontext autonomer Arbeitsverhältnisse freiwillig selbst ausbeu-ten? 2) Welche Struktureffekte fördert das spezifische Handeln freiwilliger Selbstausbeu-tung im Zusammenwirken mit anderen zu Tage?

6.1 Strukturdynamisches Analyseraster für Subjektivierungsfolgen

Ausgerichtet an Hochqualifizierten, die „Wissensarbeit" leisten und denen Subjektivität abverlangt wird, konzentrierte sich das in Kapitel 5 vorgestellte „aneignungstheoretische Analyseraster" auf die Ebene des arbeitstätigen Subjekts. Denn mit der Kategorie „Arbeits-vermögen" (erweitert für den Zweck theoretischer Rekonstruktion) lässt sich das Subjekti-vierungsphänomen freiwillige Selbstausbeutung auch als biologischer Steuerungsmecha-nismus ausmachen und an das Autonomiestreben menschlicher Gattungstätigkeit rückbin-den.

Wird freiwillige Selbstausbeutung aber „interaktiv gestellt", muss das Interdepen-denzsystem, in dem dieses unverständliche und irrationale Verhalten stattfindet, typisiert werden. Das heißt, es ist zu klären, warum Akteure miteinander kooperieren (oder nicht) bzw. welches Interesse Erwerbstätige an einer funktionierenden Arbeitsbeziehung haben. Des Weiteren gilt es zu prüfen, welcher pfadabhängige Prozess diese Entwicklung auf der organisationalen Ebene antreibt und weiterführt.

Den Ausgangspunkt dieser strukturdynamischen Analyse bestimmt ein sozialer Ak-teur, der die „prinzipielle Wahlmöglichkeit" auf Eigenbestimmtheit hat, und zwar sowohl hinsichtlich seiner Ziele als auch in Bezug auf seine Handlungsmotivation (vgl. Zürn 1992: 124-126). Der sub-intentionale Mechanismus freiwilliger Selbstausbeutung, der dem Er-werbstätigen bei „Übersteuerung" auch Schaden zufügen kann (ob Burnout-Anzeichen oder totaler Zusammenbruch) wird damit von den Überzeugungen und Intentionen eines ent-scheidungsfähigen Akteurs überlagert. *Dieser Akteur ist differenzierungstheoretisch in eine arbeitsweltliche Umgebung eingebettet und verfolgt rational und eigennützig seine Interes-sen.* Das nachfolgende Schaubild, das die freiwillige Selbstausbeutung an den Handlungs-antrieb eines Homo Oeconomicus koppelt, ist folglich das strukturdynamische Pendant zum aneignungstheoretischen Analyseraster: Ein externalisiertes Denkmodell, das den akteur-strukturdynamischen „Rekonstruktionsplan" inhaltlich auf Linie bringen soll, um analytisch wie empirisch nachzuzeichnen, wie sich das Schwungrad freiwilliger Selbstausbeutung – wie von selbst – in Bewegung setzen kann. Und zwar trotz oder besser gerade mit Akteu-ren, die nicht nur handlungsfähig, sondern dazu noch hoch kompetent sind. Die Bereit-schaft, freiwillig und unbezahlt Mehrarbeit zu leisten und sich über Gebühr zu engagieren, wird deshalb a) in das Referenzumfeld einer formalen Arbeitsorganisation gestellt, um b) aufbauend auf einem modifizierten Homo Oeconomicus den sozialen Kontrollmechanis-men nachzuspüren, die flexibilisierte Arbeitsformen gemeinhin (auch) auszeichnen:

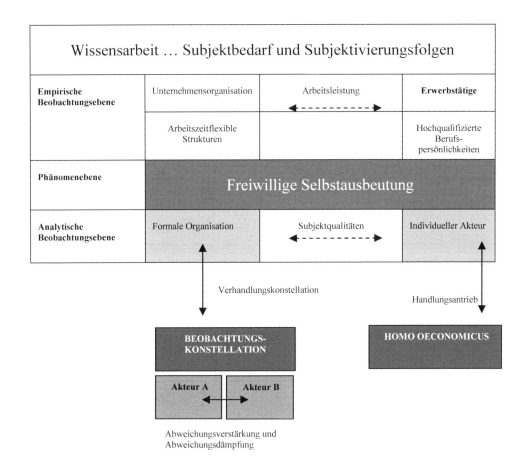

Abbildung 5:   Strukturdynamisches Analyseraster für belastungs- und
                  beanspruchungsrelevante Subjektivierungsfolgen

6.2 Zur Situations- und Selektionslogik von hochqualifiziert Erwerbstätigen

Mit Schimanks *Akteur-Struktur-Dynamik* wird nicht nur der Interpretationsrahmen für die
Eigenlogik freiwilliger Selbstausbeutung erweitert, es wird vor allem die biologische Triebstruktur wieder relativiert, die bis anhin den Analyseschwerpunkt bestimmte. Unterstellt
man nämlich den hochqualifizierten Akteuren im Sinne eines Weber'schen Idealtypus *Entscheidungsfähigkeit* und einen Handlungsantrieb, der rational und eigennützig ausgerichtet
ist, dann erschließt sich für die freiwillige Selbstausbeutung eine brauchbare und zugleich
teilsystemisch bestimmte Situations- und Selektionslogik: Diese stellt Erwerbstätige in ein
ökonomisches Abhängigkeits- und Wettbewerbsverhältnis, das nebst Einkommen auch
Karrierechancen und Beschäftigungssicherheit verspricht sowie neuerdings auch mehr

Aussicht auf Unabhängigkeit im Hinblick auf betriebliche Kontrolle. Für dieses Gesamt an „sinnhaften" Versprechungen scheint sich ein fast ungebremster Arbeitseinsatz offensichtlich für viele zu lohnen. Die teilsystemische Codierung des Homo Oeconomicus soll deshalb entlang differenzierungstheoretischer Eindrücke ausführlicher behandelt werden. Vor allem dort, wo für den Handlungsantrieb freiwilliger Selbstausbeutung Erklärungspotenzial vermutet wird.

Differenzierungstheoretische Rückendeckung für den Homo Oeconomicus
Wenn Schimank sein Erkenntnisinteresse an den komplexen Theorien gesellschaftlicher Differenzierung ausrichtet[71], so hat diese Perspektive vor allem die rasant fortschreitende, berufliche Arbeitsteilung beleuchtet, und zwar als Folge technisch vorangetriebener Spezialisierung von Arbeitstätigkeiten, soziologisch als „Rollendifferenzierung" fassbar (Schimank 2000: 10). Ausgehend vom Bereich der Wirtschaft, so Schimank, wurde dieser Vorgang schon bald auch in anderen Gesellschaftsbereichen beobachtet, insbesondere dort, wo große Organisationen wie das Militär oder das Gesundheits- und Bildungswesen angesiedelt waren. Im Wesentlichen geht es bei diesem soziologischen Interesse aber um die Beobachtung von Differenzierungsvorgängen „in teilsystemischen Orientierungshorizonten oder institutionellen Ordnungen" (ebd.: 248). Zur Erklärung dieser Vorgänge werden Akteurkonstellationen hinzugezogen, die dann „im Wechselspiel mit den anderen beiden Dimensionen jene Vorgänge erzeugen, die unter dem Konzept der Differenzierung zu fassen sind" (ebd.). So vor allem auch die „teilsystemische Ausdifferenzierung", mit der spezialisierte, gesellschaftliche Handlungs- und Operationslogiken beobachtbar werden. Und damit auch die einheitsstiftende Handlungslogik in der wirtschaftlichen Systemeinheit *Arbeitsorganisation*.

Überwiegend konzentrieren sich differenzierungstheoretische Erklärungen aber auf die Zwiespältigkeit der Moderne und auf die daraus resultierenden Effekte. Das *Zwiespältige* für den individuellen Akteur identifiziert Schimank zwischen den Polen „Selbstverwirklichung von Individualität" auf der einen und der „Entfremdung und Orientierungslosigkeit" auf der anderen Seite; die Pole aus der Sicht des gesellschaftlichen Ganzen sieht er hingegen in der „Rationalisierung der Teilsystemlogiken" und der „Desintegration der Gesellschaft" (Schimank 2000: 12).[72] In diesen Zusammenhang ist auch das Konzept der „Sozialintegration"[73] gestellt, das die „geordneten oder konfliktgeladenen Beziehungen der Han-

---

[71] Die Differenzierungstheorien haben sich ebenso wie die Theorien sozialer Ungleichheit als Hauptlinien der Gesellschaftstheorie etabliert: Beide verfolgen das Ziel, die moderne Gesellschaft zu beschreiben (vgl. hierzu mit Überblick und Einführung Schimank 2000/2005a).

[72] Vgl. hierzu auch die differenzierungstheoretische Gegenüberstellung bei Schimank (2000: 205-219): Im Sinne einer statischen und einer dynamischen Betrachtung der funktional differenzierten Gesellschaft analysiert er die unterschiedlichen Sichtweisen von Systemtheoretikern und Akteurtheoretikern. Aufbauend auf den differenzierungstheoretischen Ideen der soziologischen Klassiker widmet er sich in Bezug auf die Systemtheorie umfassend der Perspektive Luhmanns, aber auch jener von Parsons, während bei der Akteurtheorie vor allem die Perspektive von Norbert Elias beleuchtet wird. Schimank selbst nimmt eine Argumentationsposition ein, welche die Akteur-Struktur-Dynamik betont und in einem komplementären Sinne bestrebt ist, das Erklärungsdefizit systemtheoretischer Analysen auszugleichen.

[73] Vgl. hierzu Lange/Schimank (2004: 16): Die Autoren verwenden den Begriff der „Störungsquellen", um herauszustellen, dass die von Lockwood (1969) eingeführte Unterscheidung von „Sozialintegration" und „Systemintegration" völlig andersartige Aspekte gesellschaftlicher Integration bezeichnet: Bei der *Sozialintegration* geht es um die Integration der einzelnen Gesellschaftsmitglieder als Personen in die Gesellschaft, und die *Systemintegration* stellt auf die Integration der verschiedenen Teilsysteme ab, wie etwa auf die Wirtschaft, die Politik oder auch auf das Gesundheitswesen.

delnden eines sozialen Systems" fassen soll (Lockwood 1969: 125). Und das auch in der Erweiterung zur „Systemintegration" (ebd.) in der Lage wäre, den brisanten Aspekt der *Exklusionsrisiken* aufzugreifen; denn damit sind all jene konfrontiert, bei denen die freiwillige Selbstausbeutung bereits Geschichte und das finale Burnout-Szenario, die Arbeitsunfähigkeit, längst bittere Realität ist.

Wenngleich sich also schon jetzt feststellen lässt, dass Schimanks akteurtheoretische Schubladen, wie er diese selbst bezeichnet, zwar verständlich mit den *Akteurmodellen* auf der einen und den *strukturdynamischen Prozessmodellen* auf der anderen Seite angeschrieben sind, muss doch der Rat beherzigt werden, den der Autor ohnedies mit auf den Weg gibt: gemessen am Erklärungsproblem bei der Auswahl der theoretischen Werkzeuge keinen unnötigen Aufwand zu betreiben und damit erklärungsökonomisch zu verfahren. Am Beispiel des nutzenorientierten Akteurs: „Für gar nicht so wenige Probleme reicht ein sehr simpler Homo Oeconomicus als Erklärungsmodell völlig aus" (Schimank 2002a: 106). Was aber nicht daran hindern sollte, diesen Homo Oeconomicus theoretisch anzureichern und das „Mikromodell freiwilliger Selbstausbeutung" gezielt im Kontext gesellschaftlich organisierter Arbeit zu verorten.

Der „Mitgliedschaftsaspekt" formaler Arbeitsorganisationen
Die Arbeitsorganisation ist durch ihre Rückgebundenheit an gesamtgesellschaftliche Interessen angehalten, für die Mitglieder dieser Gesellschaft teilsystemische Leistungen in Form von Gütern oder Dienstleistungen bereit zu stellen, und dies möglichst verlässlich. Sie ist dabei auf menschliche Arbeitskraft, respektive auf das Arbeitsvermögen der Erwerbstätigen angewiesen. Hinsichtlich der Interessensdimension verausgabungsbereiter Akteure ist es deshalb auch zielführend, auf Luhmanns systemtheoretisches Konstrukt der „Mitgliedschaft" einzugehen (vgl. Luhmann 1999: 39-53, weiters Luhmann 2000: 80-122). So regelt die formale Arbeitsorganisation die Mitgliedschaftsmotivation über Geldzahlungen. Oder mit Schimank: „Eine Person muss sich zur Mitgliedschaft entscheiden, und die Organisation muss sich für die Person als Mitglied entscheiden; und nur wenn beide Entscheidungen so getroffen werden, ist Mitgliedschaft gegeben" (Schimank 2005b: 224). Wobei sich das besondere Merkmal dieser Konstellation darin zeigt, dass die beidseitige Mitgliedschaftsentscheidung nicht nur zu Beginn ansteht, sondern beständig kommunikativ und bewusstseinsförmig aktualisiert werden muss. Insofern dürfte das Gewahrwerden freiwilliger Selbstausbeutung diese „freiwillige" Entscheidung auf Erwerbstätigenseite vermutlich auf eine harte Probe stellen. Zumal sich unter dem Dach der Mitgliedschaft unterschiedliche Motivunterstellungen subsumieren und – differenzierungstheoretisch erklärbar – wieder relativieren lassen. Diese Relativierung reicht von der „ökonomischen Nutzenkalkulation" über die Varianten von „Normbindung" bis hin zum „Karriereinteresse" (Luhmann 2000: 110). Die drei Komponenten wiederum eint, dass die jeweilige Motivverfolgung offen und abhängig von den individuellen Bestimmungen einer Person ist. Ungeachtet dessen muss sich jedes Organisationsmitglied also immer wieder aufs Neue fragen, ob es bereit ist, den Verhaltenserwartungen zuzustimmen, mit denen die Arbeitsorganisation aufwartet, oder ob etwaige „Zumutungen" unter dem Gesichtspunkt der anfallenden Kosten abzulehnen sind (vgl. hierzu Luhmann 1999). Denn überspitzt formuliert mit Schimank: „Konformität wird durch die letztinstanzliche negative Sanktion des Ausschlusses aus der Organisation erzeugt" (Schimank 2005a: 225). Diese kompromisslose Sicht der Dinge wiegt vor dem Hintergrund freiwilliger Selbstausbeutung aber gleich doppelt, denn der

Einzelne realisiert hier nicht nur seine Leistungsgrenzen, sondern auch den *Zwang der Verhältnisse*. Die lebensweltlichen Ansprüche und Optionen sind nämlich eng verzahnt mit dem teilsystemischen „Zugangscode" einer kapitalistischen Marktwirtschaft.

6.2.1 Teilsystemischer Sinnhorizont und interdependente Handlungslogik

> „Sowohl nach ihrer Genese (Gesellschaftsordnung ist das Resultat vergangenen menschlichen Tuns) als auch in ihrer Präsenz in jedem Augenblick (sie besteht nur solange menschliche Aktivität nicht davon ablässt, sie zu produzieren) ist Gesellschaftsordnung als solche ein Produkt des Menschen" (Berger/Luckmann 1999: 54).

An Berger/Luckmann anknüpfend, lässt sich aus dieser Ordnungsperspektive ableiten, dass auch arbeitsweltliches Handeln nicht einfach im luftleeren Raum stattfindet, sondern in soziale Strukturen eingebettet und von „gesellschaftlichen Strukturdimensionen" geprägt ist: Während der teilsystemische Orientierungshorizont dem *Wollen* der Akteure eine grundlegende Richtung gibt, definiert die institutionelle Ordnung das *Sollen* und die jeweilige Akteurkonstellation schließlich das eigentliche *Können* der Beteiligten (vgl. hierzu Schimank 2000: 241-248). Luhmann spricht in diesem Zusammenhang vom „binären Code"[74], dem das teilsystemische Handeln folgt. Der Erklärungskraft des Codes bedient sich auch Schimank. Stark vereinfacht und auf das Wirtschaftssystem übertragen lässt sich mit diesem Konzept nämlich nachzeichnen, dass die Handlungslogik in diesem Bezugsrahmen vom zweiwertigen Leitprinzip „Zahlen/Nichtzahlen" und damit vom Profitstreben im Sinne der eigenen Zahlungsfähigkeit dominiert wird. Die Ausrichtung der gesamten Handlungen steht folglich unter dem Diktum eines Positiv-Negativ-Werts von Gewinn und Verlust. Und weil im Hinblick auf die beteiligten Akteure „jeder den anderen gemäß der jeweiligen teilsystemischen Handlungslogik behandelt, bleibt diesem normalerweise nichts anderes übrig, als sich selbst dieser Logik zu fügen" (vgl. Schimank 2000: 244).

Für den Erwerbstätigen hat dies zur Folge, dass er sich ebenfalls profit- und gewinnorientiert bewegen muss; schließlich ist das die einzige Möglichkeit, selbst von den Leistungen einer Arbeitsorganisation profitieren zu können. *Handlungssinn* ergibt sich für den Akteur aber nicht allein über den binären Code, denn jedes Teilsystem verfügt auch über entsprechende „Programme" (Luhmann 1990: 89-100). Diese Handlungsprogramme sind „vorgegebene Bedingungen für die Richtigkeit der Selektion von Operationen" (ebd., 91) und manifestieren sich mit Schimank als „Erwartungsstrukturen" (Schimank 2000: 162) bzw. „institutionelle Ordnungen" (Schimank 2005b: 41). Darunter fallen allgemein gültige Regeln wie das Arbeitsrecht oder unternehmensspezifische Reglementierungen wie der mitarbeiterbezogene Arbeitsvertrag. Aber auch informelle Regelungen sind hier gemeint, wie beispielsweise das ungeschriebene Gesetz, dass die Zeitpolster aus geleisteten Überstunden nicht an Randtagen abzubauen sind. Damit lässt sich nämlich unterbinden, dass aufgrund langer Wochenenden unter der Hand Urlaub angespart wird.

Mit Coleman beruht die formale Organisationsstruktur damit auf *interdependenten Handlungen* und besteht „aus einer Menge von Regeln und Anreizen, die die Entstehung

---

[74] Vgl. hierzu Luhmann (1984): Als Systemtheoretiker bettet er das Konzept des *binären Codes* (als Differenzierungsprinzip unterschiedlicher gesellschaftlicher Teilsysteme) in die Autopoiesis-Perspektive auf soziale Systeme ein. Das Autopoiesis-Konzept (= Selbstherstellung) beruht auf den Forschungen der Neurobiologen Maturana/Varela (1975).

asymmetrischer Interdependenzen zur Folge haben" (Coleman 1991: 26). Dieses asymmetrische Abhängigkeitsgefüge zwischen Arbeitgeber und Arbeitnehmer ist zugleich die *Konstellationsstruktur*, welche wesentlich die *Könnensdimension* von berufstätigen Akteuren bestimmt: Der abhängig Erwerbstätige weiß zum Beispiel, dass er nicht nur Verhaltenserwartungen zu erfüllen hat, sondern bei Zielerreichung (ob nun Umsatzziel, Terminziel oder aufgabenbezogenes Ziel) seine eigenen Gewinnerwartungen absichern und weiter ausbauen kann; sei dies nun das Einkommen, die Karriere oder ganz allgemein die Arbeitsplatzsicherheit. Umgekehrt riskiert ein Erwerbstätiger bei Nichterreichung der Zielvorgaben, dass er all diese attraktiven Möglichkeiten aufs Spiel setzt. Es liegt also im Eigeninteresse der Beschäftigten, das Tauschverhältnis aufrecht zu erhalten und den Vorstellungen der Arbeitsorganisation durch entsprechendes Arbeitshandeln Folge zu leisten. Dass die Verhaltenserwartungen zunehmend gewagter werden, ist indessen keine leere Vermutung Schimanks, sondern entspricht ganz offensichtlich der empirischen Wirklichkeit, von der hier permanent gesprochen wird.[75]

Das theoretische Bezugsproblem aber, das dieser hierarchischen Verpflichtungs- und Erwartungssituation zugrunde liegt, definiert Schimank als „Problem der Interdependenzbewältigung". Dabei geht es um die Fragestellung, wie Akteure, die mit bestimmten Interessen, Handlungsstrategien und Einflusspotenzialen ausgestattet sind und in sozialen Situationen aufeinander treffen, durch ihre Interessensverfolgung Handlungsverkettungen und, daraus hervorgehend, gesellschaftliche Strukturen erzeugen, die weiteres Handeln dann prägen (Schimank 2005a: 79). Die minimale Grundlage einer Akteurkonstellation sind mit Coleman denn auch mindestens zwei Akteure, „die jeweils Ressourcen kontrollieren, an denen der andere interessiert ist" (Coleman 1991: 36). Die Ressourcen des Arbeitgebers manifestieren sich diesbezüglich in Erwerbsmöglichkeiten und Karrierechancen, während die Erwerbstätigen über das ökonomisch begehrte Arbeitsvermögen verfügen. Darin spiegelt sich in Erweiterung zur oben zitierten „Mitgliedschaftsmotivation" auch die „Zweck-Motiv-Trennung" wider, die Luhmann herausgestellt hat (Luhmann 1999: 89-108): Hier wird der Arbeitsorganisation zugestanden, dass sie die Möglichkeit haben muss, „die organisatorische Zwecksetzung und die Motive der Mitarbeiter trennen zu können" (vgl. hierzu erklärend Schimank 2002a: 317). Ein Unternehmen baut sich als teilsystemische Trägerschaft folglich eine Vielzahl von bilateralen Verhandlungskonstellationen auf: konkret zwischen jedem Mitarbeiter und der Organisation. Wobei jede der Verhandlungskonstellationen letztendlich zu einer eigenen bindenden Vereinbarung führt, dem jeweiligen Arbeitsvertrag (vgl. Schimank ebd.). Als extreme Form der Interdependenzbewältigung nennt Schimank deshalb auch die „exit-Gelegenheit", mit der die betreffende Interdependenz kompromisslos abgekappt werden kann (Schimank 2005a: 34). Wobei dies gerade „Burnout-Schicksalen" oftmals als letzte Handlungsalternative scheint, um der belastenden Arbeitssituation zu entkommen.[76]

Aus dieser Weitwinkelperspektive sind betriebliche Organisations- und Kontrollstrukturen also nichts anderes als soziale Abhängigkeitsstrukturen und damit das Ergebnis von handelndem Zusammenwirken: ein „Sozialprodukt", dynamisch geformt aus Aktion und Reaktion der Beteiligten, und aufgespannt auf einer Matrix teilsystemischer Sinnhorizonte. So ist weiter gedacht mit Esser (1999) *Gesellschaft als soziales System* kein fest gefügter,

---

[75] In diesem Zusammenhang genügt auch ein Blick auf die Stellenanzeigen für anspruchsvolle Tätigkeiten und hoch dotierte Positionen.
[76] Vgl. hierzu die Bewältigungsbeispiele zu *Ausbrennen* und *Überdruss* bei Pines et. al (2000).

stabiler Block, der den Individuen als „Wesen sui generis" oder als Struktur gegenüber-steht, sondern ein durch und durch fragiler und instabiler Vorgang (vgl. Esser ebd.: 470-471). Zurückführend auf diese grundsätzliche Instabilität sowie der Weltoffenheit des Men-schen fungiere die Gesellschaft damit auch als der allgemeinste jeweils denkbare „Sinnzu-sammenhang", innerhalb dessen spezielle soziale Gebilde gesteuert und strukturiert wür-den. Die Frage, wie dem „drohenden Sinnverlust" entgegenzuwirken ist, liefert daher auch die Gesellschaft selbst, denn sie bietet einen nicht mehr antastbaren, unverrückbaren Rah-men der Sinngebung, und zwar für das individuelle Handeln und für die einzelnen Instituti-onen (vgl. Esser ebd.).[77]

Wenn mit Esser nun der „sakralisierte Rahmen des gesellschaftlichen Sinnzusammen-hangs den Menschen alle speziellen Institutionen und Geschehnisse erklärt und legitimiert" (ebd.: 477), müsste dies auch für die individuelle Handlungswahl der freiwilligen Selbst-ausbeutung Gültigkeit haben: Ordnet doch dieser Orientierungsrahmen (auch bei Esser unter Rückgriff auf Luhmann) alle Vorgänge entlang eines bestimmten und unantastbaren Leitmotivs und macht somit „Ungleichheiten, Entbehrungen, Leiden, Opfer und Hingabe" nicht nur erträglich, sondern sogar sinnvoll – und oft genug zum „leidenschaftlich verfolg-ten eigenen Anliegen der Menschen" (vgl. Esser ebd.). Ab dem Zeitpunkt, ab dem dieser einheitliche, institutionelle Rahmen einmal existiere, sei die Befolgung von Vorgaben ge-sellschaftlicher „Plausibilitätsstrukturen" nämlich eine unabdingbare Voraussetzung zur Erreichung aller wichtigen Ziele der Menschen (ebd.: 478).

Warum sollte sich dieser Plausibilitätsfaktor also nicht auch auf das Phänomen der freiwilligen Selbstausbeutung übertragen lassen? Differenzierungstheoretisch gesehen spricht zumindest einiges dafür, dass angesichts des hier dargestellten „teilsystemischen Arrangements" sogar die widerspruchsvolle Selbstausbeutung dem eigenen Profitstreben untergeordnet wird. Wobei sich auch mit Luhmanns „Anspruchsindividualismus" in diese Richtung argumentieren lässt. Verbunden ist damit nämlich die Frage, wie die Menschen heute eine subjektiv sinnhafte Identität konstruieren (vgl. hierzu Luhmann 1984: 362-367). Luhmanns Antwort: Dies gehe so vor sich, dass die Individuen sich selbst durch Ansprüche definieren, die sie an verschiedene gesellschaftliche Teilsysteme richten. Für ambitionierte Hochqualifizierte spielt insofern auch der „Karriere-Anspruch" eine herausragende Rolle: Diese Karriere leistet mit Luhmann nämlich „einen Beitrag zur Selbst-Entwicklung, zur Festigung einer Identität, die man auch Unbeteiligten vorzeigen kann" (Luhmann 2000: 107). Das individuelle Identitätsstreben eines Erwerbstätigen nimmt folglich in der öffentli-chen Symbolik des Karrierekonzepts Gestalt an. Karriere bringt zum Ausdruck, „wie weit man es gebracht hat" (Luhmann ebd.). Oder eben nicht. Wenn sich etwa die Führungsfunk-tion noch immer auf das Einarbeiten von neuen Mitarbeitern beschränkt, wenn in der Lo-kalpresse bis heute keine namentliche Erwähnung erfolgt ist oder wenn sich der Headhun-ter, der im Auftrag interessanter Unternehmen die „high potentials" rekrutiert, noch immer nicht gemeldet hat. Bis hin zum „worst case", rationalisierungsbedingt die Arbeitsstelle zu verlieren und als Versager dazustehen. Karriere erschließt sich damit über den systemtheo-

---

[77] Der *soziologische Institutionalismus* zeigt sich mit Esser in der Tradition von Arnold Gehlen, Helmuth Plessner sowie Peter L. Berger/Thomas Luckmann stehend und damit auch in der Theorietradition soziologischer Anthro-pologie. Eine gesellschaftstheoretisch gestützte Entsprechung der beiden Herangehensweisen zur Bearbeitung freiwilliger Selbstausbeutung ist somit gegeben (der arbeitssoziologischen durch die anthropologisch bestimmte Aneignung auf der einen und der differenzierungstheoretischen angelegten Akteurkomponente auf der anderen Seite).

retischen „Integrationsmodus" bei Luhmann (ebd.: 101) als *institutionalisierte Anspruchs-individualisierung* im beruflichen Kontext. Eine *individualisierte Identität* wiederum trägt dazu bei, „ein sinnerfülltes Leben führen zu können" (Schimank 2005a: 244). Und damit dürfte wohl in besonderer Weise die Berufsidentität gemeint sein. *Ungeachtet dieser gesell-schaftstheoretisch-substanziellen Ansätze müssen aber noch andere theoretische Bedingungen auszumachen sein, mit denen sich das „situations- und selektionslogische Universum eines überengagierten Homo Oeconomicus" festschreiben lässt.*

6.2.2   Der „attraktive Job": Reflexive Interessen und Opportunitätskosten

Wenn Esser von der „Logik der Situation spricht", meint er damit eine ganz besondere Art der Beziehung zwischen Situation und Akteur. Im ersten Schritt einer Erklärung gehe es nämlich, ausgehend von den Randbedingungen, um die „Rekonstruktion der sozialen Situation", der sich die Akteure ausgesetzt sehen (Esser 1999: 94). Welche Strukturelemente diese Situation aber theoretisch generalisiert bestimmen, warum also Akteure in den unterschiedlichsten Situationen (über die anthropologische Notwendigkeit hinaus) in der Regel so und nicht anders handeln, beschreiben in eindrücklicher Weise Schimanks „soziologische Akteurmodelle"[78]. Durch seine Anlehnung an Esser sind diese Akteurmodelle brauchbare Theorien, die eine „Verknüpfung von Logik der Situation und Logik der Selektion leisten" (vgl. Schimank 2002a: 19; Hervorh. weggel.).

Nachdem das „Epizentrum" freiwilliger Selbstausbeutung bei den flexiblen Arbeitsformen lokalisiert werden kann, genügt hier aber das Wissen, dass sich soziologische Akteurmodelle als „komplexitätsreduzierende Instrumente" einsetzen lassen: Arbeitsorganisationen adressieren als handlungsprägende und geschlossene Sozialsysteme nämlich die individuellen Akteure „in einer spezifischen Kombination von homo sociologicus und homo oeconomicus" (Schimank 2001: 25). Primär und dauerhaft wird dabei mit Schimank der Homo Sociologicus als *Normbefolger* angesprochen, denn dieser zeigt Konformität mit den organisatorischen Erwartungsstrukturen und damit auch mit den institutionellen Ordnungsmustern. *Weil die Organisation aber nicht davon ausgehen kann, dass es ihr gelingt, in ausreichendem Maße diese Normkonformität herzustellen, muss sie sich damit begnügen „den homo sociologicus im Schlepptau des homo oeconomicus vorzufinden" (ebd.).*[79] Und dieser Homo Oeconomicus handelt in erster Linie nutzenorientiert und zweckrational. Womit die individuell getroffene „Wahlentscheidung" analytische Leitfunktion übernimmt.

Ausgehend vom theoretischen Kern des jeweiligen Akteurmodells gibt es bei Schimank „nach rechts und nach links" ausreichend Bewegungsfreiheit. Das heißt, dass sich der Homo Oeconomicus in Bezug auf seine Einsatztauglichkeit gleichermaßen optimieren wie auch relativieren lässt. Für die Rekonstruktion von theoretisch generalisierbaren Rahmenbedingungen, in denen freiwillige Selbstausbeutung stattfindet, kann dies nur positiv beurteilt werden. Immerhin verweist dieses widerspruchsvolle Phänomen auf Situations- und Selektionslogiken, in denen Hochqualifizierte – aller Vernunft zum Trotz – mit selbstzerstörerischem Engagement ihre Arbeit verrichten. *Daher konzentrieren sich die nächsten*

---

[78] Vgl. zu den vier Akteurmodellen „Homo Sociologicus", „Homo Oeconomicus", „emotional man" und „Identitätsbehaupter" ausführlich bei Schimank (2002a).

Analyseschritte auf die Frage, wie weit ein modifiziertes Rationalitätskonzept reichen kann, damit die „irrationale" freiwillige Selbstausbeutung erklärt wird; und zwar ausgehend von der „nutzenorientierten Wahlentscheidung", die das soziale Vis-á-vis vorerst nur indirekt berücksichtigt.

Generalisierbare Interessen
Eine mögliche Antwort darauf, warum ein nutzengetriebener Berufsmensch scheinbar bedingungslos bereit ist, sich grenzenlos zu verausgaben, liefert in der argumentativen Fortsetzung zur teilsystemischen Handlungslogik das Konzept der „reflexiven Interessen" (vgl. hierzu Schimank 2005a: 153/154; ebenso Schimank 2002a: 104/105). Diese typisierte Nutzenkomponente ist gewissermaßen der Generalschlüssel, mit dem man sich sowohl praktisch wie theoretisch Zugang zum *Wollens*-Horizont seines Gegenübers verschaffen kann (vgl. Schimank 2005a: 154). Schimank theoretisiert hier Bedingungen, die sich ganz generell auf die Realisierungsmöglichkeit spezifischer Interessen beziehen. Die Richtungen, die er ausmachen kann, beziehen sich dabei auf rationale Nutzenoptimierer, die im Wesentlichen drei große Ziele im Auge haben: Es geht 1) um die *Ausdehnung der Interessensrealisierung*, 2) um die *Dominanz in einer gegebenen substanziellen Interessenssphäre* und schließlich 3) auch darum, die eigene *Entscheidungsautonomie zu vergrößern* und damit die Kontrolle über die eigene Interessensrealisierung zu erweitern (ebd.).

Am Beispiel eines Grafikdesigners: Wenn dieser, ergänzend zum Agenturvorschlag, am Wochenende ein alternatives Kampagnenkonzept ausarbeitet, lassen sich ganz konkrete Nutzenüberlegungen für ein derartiges Zusatzengagement ausmachen. Dieser Mitarbeiter nutzt die Chance, sich seinen Kollegen gegenüber sichtbar abzugrenzen und ganz oben (beim Management) zu punkten. Vielleicht kann er über die grafischen Kompetenzen hinaus auch spezifisches Erfahrungs- und Marketingwissen transportieren, was sonst im Tagesgeschäft untergeht. Gesetzt den Fall, der Vorschlag kommt besser als jener der Agentur an, hat der Grafikdesigner sein „standing" jedenfalls sichtbar aufgewertet und demonstriert, dass er in gewisser Weise unentbehrlich ist. Und nachdem er jetzt Karriereziele wesentlich verhandlungsstärker platzieren kann, hat er zugleich seine Entscheidungsautonomie vergrößert. Kann er diese Perspektiven nämlich nicht entsprechend einfordern, wird er selbstbewusst auch einen Arbeitsplatzwechsel in Betracht ziehen.

In diesem Zusammenhang ist auch festzuhalten, dass der „lagespezifische Lebensstil" die Nutzenkomponente eines Akteurs kennzeichnet. Schimank verweist diesbezüglich auf Weber (1921/1980: 177-180), der betont, dass „Klassenlage" und „sozialer Stand" nicht nur die Handlungsmöglichkeiten einer Person bestimmen, sondern auch das, was entlang der objektiv gegebenen Möglichkeiten überhaupt als subjektiv erstrebenswert erscheint (vgl. hierzu zitierend Schimank 2002a: 103). Insofern kann man davon ausgehen, dass den Arbeiter in der taktgesteuerten Fertigung bis heute andere Interessen leiten als den Angestellten: sei dieser Angestellte nun „Sekretär zur Jahrhundertwende" oder „hochqualifizierte Führungskraft in der Moderne" (vgl. hierzu bereits Abschnitt 3.2 und die Ausführungen zur Hochqualifiziertenidentität).

Knappe Ressourcen

Ein Homo Oeconomicus steht stellvertretend für den Menschen, der seine anthropologisch bedingte Weltoffenheit nicht als Mangel sondern als Chance begreift.[80] Und zwar dahingehend, rational seine Ziele zu verfolgen. Allein: Dieser Akteur lebt „in einer Welt der Knappheit" (vgl. Schimank 2002a: 73-74). Nicht nur in Bezug auf das Medium Geld, das mit der unversiegbaren Quelle materieller Bedürfnisse konkurriert. Auch Einfluss oder Wissen können begrenzt sein, wenn es um das Erklimmen der Karriereleiter geht. Diese Knappheitserfahrung ergibt sich aus der existenziell bedingten Zeitknappheit und der universell gesicherten Sterblichkeit des Menschen. Das Spezifikum einer „Zielvielfalt" erschwert dies zusätzlich. Wenn jemand verschiedene Ziele gleichzeitig anpeilt, noch dazu bei gleichbleibender Ressourcenausstattung, so kann er diese Ziele nicht mit derselben Intensität verfolgen (ebd.). *Beruflich* Karriere machen kann man beispielsweise nur in einem zeitlich begrenzten Rahmen, und zwar genau bis zur Pensionierung. Die dafür erforderlichen Zeitressourcen konkurrieren jedoch häufig mit Zeitfenstern, die um das (ebenfalls begehrte) Zeitgut für Familie und Freizeit angesiedelt sind. Die Folge: Interessenskonflikte und innerer Druck nehmen zu und entwickeln sich, je nach Disposition des Akteurs, zum gesundheitsgefährdenden Berufsstress (vgl. hierzu beispielsweise die Interviews in der Führungskräftestudie bei Faust et. al 2000).

Die „Opportunitätskosten" (vgl. Frank 1991), mit denen sich der Erwerbstätige plötzlich konfrontiert sieht, manifestieren sich folglich in der Zieldiskrepanz von Karriere-Benefits und den Kosten fehlender Familien- oder Eigenzeit. Jürgens (2006) führt deshalb beim „Reproduktionshandeln" auch zu Felde, dass der rationale „Nutzenmaximierer" eigentlich in der Lage sein sollte, nach „Dringlichkeit" zu unterscheiden (ebd.: 212). Weil im wirklichen Leben aber alles ganz anders aussieht, ist es zielführend, die ökonomischen Wahlentscheidungen nachzuzeichnen, die den rationalen Nutzenmaximierer charakterisieren – und einschränken.

Abnehmbarer Grenznutzen? Nicht die Spur!

Unterstellt man verausgabungsbereiten Akteuren eine realitätsverweigernde Sicht auf die Handlungsfolgen, ist auch das *Konzept des abnehmenden Grenznutzens* nur eingeschränkt brauchbar. Denn hier lautet die Prämisse, dass der Zusatznutzen für eine immer weiter voran getriebene Zielverfolgung nicht größer, sondern immer geringer werden müsste (vgl. Schimank 2002a: 75/76). Darauf setzt auch das Werbeprinzip „eat as much as you can": Wer ausreichend gegessen hat, der kann dem noch immer reichhaltigen Buffettisch nichts mehr abgewinnen. Nur *begrenzt* unersättlich müsste dem zu Folge auch das Karrierestreben eines typisierten Homo Oeconomicus sein. Nachdem die Realisierung lebensweltlicher Ansprüche aber an die Erwerbsmöglichkeiten, die der arbeitsweltliche Rahmen zur Verfügung stellt, geknüpft ist, hinkt dieser Vergleich: Die Wünsche ans Leben wachsen ständig nach und kosten vor allem Geld. Eine argumentative „Passung" zum abnehmenden Grenznutzen ließe sich allenfalls zum „reflexiven Subjektivisten" herstellen, der als Identitätsvirtuose sein Leben souverän steuert (vgl. hierzu ebenfalls bei Schimank 1985/2005a: 243).[81]

---

[80] Der Homo Sociologicus muss diesen Mangel bekanntlich durch Komplexitätsreduzierung und Erwartungssicherheit ausgleichen.
[81] Mit dem Konzept des „reflexiven Subjektivismus" stellt Schimank eine Form individueller Identität zur Verfügung, die zur funktionalen Differenzierung und damit auch zur modernen Gesellschaft passt. Die je eigene Subjektivität wird im Sinne einer „Totalität der biographisch erworbenen Selbstbindungen" zum Bezugsrahmen des gesamten Erlebens und Handelns. Jede Selbstfestlegung kann damit jederzeit selbstreflexiv problematisiert und im

Diese Theoriefigur wäre noch am ehesten in der Lage zu erklären, warum auch das Karrierestreben irgendwann kein Motiv mehr sein kann, sich in destruktiver Weise beständig selbst zu verausgaben. *Die Annahme:* Ist der Sprung ins obere Management erst geschafft, zeigt sich der Begehrlichkeitsradius zunächst einmal ausgereizt. Betätigungsfeld und Verdienstmöglichkeiten differieren auch im Vergleichsunternehmen nur noch marginal, und wenn doch, dann eben unter Berücksichtigung von neuen Opportunitätskosten (z.B. noch weniger Freizeit, erhöhte Reisetätigkeit, unternehmerisches Risiko durch Beteiligungsverhältnisse oder ähnliches). Vom Homo Oeconomicus wäre somit gefordert, dass er nicht länger „maximiert" sondern „optimiert". Zum Beispiel in Bezug auf eine flexibler gefasste Identitätskonstruktion, die auch noch andere Sinnhorizonte als nur den beruflichen und konsumorientierten integrieren kann.[82] In dieser Gemengelage ließe sich dann auch eine Forschungsperspektive ansiedeln, die sich der empirisch-analytischen Diskrepanz von Führungskräften widmet, die sich explizit auf ihr Familienbewusstsein berufen (vgl. neuerlich Faust et. al ebd.). *Weil dieses Familienbewusstsein im Rahmen von Führungskräftestudien nämlich nur ausdrücklich betont, aber nicht gelebt wird, bleibt vorerst alles beim Alten.* Ergo: Der Nutzenradius freiwilliger Selbstausbeutung stellt letztlich doch noch mehr in Aussicht als ein „Dienst nach Vorschrift".

Diskontierung der Zukunft? Diskontierung der Gegenwart!
Elster (1986) geht bei Rational-Choice-Handlungen von einer *Diskontierung der Zukunft* aus. Handlungswirkungen, die in der fernen Zukunft liegen, werden von den entscheidungsfähigen Akteuren nämlich ungleich höher bewertet als solche, die heute allenfalls den Charakter des „potenziellen Risikos" tragen: Solange nebst Kurzurlaub mit der Familie auch noch ein Marathon-Lauf zum 40er „drinnen ist", gibt es keinen Anlass, sich um die Energiereserven Sorgen zu machen. Vielmehr scheint die Devise zu lauten: „Abschöpfen, solange die Suppe heiß ist, und dann frühzeitig abgeben und das Leben genießen." Leitbildfunktion für diese Karrierestrategie übernehmen ansprechende Lifestyle-Magazine, die den Mit-Fünziger auf seinem Weingut in der Toskana oder im Chalet in den Bergen ablichten. *Die nutzenorientierte Diskontierung der Zukunft wäre mit Bezug auf die Hochqualifizierten und unter dem Gesichtspunkt freiwilliger Selbstausbeutung dann aber ins Gegenteil zu verkehren: Hin zur „Diskontierung der Gegenwart", bei der gering geschätzt wird, dass bei Überengagement und 70-Stunden-Wochen nicht mehr „freiwillig", sondern gezwungenermaßen mit 50 der Ruhestand ins Haus steht. Diagnose: Herzinfarkt und/oder Burnout.* Ein Szenario, das direkt zum Begriffsmodell „begrenzter Rationalität" führt (vgl. hierzu direkt bei Simon 1976), denn der Faktor „Gesundheitsrisiko" wurde von den Akteuren im Rahmen ihrer Planung offensichtlich nicht angemessen berücksichtigt. Dieser heuristisch

---

Anschluss daran wieder revidiert werden. Identität konstituiert sich dementsprechend als „biographische Sequenz bestimmter Negationen, die je vorausgegangene Subjektivität im Hegelschen Sinne aufheben" (vgl. Schimank 2005a: 243.). Nachdem diese Identitätsform aber sehr hohe intellektuelle Anforderungen an eine Person stellt, und zwar einschließlich der erforderlichen Zeit, die für „elaborierte Selbstreflexion" notwendig ist, kommt Schimank zu dem Ergebnis, dass der reflexive Subjektivismus nur bei sehr wenigen voll entfaltet und bei den meisten Gesellschaftsmitgliedern allenfalls rudimentär vorhanden sein kann.
[82] Aus differenzierungstheoretischer Perspektive ist hier auch die Operationslogik zweier Wertsphären zu berücksichtigen, die sich in teilsystemischen Horizonten konkurrierend gegenüberstehen: Wirtschaftliches Profit- und Gewinnstreben auf der einen Seite, Liebe und Geborgenheit auf der anderen.

konstruierte Sachverhalt zeigt somit auch, dass bei einem „unmodifizierten" Homo Oeconomicus die analytische Kraft bald erschöpft wäre. Schimank hält dazu fest:

> „Je treffsicherer eine Handlungserklärung sein soll und je weniger man bereit ist, theoretisch nicht vorgesehene Ausnahmen hinzunehmen, desto mehr Aufwand muss man bei der Berücksichtigung begrenzter Rationalität treiben" (Schimank 2002a: 91).

Wie die bisherige Auseinandersetzung mit dem Homo Oeconomicus zeigt, lohnt sich dieser Aufwand. Mit einem entsprechenden Modifizierungskatalog lässt sich nämlich passgenau eine Situations- und Selektionslogik rekonstruieren, die dem Phänomen freiwilliger Selbstausbeutung in weiten Teilen gerecht werden kann. Insofern, als dass Irrationalität immer wieder durch rationale Elemente aufgehoben wird.

6.2.3   Diagnose Burnout: Ein „Homo Oeconomicus" in der Krise?

Wenn all die hochqualifizierten Menschen, die hier als Protagonisten auftauchen, wider besseres Wissen einen Berufsstil pflegen, der zweifelsohne ungesund ist, handeln sie als Akteure „nicht rational". *Bleibt zu fragen, wer denn nun in der Krise ist: der hochqualifiziert Erwerbstätige oder das „Modell" Homo Oeconomicus, das für die Interpretation von arbeitsspezifischen Handlungssituationen eigentlich prädestiniert wäre?* Denn wie die aktuelle Burnout-Problematik vor Augen führt, kann eine falsch konzipierte Prioritätenliste dem Intellekt auch zum Verhängnis werden. Die akteurgebundene Handlungslogik freiwilliger Selbstausbeutung muss also noch spezifischer beschaffen sein als bisher angenommen. Nachdem Schimank aber in konstruktiver Absicht auch *Einwände* in Bezug auf den Homo Oeconomicus formuliert, scheint das analytische Potenzial in diese Richtung noch nicht ganz ausgereizt.

Mit dem Modell der „Rationalitätsfiktion" (Schimank 2002a: 97-100) lässt sich etwa erklären, dass wir anderen Menschen gegenüber so auftreten, als würden wir eine rationale Handlungswahl vornehmen.[83] Häufig glauben wir uns dies auch selbst, und sogar die Beteiligten um uns herum sind taktvoll bemüht, diese Fiktion aufrecht zu erhalten. Schimank sieht diesen Sachverhalt auch unter dem Gesichtspunkt des „kulturellen Drucks": Der Mensch in der Moderne ist angehalten, seine Entscheidung rational zu fällen. Denn in immer mehr gesellschaftlichen Handlungsfeldern dominiert *Rationalisierung* das Geschehen. Das, was den Akteuren aber kulturell abverlangt wird, ist nicht annähernd erfüllbar. Und so wird die Kluft zwischen dem erstrebenswerten Rationalitätsniveau und dem *Möglichen* durch sogenannte Rationalitätsfiktionen überbrückt:

> „Sie (die Rationalitätsfiktionen) erfüllen folglich insbesondere legitimatorische Funktionen und sind vor allem dann gefragt, wenn irgendetwas schief gegangen ist. Erfolgreiches Handeln legitimiert sich durch seine Ergebnisse selbst. Wenn aber angestrebte Ziele nicht oder nur partiell erreicht oder zwar erreicht, aber mit erheblichen negativen Nebeneffekten erkauft worden sind, sieht sich der Akteur bohrenden Fragen ausgesetzt; und dann kann ihm der Verweis darauf helfen, dass er sich doch darum bemüht habe, eine rationale Handlungswahl zu treffen – und das

---

[83] Schimank nimmt hier Anleihe bei Turner (1991), der ebenfalls die Brauchbarkeit rationaler Handlungsmodelle überprüft.

heißt oft, dass er das getan habe, was alle für seine Situation als rationales Handeln ansehen" (Schimank 2002a: 98).

Wenn zum Beispiel offensichtlich ist, dass trotz Jobwechsel nicht weniger, sondern wesentlich mehr Arbeit ins Haus steht, dann lässt sich das Relativieren der „harten" Einarbeitungszeit schon als erste Rationalitätsfiktion deuten. Denn realistischerweise bleibt es hart. Nur eben mit neuer Ausprägung. Dem privaten Umfeld war dies vermutlich schon klar, als die Jobzusage gefeiert wurde. Gelingt es den Betroffenen aber trotzdem, einigermaßen glaubhaft zu vermitteln, dass sie rational gehandelt haben („dieses Angebot musste ich annehmen, ich konnte mich gegen 70 Bewerber durchsetzen!"), so ist das beruhigender als das Eingeständnis einer falscher Entscheidung.

Bei den Fallbeispielen von Moldaschl/Voß (2003: 295-335), in denen Erwerbstätige von ihren Nöten im Arbeitsleben berichten, scheint aber selbst die identitätsstabilisierende Rationalitätsfiktion ins Leere zu greifen. Das einzige, was diese Akteure noch interessiert ist, wie sie der enormen Belastung auf Dauer standhalten können. Das Widersprüchliche aus der Rational-Choice-Perspektive: Hier kommt es zu Entscheidungsengpässen, in denen erst recht ein rationaler Akteur gefragt wäre!

Hochkostensituation
In analytischer Hinsicht haben wir es bei hochkomplexen Entscheidungsmomenten mit „Hochkostensituationen" (Schimank 2002a: 95-97) zu tun. Schimank bezieht sich dabei auf Reinhard Zintl (vgl. Zintl 1989), der in Anlehnung an Latsis festhält, dass der Homo Oeconomicus in Niedrigkostensituationen nicht anwendbar sei. Oder übertragen auf die freiwillige Selbstausbeutung: Erst, wenn der Erwerbstätige massiven Druck verspürt, wenn er also beginnt, seine Belastungsgrenzen zu realisieren und seine eigene Handlungsweise in Frage stellt, dann befindet er sich im Bereich der Hochkostensituation. Er ist somit gefordert, unter Nutzengesichtspunkten abzuwägen, was für ihn das objektiv Beste ist: *Soll er wie bisher weitermachen (sich also weiterhin „freiwillig selbst ausbeuten")? Soll er nach Alternativen Ausschau halten (ein neuer Arbeitsbereich innerhalb des Unternehmens?) oder muss er in letzter Konsequenz doch die Kündigung in Betracht ziehen?* Der Entscheidungskorridor ist also „hochpreisig" ausgepflastert. Was dazu führt, dass die möglichst rationale Auswahl dessen, was idealerweise zu tun ist, zu noch mehr Stress führt. Inwieweit Erwerbstätige dem gewachsen sind, was laut Schimank nutzenorientierte Akteure in Hochkostensituationen eigentlich tun sollten, muss vor dem Hintergrund existenzieller Krisen jedenfalls in Frage gestellt werden. Denn der Einzelne wird sich anstrengen müssen,

> „zeitliche, sachliche und soziale Rationalitätsbegrenzungen dort, wo es ihm überhaupt möglich ist, und so weit wie es ihm möglich ist zu überschreiten. Er wird sich also mehr Zeit nehmen, um gründlich zu überlegen, was er tut; er wird seine Informationsbasis zielstrebig erweitern; und er wird auch Konflikte und aufwendigere Konsensbeschaffung in Kauf nehmen, um das durchzusetzen, was er für richtig hält" (Schimank 2002a: 96/97).

Damit wird auch deutlich, wo die analytischen Grenzen liegen, will man mit dem Akteurmodell des Homo Oeconomicus ein Phänomen wie die freiwillige Selbstausbeutung erklären. Machen sich nämlich erste Burnout-Symptome bemerkbar (wie emotionale, geistige oder körperliche Erschöpfung), scheint den Betroffenen ihr rationales und souveränes Handlungsvermögen zu entgleiten. Das Arbeitswochenende ist nicht mehr die Ausnahme,

sondern die Regel, und das Ganze eskaliert: Der Einzelne findet sich einer Hochkostensituation wieder, die er nicht mehr im Griff hat. Und ab diesem Zeitpunkt ist auch das Analyse-
schema eines Homo Oeconomicus nicht mehr tauglich.

Kognitionen und Emotionen

Wird freiwillige Selbstausbeutung existenzbedrohlich erlebt, kommt man in theoretischer
Hinsicht mit dem „Identitätsbehaupter" (Schimank 2002a: 121-143) ein gutes Stück weiter
als mit dem Homo Oeconomicus, denn die Triebstruktur dieses Akteurmodells reagiert
unmittelbar auf Identitätsbedrohungen. So findet sich bei den Praktiken der Identitätsbe-
hauptung unter anderem der „Umgebungswechsel", der auch begreiflich machen würde,
warum der Jobwechsel oftmals als einzige Alternative wahrgenommen wird, um ein Burnout erfolgreich zu bewältigen (vgl. neuerlich Pines et. al 2000). Wenn aber „gar nichts mehr
geht", gibt es noch den „emotional man" (Schimank 2002a: 107-120), an den die anderen
Akteurmodelle „abgeben" könn(t)en. Schimank greift bei der emotional geprägten Situatio-
ons- und Selektionslogik auf Gerhards (1988) zurück, der sich mit den unterschiedlichen
„Modi der Weltaneignung" beschäftigt hat. Dabei geht es im Wesentlichen um die Frage,
wie die Menschen in der Welt zurechtkommen, in die sie hineingeboren werden. In diesem
Zusammenhang lässt sich emotionales Verhalten auch zwischen instinktivem und normb-
bzw. nutzenorientiertem Verhalten ansiedeln, denn situationsangemessenes Handeln ist
davon abhängig, wie gut die Informationsverarbeitung funktioniert.

Während Emotionen den Akteur mit gesthaften Bildern einer Situation versorgen,
aus der sich dann die Handlungswahl ergibt, stellen *Kognitionen* eine Serie von Bildern her,
die schrittweise abgearbeitet, verknüpft und wieder zusammengesetzt werden müssen.
Beim Berufstätigen, der sich stressbedingt in einer aussichtslosen Situation befindet,
scheint somit eine „Bildstörung" vorzuliegen. Die kann der „emotional man" – im übertra-
genden Sinne – zwar nicht reparieren, aber er kann eine Supportleistung anbieten. Dort, wo
auf der analytischen Handlungsebene von Homo Oeconomicus und Homo Sociologicus
nämlich das kognitive, sequentielle Informationsverarbeitungsprogramm nicht mehr funktioniert, ist das Simulationsprogramm des emotional man gefragt: Dies befähigt Erwerbstätige, die aufgrund von Selbstüberforderung und Selbstüberschätzung in gewisser Weise „ma-
növrierunfähig" geworden sind, auf intuitivem Wege handlungslogische Schlüsse abzuleiten, und diese wiederum einer geeigneten Handlungswahl zuzuführen. Oder umgangssprachlich ausgeführt: Man kann sich als emotional man getrost „auf seinen Bauch" verlassen. *Das Mikromodell freiwilliger Selbstausbeutung ist damit also mit theoretischen Situa-
tions- und Selektionslogiken ausgestattet, die einem modifizierten Homo Oeconomicus
entsprechen: Dieser ist in der Lage, den Verlauf von der „stressfreien Niedrigkostensitua-
tion" zur „belastungsrelevanten Hochkostensituation" nachzuzeichnen. Was gleichlautend
mit der These ist, dass die freiwillige Selbstausbeutung aus der Perspektive des nutzenorientierten Akteurs rational beginnt und irrational endet.* Und um dieses Kriterium geht
es letztendlich, wenn im Rahmen der Subjektivierungsdebatte über freiwillige Selbstausbeutung diskutiert wird: um das „Nicht-Rationale" freiwillig geleisteter Mehrarbeit, die
arbeitsrechtliche Errungenschaften einfach ignoriert. Mit dem akteurtheoretischen Werk-
zeug „Handlungsantrieb" kann man sich als Soziologe aber auch mit dieser *Nicht-
Rationalität* anlegen und versuchen, zu neuen Einsichten zu gelangen. Und zwar über
generalisierbare Grundmuster, mit denen sich logische und weniger logische Handlungswahlen erklären lassen.

6.3 „Konstellationsprodukte": Zum Anwendungsbezug strukturdynamischer Modelle

„Die Erklärung des Handelns, nicht die Erklärung der Handlungswirkungen stand und steht im Vordergrund des theoretischen Interesses", so lautet die Kritik von Schimank (2002a: 17) in die Richtung allgemeiner soziologischer Theorie. Will man aus dieser Disbalance Kapital schlagen und nach Vorgaben des Autors „Lernchancen" für eigene Erklärungsprobleme ableiten, muss die Forschungsperspektive neu ausgerichtet werden: *Nicht mehr das „Grundmuster der Handlungswahl" darf die Analyse bestimmen, sondern das „Grundmuster des handelnden Zusammenwirkens mehrerer Akteure" und damit verbunden das Interesse an den daraus hervorgehenden strukturellen Effekten.* Die Auswirkung dieses Perspektivenwechsel lässt sich am besten an einer Fragestellung ablesen: Wo bleiben nämlich der *subjektive Wille* und auch die nutzenorientierten Interessen, wenn man als erwerbstätiger Mensch in eine betriebliche Umgebung gestellt wird, in der interagiert werden muss – ob man will oder nicht und allen Widerständen zum Trotz?

Zunächst: Das, was hoch stimulierend auf die Handlungswahl von Erwerbstätigen einwirkt, rekonstruiert sich mit Modellen sozialer Strukturdynamiken zumindest nicht über revolutionäre und subtil steuernde Managementmethoden. Vielmehr scheint hier eine Interaktionslogik zu greifen, die in sogenannten „Beobachtungskonstellationen" (vgl. Schimank 2002a: 207-246) eingebaut ist: Was der jeweils andere Kollege unter arbeitsweltlichen Konkurrenz- und Kooperationsbedingungen tut oder nicht, ob er bspw. früher kommt und später geht, ob er sich akribisch auf Termine vorbereitet oder improvisiert, wird als gegeben hingenommen. *Was allerdings mit individuell unterschiedlichen Arbeitsgewohnheiten und Professionalisierungsansprüchen beginnt, wird im Kontext flexibilisierter Arbeits(zeit)verhältnisse früher oder später bei der freiwilligen Selbstausbeutung enden.*

Diese kühne Behauptung gilt es hier nun theoretisch zu untermauern. Und zwar entlang pfadabhängiger und strukturdynamischer Prozesse, die ein soziales und interdependentes Handlungsfeld eingebaut sind, die dem Typus autonomer Steuerungs- und Kontrollprinzipien entsprechen. Mit diesem Zugang sollte es gelingen, auf der Mikroebene individueller Akteure nach empirisch-analytischen Belegen zu suchen, die auf unvorhergesehene und ungewollte strukturelle Nebeneffekte moderner Arbeitsformen verweisen. Hervorgebracht von hochqualifiziert Beschäftigten, die zum Beispiel als Architekten, Produktmanager oder Entwicklungsingenieure nicht nur gute Arbeit machen wollen, sondern auch eigennützig Ziele verfolgen und Sinnansprüche an ihre Beruflichkeit stellen.

Akteurkonstellationen und Intentionsinterferenzen
Bisher hat sich alles auf jenen Handlungsaspekt freiwilliger Selbstausbeutung konzentriert, der nach Max Weber als *nicht-soziales* Handeln zu definieren wäre. Bemüht man sich aber, dieses Subjektivierungsphänomen als eigendynamischen sozialen Prozess festzuschreiben, muss sich auch das Erkenntnisinteresse neu ausrichten. Es dreht sich jetzt nämlich alles um das *soziale Handeln,* „welches seinem von dem oder den Handelnden gemeinten Sinn nach auf das Verhalten anderer bezogen wird und daran in seinem Ablauf orientiert ist" (vgl. Weber 1921: 1; Hervorh. weggel.). Denn in der Tat gibt es kaum ein Handeln, bei dem ein Akteur unabhängig von anderen wäre (vgl. hierzu etwa Coleman 1991; Boudon 1980). Hier

interessiert allerdings, über das dyadische Beziehungsmuster hinaus, auch das „Interdependenzsystem" (Boudon ebd.), das als Abhängigkeitsgeflecht die soziale Grundstruktur der Arbeitsorganisation bestimmt. Unter dem Problemgesichtspunkt freiwilliger Selbstausbeutung rückt deshalb die *soziale Eigendynamik* in den Mittelpunkt, die im Zeitverlauf ungeplante und unvorhergesehene Struktureffekte verursacht. Diese Struktureffekte können sich funktional aber auch dys-funktional auf institutionelle Ordnungsstrukturen auswirken: hier auf die normativen *Erwartungsstrukturen* in der betrieblichen Arbeitsorganisation. In Anlehnung an Czada/Schimank (2000) muss allerdings bedacht werden, dass Institutionendynamiken nur dadurch vorangetrieben werden, dass die beteiligten Akteure auch etwas Bestimmtes wollen. Und was dies genau ist, „muss man wissen, um als sozialwissenschaftlicher Beobachter erklären zu können, was am Ende dabei herauskommt" (ebd.: 32). Diesbezüglich lässt sich über die nutzenorientierte Situations- und Selektionslogik von Hochqualifizierten aber bereits an entsprechende Analyseergebnisse anschließen (vgl. Abschnitt 6.2 dieser Arbeit). Nicht weniger interessant ist nämlich, was passiert, wenn Zielsetzungen, die durchaus unterschiedlich sein können, aufeinandertreffen. Und dies nicht nur Bezug nehmend auf das Tauschverhältnis von Arbeitgeber und Arbeitnehmer, sondern ganz wesentlich unter dem Gesichtspunkt funktionierender Arbeitsbeziehungen. Womit vor allem die Kooperationshandlungen von Arbeitskollegen ins Blickfeld rücken.

Zunächst: Generalisierbar werden Beziehungsmuster bei Schimank über unterschiedliche *Konstellationen*: „Sobald die Intentionen von mindestens zwei Akteuren interferieren, besteht eine Akteurkonstellation" (Schimank 2002a: 173). Dabei ist eine Theoriefigur gemeint, die auf Wechselseitigkeit angelegt ist und die in ihren wesentlichen Merkmalen die „Wechselwirkung" von Simmel aufgreift. Simmel ist bekanntlich jener, der die Wechselwirkung zwischen Akteuren als zentralen theoretischen Begriff verwendet hat und auch fordert, die „Formen dieser Wechselseitigkeit" zu beschreiben (Simmel 1917: 47). Denn was beispielsweise Projektmanager A am besten tut, hängt davon ab, was Projektmanager B tun wird, und umgekehrt (vgl. hierzu etwa Axelrod 2000). Das Problem „doppelter Kontingenz" muss also von den Akteuren bewältigt werden, und in dieser Notwendigkeit finden sich auch Erklärungen für Aufbau, Erhalt und Veränderung normativer Erwartungsstrukturen, die wiederum den Hochqualifizierten leiten, der sich verausgabungsbereit zeigt.

Auf Simmel Bezug nehmend sind für Schimank Wechselwirkungen schlussendlich aber nichts anderes als „Intentionsinterferenzen". Und die „Formen", von denen beim ehrwürdigen Theoretiker die Rede ist, nichts anderes als „Arten von Akteurkonstellationen und die darin angelegten strukturellen Dynamiken" (vgl. Schimank 2002a: 193). Das Eigentliche aber, das Schimank beschäftigt und das maßgeblich sein Erkenntnisinteresse antreibt, ist etwas ganz anderes. Er vermisst Analysen, die in „programmatischer" Weise den *Strukturdynamiken* uneingeschränkt Aufmerksamkeit schenken. Es finden sich bei Elias´ „Figurationssoziologie" und den Verflechtungszusammenhängen zwar ebenso wertvolle Hinweise wie bei Boudon, der sich als vergleichsweise neuer Sozialtheoretiker mit Modellen sozialer Strukturdynamiken befasst (vgl. Elias 1999; Boudon (1979/1980). Für das Anforderungsprofil an eine „dynamisch-lebendige Theorielinie" ist dies aber zu wenig. Und so bemüht sich Schimank, dort Ordnung zu schaffen, wo Unübersichtlichkeit den wissenschaftlichen Diskurs behindert: bei der systematischen Bündelung verschiedener Konstellationsarten, über die sich wiederum unterschiedliche strukturdynamische Mechanismen abbilden lassen. Schimank entwickelt diesbezüglich ein Ordnungsraster, mit dem entlang von *Beobachtungs-, Beeinflussungs- und Verhandlungskonstellationen* unterschiedliche Strukturdynamiken sichtbar werden.

Will man das Potenzial dieser unterschiedlichen Konstellationstypen aber maximal ausschöpfen, ist man ein weiteres Mal angehalten, die eigene Problemperspektive bestmöglich zu typisieren. Das heißt, gegebenenfalls auch nach Ergänzungskonzepten Ausschau zu halten. Osterloh und Grand sprechen in diesem Zusammenhang von „Frameworks" oder „maps" (vgl. hierzu Osterloh/Grand 2000: 356): Diese Konstruktionen entstehen vor dem Hintergrund des Analyseproblems „im Zusammenwirken von verschiedenen dekontextualisierten Modellen und kontextspezifischen Konzepten. Dabei haben die Modelle die Funktion, auf relevante Zusammenhänge innerhalb vielschichtiger Phänomene aufmerksam zu machen" (ebd.). Insofern ist die Überwindung der eingangs bereits erwähnten „Dis-balance", die nicht nur bei Schimanks, sondern auch bei Essers Theoriebemühungen zentral steht, weniger ein soziologisches Grundproblem als vielmehr kreative Herausforderung. Es zeigt sich nämlich die Notwendigkeit, im Falle eigener Erklärungsprobleme immer wieder mit den theoretischen Gegebenheiten zurechtzukommen – und den Bezugsrahmen trotz Ausweitung der analytischen Komponenten überschaubar zu halten. Was sich aber schon jetzt festhalten lässt: Schimanks Theorieverständnis öffnet Sichtfenster, mit denen sich eine „Soziologie der Arbeit" auch vor dem Hintergrund der aktuellen Subjektivierungsdebatte „neu denken" lässt. Oder mit Türk (2000) gesprochen:

> „Würde man soziologische Theoriebildung nämlich ernst nehmen und die Gesellschaft nicht als aus Menschen bestehend begreifen sondern aus Ko-Operationen, so hätte dies auch Konsequenzen für die Untersuchung, Beobachtung und Beschreibung von Wirkungen – oder zumindest der Relevanz – gesellschaftlicher Phänomene" (vgl. Türk ebd.: 51).

6.3.1 Handlungsautonome Steuerungs- und Kontrollverhältnisse: Verhandlungskonstellation mit neuen Vorzeichen

Ein „Mikromodell freiwilliger Selbstausbeutung", das als nutzenorientierte Situations- und Selektionslogik konzipiert ist und in dem ein differenzierungstheoretisch rückgebundener Homo Oeconomicus die Hauptrolle spielt, muss unweigerlich auch das „Wechselverhältnis zwischen Betrieb und Person" berücksichtigen. Eine erste Annäherung an diese Wechselseitigkeit erfolgte bereits über das Konzept der „formalen Organisation": Diese Organisation stellt unter differenzierungstheoretischen Gesichtspunkten eine funktionale und teilsystemische Leistung bereit, von der die Gesellschaftsmitglieder profitieren können; sofern sie gewillt sind, entsprechende Vereinbarungen einzugehen. Zu berücksichtigen ist allerdings, dass die Intentionen von Arbeitgeber und Arbeitnehmer unterschiedlich sind und sich überlappen. Zumal beide Akteure nutzenorientiert ihre Interessen verfolgen: Während der Arbeitgeber maximalen Leistungsoutput und Fügsamkeit vom Arbeitnehmer erwartet, wird der Arbeitnehmer versuchen, in Bezug auf den eingebrachten Arbeitseinsatz das Maximum an Gegenleistung für sich selbst herauszuholen. Für Hochqualifizierte sind beispielsweise institutionalisierte Karriereziele eine legitimierte Möglichkeit, das zwar asymmetrisch benachteiligte, aber ebenfalls profitorientierte Eigeninteresse auszuweiten. Die Wegweiser für diesen beruflichen Karrierepfad sind nicht zuletzt in normativen, formalen Grundregeln verankert, was stark vereinfacht heißt: Die im Arbeitsvertrag definierten Erwartungen müssen zur bestmöglichen Zufriedenheit der betrieblichen Leitungsinstanz erfüllt werden. Nur

so ist die Anschlussfähigkeit für weitere Verhandlungen mit dem Arbeit- bzw. Auftragge-
ber gewährleistet (Gehaltserhöhung, Kompetenzausweitung, sonstige Vereinbarungen).
Schimank expliziert in diesem Zusammenhang die „Logik von Verhandlungen" als handelndes Zusammenwirken, das bindende Vereinbarungen anstrebt:

> „Wenn Akteure (allerdings) auf bindende Vereinbarungen hinarbeiten, befinden sie sich in einer
> Konstellation wechselseitigen Verhandelns; und falls sie es schaffen, bindende Vereinbarungen
> miteinander zu treffen, werden damit strukturelle Effekte möglich, die eine andere Qualität als
> die von Beobachtungs- oder Beeinflussungskonstellationen haben" (vgl. Schimank 2002a: 285).

Verhandlungskonstellationen setzen damit von vornherein Wechselseitigkeit und „Verhandlungswilligkeit" voraus. Der Verhandlungsbegriff, den Schimank seinen Überlegungen
zugrunde legt, ist damit enger als jener der sozialwissenschaftlich gebräuchlichen Verhand-
lungsforschung geführt; und er übersteigt auch den alltäglichen Sprachgebrauch: Bei der
Konstellation wechselseitiger Verhandlung dominieren die „kooperativen Spiele" der Spieltheorie (vgl. hierzu Axelrod 2000; Rieck 2006). Das heißt auch, dass bei wechselseitiger
Kooperation beidseitig mit Belohnungen zu rechnen ist.

    In welchen Bezug lässt sich dieser kooperative Ansatz aber in weiterer Folge mit dem
Phänomen freiwilliger Selbstausbeutung stellen? Wer kooperiert hier mit wem (oder eben
nicht) – und vor allem – welche Struktureffekte sind daraus abzuleiten? Aufschlussreiches
dazu wird wieder die theoretische Rekonstruktion von Fallbeispielen liefern. Im Vorfeld ist
aber die Verhandlungskonstellation in ihren Grundzügen noch etwas detaillierter darzustellen. Denn die Eigenlogik freiwilliger Selbstausbeutung, die ausgehend von einer Subjektivierung von Arbeit beobachtet wird, scheint mit der Lockerung bindender Vereinbarungen
eng verknüpft. Was gleichlautend damit ist, dass für die Beschäftigten Erwartungssicherheit
wegfällt und kognitive Wachsamkeit zunimmt.

Grundlegendes: Auch in Verhandlungskonstellationen wird „beobachtet".
In Steuerungs- und Kontrollverhältnissen, bei denen sich die erweiterte Handlungsautonomie über neue und flexible Arbeitsformen wie der Projekt- oder Telearbeit ausmachen lässt,
oder dort, wo die Stechuhr von der Vertrauensarbeitszeit abgelöst wird, ist das managerielle
Zufriedenheitsbarometer mit den Indikatoren der „Kontextsteuerung" eng verknüpft (vgl.
bereits Moldaschl/Schultz-Wild 1994). Messbare ökonomische Ziele geben den Erwerbstätigen den Rahmen vor, in dem die Arbeitsaufgaben zu erledigen sind. Es erfolgt zwar keine
direkte Kontrolle der Arbeitsverrichtung, aber aufgrund der ständigen Überprüfbarkeit im
Sinne einer „Objektivierung von Qualitätsstandards" (vgl. Böhle 2003: 140) haben die
Beschäftigten dafür Sorge zu tragen, dass jederzeit und auf Knopfdruck diese Objektivierung von Qualität auch abbildbar ist. Dies geschieht zum Beispiel durch Umsatzstatistiken,
aussagekräftige Projektberichte oder durch Markterhebungsdaten. Der Einzelne muss sein
Arbeitshandeln deshalb auch hinsichtlich positiver Sanktionen an die objektivierbare Leistungszuschreibung ausrichten. Das ist oft besser gesagt als getan. Denn je anspruchsvoller
die Projekte, desto langfristiger in der Regel auch die Projektlaufzeit. Wie soll man also
glaubhaft machen, dass man ohne sichtbares Ergebnis trotzdem vollen Einsatz bringt?

    Eine brauchbare Strategie scheint der demonstrative Hinweis zu sein, dass über die
vertraglich geregelte Erwartungsnorm hinaus gearbeitet wird. Dies lässt sich auch daran
festmachen, dass der Arbeitstag von immer mehr Erwerbstätigen in den späten Abend hineinreicht (vgl. hierzu die empirischen Grundlagen in Kapitel 2). Der Modus „nine to five"

ist im Hochqualifiziertenbereich nahezu verpönt, vor allem dann, wenn man selbst bereits um 7 Uhr morgens im Büro ist oder wenigstens bis 9 Uhr abends durchackert. Aber auch die Urlaubzeit kann durchaus wirkungsvoll „instrumentalisiert" werden, um überdurchschnittliches Engagement unter Beweis zu stellen. Etwa durch das Hinterlassen der privaten Mobiltelefonnummer für den Ernstfall und mit dem Hinweis, jeden Abend die Mailbox abzuhören. Beide Szenarien jedoch, überlange Arbeitstage und inszenierte Erreichbarkeit, verweisen schlussendlich auf *Interdependenzmuster* und *Intentionsinterferenzen* in Arbeitsbeziehungen. Denn objektiv gesehen können andere (ob Vorgesetzte oder Arbeitskollegen) daran zumindest Leistungsbereitschaft und Arbeitseinsatz ablesen.

In analytischer Hinsicht ist bei diesen heuristischen Beispielen das Folgende bemerkenswert: Die Abhängigkeitsstrukturen im Hinblick auf Karriereziele (hier über den Umweg von Anerkennung und objektivierter Leistungszuschreibung) bilden sich nicht nur in der asymmetrischen Verhandlungskonstellation ab, die zwischen dem Erwerbstätigen und seinem Arbeitgeber die Verhältnismäßigkeiten bestimmt. In hohem Maße spielen auch die kollegialen und damit symmetrischen Beziehungskonstellationen eine Rolle. Und hier dominiert in erster Linie das Prinzip von wechselseitiger Beobachtung und wechselseitiger Anpassung. Schimank fasst diesen Sachverhalt im Konzept der „Beobachtungskonstellation" zusammen:

> „Eine solche Konstellation liegt vor, sobald mindestens zwei Akteure bemerken, dass zwischen ihnen eine Intentionsinterferenz besteht, die von beiden nicht bagatellisiert wird und auf die sich daher beide in ihrem weiteren Handeln einstellen – jedoch ohne einander diesbezüglich gezielt zu beeinflussen oder miteinander zu verhandeln. Stattdessen nimmt jeder das, was der jeweils andere tut oder nicht tut, als gegeben hin, zieht daraus seine Schlüsse und passt das eigene Handeln dem an – was auf eine beiderseitige Anpassung an wechselseitige Beobachtungen hinausläuft" (Schimank 2002a: 207).

Es macht also sehr wohl einen Unterschied, „ob man früher kommt und später geht" oder ob man selbst im Urlaub noch erreichbar ist. Rein objektiv gesehen zeigen nämlich jene, die „volles Engagement" an den Tag legen (ob nun beabsichtigt oder nicht), den höheren Arbeitseinsatz. Vor allem aber: Mit diesem Überengagement liegt die Latte für andere hoch. Denn ungeachtet dessen, ob jemand zum Beispiel nur deshalb länger arbeitet, weil Zuhause niemand mehr wartet, ist doch von Folgendem auszugehen: Auch ein „management-by-objective", das auf Projektergebnisse abstellt, weiß jene Leistungsproduktion zu bewerten, die außerhalb von Messbarkeit und Muss-Kriterien sichtbar wird. Freiwillig geleistete Mehrarbeit ist damit auch ein Steigbügel für Anerkennung und personifizierte Leistungszuschreibung. Mit Blickrichtung auf die Subjektivierungsdebatte würde dies aber bedeuten, dass nicht nur von einer Intensivierung in der hierarchischen Wechselbeziehung „Betrieb und Person" auszugehen ist, sondern folgewirksam auch in der gleichgestellten Wechselbeziehung von „Person A" und „Person B". Bei Schimank findet sich deshalb ein Hinweis zu den „Mischtypen der Konstellationsarten" (ebd. 2002a: 327/328). Gemeint ist damit, dass es in der sozialen Wirklichkeit zu Überschneidungen kommen kann: Ein Mischtyp liege nämlich immer dann vor, wenn „ein Teil der Akteure einer konkreten Konstellation gemäß einer der drei Konstellationsarten handelnd zusammenwirkt und diese Teilkonstellation als ganze dann mit den übrigen Akteuren gemäß einer der drei anderen Konstellationsarten handelnd zusammenwirkt" (vgl. Schimank ebd.). Etwas einfacher ausgedrückt: *In die Verhandlungskonstellation formaler Arbeitsorganisationen ist (auch) eine*

Beobachtungskonstellation eingebaut. Die logische Folge ist, dass es auf der Ebene der kollegialen Arbeitsbeziehung zwar unintendiert, aber unweigerlich zu „Anpassungsreaktionen" kommen wird. Und die fallen in flexiblen Steuerungs- und Kontrollstrukturen eben anders aus, als wenn bindende Arbeitszeitregelungen „den Takt" und damit das individuelle Arbeitshandeln bestimmen.

Handelndes Zusammenwirken schafft also Akteurkonstellationen, die teils intentionale, häufiger aber transintentionale strukturelle Effekte erzeugen. *Transintentionalität* liegt unter anderem deshalb vor, weil die Intentionen der Akteure auf etwas anderes und für sie jeweils Näheres gerichtet waren. Zum Beispiel ist es denkbar, dass der technische Zeichner nur deshalb länger im Büro bleibt, weil er zweimal die Woche seine Tochter vom Training abholen muss. Das Konzept der „invisible hand effects" (Ullmann-Margalit 1978) beschäftigt sich daher mit dem Phänomen, dass keiner der Beteiligten mit seinem Handeln nur annähernd strukturbezogene Gestaltungsabsichten verbinden würde. Übertragen auf das Beispiel der Vertrauensarbeit: Nur weil sich die Kernarbeitszeit im Unternehmen durchsetzt und die Gleitzeitregelung eingeführt wird, wird von keinem der Beteiligten schon an die Abschaffung der Stechuhr gedacht. Und vermutlich ebenso wenig daran, dass trotz vermeintlicher „Narrenfreiheit" *mehr* und *disziplinierter* gearbeitet wird denn je. Greshoff, Kneer und Schimank (2003) halten in Bezug auf die „Transintentionalität des Sozialen" auch fest: „Folgewirkungen des Sozialgeschehens, die zunächst nicht beobachtet worden oder in Selbstbeschreibungen eingeflossen sind, ergeben sich auf kürzere oder längere Sicht gleichsam hinter dem Rücken der Betroffenen – und zwar solche Wirkungen, die ausdrücklich nicht gewünscht sind" (vgl. Greshoff et. al ebd.: 10; Hervorh. weggel.).[84] Die „freiwillige Selbstausbeutung" in ihrer destruktiven Ausprägung dürfte eine solche Wirkung sein.

Vom Nutzen einer „bindenden Vereinbarung"
Spürt man bei den unterschiedlichen Konstellationstypen analog zu den Akteurmodellen der Nutzendimension nach, dann geht es den beteiligten Akteuren in Verhandlungskonstellationen vor allem um Erwartungssicherheit. Betrachtet man nämlich zunächst Konstellationen wechselseitiger Beobachtung, so gewinnen die Akteure Erwartungssicherheit durch Berechnung. Die Charakteristik dieser Erwartungssicherheit ist damit situativ und vor allem rein kognitiv:

> „Jeder Handelnde versetzt sich in die Lage seiner Gegenüber, macht sich deren Intentionen klar, woraus sich die Intentionsinterferenzen ergeben, verdeutlicht sich vor diesem Hintergrund das handelnde Zusammenwirken der anderen und wählt dementsprechend sein eigenes Handeln aus. Natürlich kann es hierbei mannigfache Fehleinschätzungen geben, die zu temporären Komplikationen und Reibungen des handelnden Zusammenwirkens führen können. Aber der Zeitverlauf gewährt den Akteuren Lernchancen, und mit wachsenden Erfahrungen in der Konstellation werden alle sicherer in ihren Kalkulationen der anderen, sodass die allgemeine Erwartungssicherheit zunimmt" (vgl. Schimank 2002a: 289-290).

Was hier recht technisch beschrieben ist, zeigt sich im Arbeitsalltag weit weniger kompliziert. Ein eingespieltes Kollegenteam weiß, was wem wichtig ist und auf wen man sich

---

[84] Greshoff et. al (2003) greifen hier ein Thema auf, das in der Soziologie erstmals von Merton (1936) ins Licht gerückt wird. Gegenstand des klassischen Aufsatzes sind die „nicht-intendierten Folgen" von Kommunikationsverkettungen und Handlungsinterferenzen, die hinter dem Rücken der Akteure einschneidende Auswirkungen auf soziale Ereignisse und Strukturen haben.

wann verlassen kann. Nachdem die Richtgrößen der Handlungswahl aber an Personen, und nicht an Ablaufstrukturen gebunden sind, ist die Kalkulationsgrundlage „womit man rechnen muss" verhältnismäßig instabil. Das heißt, dass permanent in Betracht zu ziehen ist, dass der andere anders als vorher handeln kann. Wenn dann noch hinzukommt, dass sich auch die Beeinflussungspotenziale ändern können, beispielsweise, weil aufgrund eines Mitarbeiterabgangs nur mehr eine kompetente Person die gesamte Technik beherrscht, ändern sich plötzlich die Handlungsmöglichkeiten aller und die Erwartungssicherheit bricht zusammen. Der empirisch-heuristische Hintergrund: Der Einflussbereich des noch verbleibenden Technikers erhöht sich, denn in Ermangelung von Alternativen entscheidet nur noch ein Verantwortlicher über die Priorisierung der Support-Anfragen. Man wird also darauf bedacht sein, sich gut mit diesem Kollegen zu stellen, damit man im Ernstfall auf ihn zählen kann. Dies fordert allerdings einen erhöhten Reflexionsaufwand im ohnehin anstrengenden Arbeitsalltag. Entlastung bringen kann den „abhängigen" PC-Usern aber die Neuauflage einer Stellenbeschreibung, die verbindlich regelt, welche Aufgaben in den Arbeitsbereich des technischen Supports fallen. Hier zeigt sich auch die relative Nützlichkeit einer Vereinbarung: Es geht im Vergleich zur Beobachtungs- und Beeinflussungslogik um ein erhöhtes Niveau an Erwartungssicherheit, mit der die Beteiligten einer Verhandlungskonstellation rechnen können. Oder mit den Worten von Schimank: Es ist die „Dauerwachsamkeit", auf die Akteure nach dem Abschluss einer bindenden Vereinbarung verzichten (vgl. Schimank 2002.: 291). Allerdings, so dieser, treffe dann auch ein Verrat um einiges härter, als wenn man bloß kognitiv überrascht werde. Umgelegt auf den Arbeitsprozess: Auch ohne ISO-9001 Stellenbeschreibung wissen die Mitarbeiter, was zu tun ist. Nur „mit" lässt sich besser nachweisen, *dass* bzw. *wo* genau man sich nicht an die Vereinbarungen hält.

Beobachtungskonstellation: Mehr Druck durch erhöhte Wachsamkeit
Führt man sich nun vor Augen, dass die Stechuhr und der statische Büroarbeitsplatz in verbindlicher Weise für alle Beschäftigten die An- und Abwesenheit regeln, braucht es nicht mehr allzu viel Phantasie um zu rekonstruieren, worauf die Widersprüche der „neuen Freiheiten" zurückzuführen sind, die heute viele vor den Kopf stoßen: Indem die Unternehmen trotz ihrer Verhandlungsstärke vermehrt dazu übergehen, institutionalisierte und historisch gewachsene Strukturen der Situationskontrolle wieder aufzulösen, schlägt auch das Pendel erhöhter Wachsamkeit neu aus. Der enorme Druck, den Erwerbstätige trotz autonomer „Komfortzone" verspüren, steht in direktem Zusammenhang mit Schimanks Schilderungen zur Logik von Verhandlungen: Feste Arbeits- und Anwesenheitszeiten sorgten als „bindende Vereinbarungen" nämlich zugleich für eine starke Absenkung von Wachsamkeit. Und zwar sowohl für die Unternehmen als auch für die Beschäftigten. So wenig sich der Arbeitgeber heute sicher sein kann, ob der Teleworker tatsächlich sein Zeit-Soll erfüllt und nicht etwa bei Schönwetter ein Sonnenbad genießt, so wenig kann sich der Teleworker sicher sein, ob der Vorgesetzte und seine Kollegen nachvollziehen können, dass es sich beim eingereichten Forschungsantrag um intellektuelle Schwerarbeit handelt. Dass Betrieb und Person auf diese neuen Unsicherheitszonen unterschiedlich reagieren, liegt auf der Hand. Die formale Organisation, der Inbegriff von Rationalität, weiß sich bekanntlich mit Controllingsystemen zu behelfen, um den Leistungsbeitrag der Mitarbeiter zu kontrollieren. Die Erwerbstätigen hingegen sind im Hinblick auf die verlorengegangene Erwartungssicherheit auf sich alleine gestellt. Sie müssen sich nun in Bezug auf ihre Handlungs-

wahl mit neuen „Kalkulationsgrundlagen" arrangieren, denn die Logik der Beobachtung arbeitet nach einem anderen Prinzip als die Logik der Verhandlung. Und so darf es nicht verwundern, dass angesichts herausfordernder Wissensarbeit und hohen Leistungsdrucks Hochkostensituationen entstehen, die auch unlogische Verhaltensweisen mit sich bringen: „Je mehr es um Hochkostensituationen geht, desto wachsamer wird man in Beobachtungs- und Beeinflussungskonstellationen auftreten" (vgl. Schimank ebd.: 292). Die Menge und Komplexität aller wichtigen Interferenzen eines Akteurs überschreitet aber dessen Wachsamkeitskapazität bei weitem. Dies führt zu der Schlussfolgerung, dass die neuen Belastungsphänomene, die entlang der Subjektivierung von Arbeit diskutiert werden, in einem kausalen Zusammenhang zur Beobachtungslogik stehen müssen. Der sozialen Dynamik dieser „Beobachtungskonstellation", die als *grundlegendes Beziehungsmuster* für Akteurkonstellationen steht, gilt daher im noch Folgenden die ungeteilte Aufmerksamkeit.

6.3.2 *Dynamiken der Abweichungsverstärkung: Anpassungsverhalten und sequentielles Reagieren in Beobachtungskonstellationen*

Obwohl Arbeitsorganisationen synonym für Verhandlungskonstellationen stehen, kann es für die Durchdringung von praktischen Erklärungsproblemen zielführend sein, eine *analytische Dekomposition* vorzunehmen. Denn aufgrund unterschiedlicher struktureller Gegebenheiten finden mit Schimank in den jeweiligen Konstellationsarten auch unterschiedliche Arten von sozialen Dynamiken statt: Der Verhandlungswilligkeit auf der einen Seite (Betrieb und Person) stehen Kooperation und Wettbewerb auf der anderen Seite gegenüber (Person A und Person B). *„Freiwillige Selbstausbeutung", so hat es den Anschein, ist dabei nichts anderes als ein Konstellationsprodukt: das Ergebnis wechselseitiger Beobachtung und Anpassung und damit die Folge von abweichungsverstärkenden und abweichungsdämpfenden Dynamiken.* Das Erkenntnisinteresse richtet sich dabei auf den Aufbau und auf die Veränderung „normativer Erwartungsstrukturen", die im Referenzumfeld der betrieblichen Organisation auf das individuelle Arbeitshandeln Hochqualifizierter Einfluss nehmen.

     Dass sich Erwartungsstrukturen überhaupt verändern, rekonstruiert sich mit Schimank über Dynamiken der Abweichungsdämpfung und der Abweichungsverstärkung (vgl. Schimank 2002a: 207ff). Abweichungsverstärkend sind demzufolge alle Dynamiken, die auf eine Zustandsänderung *hin*wirken, während abweichungsdämpfende Dynamiken dieser Zustandsänderung *entgegen*wirken. Die Intentionsinterferenzen zwischen den Hochqualifizierten, die einer Akteurkonstellation überhaupt erst ihre Berechtigung geben, bezieht sich bei gleichgestellten Arbeitskollegen auf das nicht weiter diskutierte Ziel, entsprechend der arbeitsorganisatorischen Operationslogik die eigenen Interessen auszuweiten: sei dies nun das Hinaufklettern der Karriereleiter, das Absichern der leistungsorientierten Zusatzgratifikation oder ganz einfach die Reduktion des Kündigungsrisikos in Zeiten hoher Arbeitslosigkeit (vgl. hierzu bereits die Ausführungen in den vorangestellten Teilabschnitten).

Wechselseitige Wahrnehmung
Theoretisch modellierbar sind nur „geschlossene Strukturdynamiken"; nur über diese lässt sich eine verallgemeinerbare „Logik der Aggregation" im Sinne Hartmut Essers formulieren (Schimank 2002a: 173). Die Begründung: Bei geschlossenen Strukturdynamiken ist von einer „zirkularen Kausalität" zwischen den Handlungsketten auszugehen, die fortdauert und

anhält. Die Art, wie sich die Akteure in ihrer Handlungswahl dabei wechselseitig wahr-nehmen, spielt bei strukturdynamischen Prozessen eine wesentliche Rolle. So hängt die Möglichkeit der *direkten Wahrnehmung* davon ab, wie klar umgrenzt eine Konstellation ist: „Umgrenztheit erleichtert nicht nur direkte Wahrnehmung, sondern bewirkt darüber hinaus eine Fokussierung von Wahrnehmung. Man weiß, auf wen man achten muss. Das wiede-rum beschleunigt Dynamiken der Abweichungsverstärkung" (vgl. hierzu Schimank 2002a: 227). Mayntz und Nedelmann (1987) sprechen in diesem Zusammenhang von „umrissenen Handlungssystem": Dieses Handlungssystem ist Ausgangspunkt und begrenzter Beobach-tungsrahmen für den kausalen Mechanismus von eigendynamischen Prozessen, die durch „Aktions-Reaktions-Sequenzen" von sozialen Akteuren erzeugt werden (ebd.: 656). Dabei rufen die einzelnen Akteure durch ihre Handlungswahl Wirkungen hervor, die zur Fortset-zung motivieren. Einsichtig wird dies beispielsweise dort, wo ein kleines Projektteam hohe Handlungsautonomie genießt und kaum fremdbestimmt ist. Einzig der Terminhorizont der Projekte lenkt den Arbeitsprozess. Ohne gezielte Beeinflussung kann es zum Beispiel dazu kommen, dass aufgrund einer engen Terminvorgabe das ganze Projektteam eine Nacht-schicht einlegt. Unter Bezugnahme auf Neidhardt (1981) würden Mayntz/Nedelmann hier-zu festhalten, dass alle Beteiligten sich fortlaufend gegenseitig stimulieren, „im Feld zu bleiben und weiterzumachen. Der Prozess erzeugt die Motive seiner Fortsetzung – und zwar unabhängig davon, ob dieser Effekt gewollt ist oder nicht" (vgl. hierzu Neidhardt 1981: 251, zitiert in Mayntz/Nedelmann 1986: 657). Sich mit Mayntz/Nedelmann auf die Analyse des Prozessverlaufs freiwilliger Selbstausbeutung einzulassen, heißt dann aller-dings auch, die „Zirkulärstimulation" (ebd.: 651) in den Blick zu nehmen:

> „Soziale Sachverhalte unter eigendynamischer Perspektive betrachten heißt: Prozesse zirkulärer Stimulation zwischen angebbar handelnden Akteuren analysieren, wechselseitige Verstärkungen oder (gerade umgekehrt) Hemmungen bestimmter Verhaltensweisen untersuchen und fragen, welche Effekte diese Zirkulärstimulation für die in den Prozess involvierten Akteure und ihren Handlungskontext haben" (Mayntz/Nedelmann 1987: 651).

In diesen theoretischen Zusammenhang lässt sich auch das Konzept des „Mutual adjustment" stellen, das auf Fritz Scharpf (1997) zurückgeht. So würde sich in einer Kons-tellationssituation jeder jedem anpassen, einschließlich der eigenen Person: „Der Konstella-tionszustand wird als gegeben hingenommen; und jeder bemüht sich beständig, für sich das Beste daraus zu machen – wodurch man einen neuen Zustand erzeugt, der wieder entspre-chende Bemühungen hervorruft, usw." (vgl. hierzu interpretierend Schimank 2002a: 221). March/Olsen halten in ähnlicher Weise fest: „Nevertheless, we assume organizational par-ticipants will try to understand what is going on, to activiate themselves and their resources in order to solve their problems and move the world in desired directions" (March/Olsen 1987: 21).

Eskalatorische Strukturdynamik
Dass eigendynamische Prozesse in komplexen und hochgradig dynamischen modernen Gesellschaften vermehrt auftreten und in ihrer Weiterentwicklung eine besondere Rolle spielen, ist mit Mayntz/Nedelmann (1987) ein Faktum. Bezugnehmen lässt sich hier auf ein Untersuchungsergebnis von Merllié/Paoli (2002), bei dem die Befragten angeben, dass das Arbeitstempo statistisch mit rund 43 % von den Kollegen abhängig ist und damit gleich an zweiter Stelle nach dem Faktor „Kunde macht Stress" folgt (vgl. hierzu bereits unter Ab-

schnitt 2.2 Merllié/Paoli 2002: 43). Wenn der Projektleiter einer Multimediaproduktion
folglich feststellt, dass der Termin nicht eingehalten werden kann, obwohl diese Produktion
das Schlüsselelement für eine wichtige Produktpräsentation ist, so wird dieser Projektleiter
alles daran setzen, die Fertigstellung irgendwie hinzubekommen, auch wenn dafür eine
Nachtschicht erforderlich ist. Schließlich will er die Erwartungen erfüllen, die an ihn gestellt sind: In erster Linie ein professionelles Produktionsergebnis abliefern und das vor
allem zeitgerecht, denn nach Verstreichen des Termins ist die Produktion so gut wie wert-
los. Die Kollegen ziehen aus der „freiwilligen" Abweichung ebenfalls ihre Schlüsse und
passen ihr Handeln an das des Projektleiters an: Sie wissen, dass Erfolg ebenso wie Nicht-
erfolg auf das gesamte Team zurückfällt. Zeigt die Strategie „Nachtschicht" allerdings
Wirkung und die Produktion wird tatsächlich zeitgerecht fertig, wird dieses Team auch in
einer nächsten Projektsituation nicht zögern, eine ähnliche Handlungsweise an den Tag zu
legen. Dem erweiterten Arbeitsumfeld gegenüber, insbesondere der Leitungsebene im Unternehmen, wird damit aber demonstriert, dass in der Multimediaabteilung andere Regeln
Gültigkeit haben als beispielsweise in weniger terminsensiblen Bereichen wie dem Office
oder der Qualitätssicherung. Insofern erzeugt der Prozess das Motiv *zu bleiben* und weiter-
zuarbeiten, anstatt endlich nach Hause zu gehen, um zu regenerieren.

Das handelnde Zusammenwirken dieser Projektmitglieder führt schließlich dazu, dass
die Akteurkonstellation eine eskalatorische Strukturdynamik entfaltet: Die Konstellation
verstrickt die Person zum Zeitpunkt T0 in eine „Logik der Situation", die zur freiwilligen
Selbstausbeutung führt und damit als „Logik der Aggregation" den Situationsdruck zu
weiterer und intensivierter freiwilliger Selbstausbeutung zum Zeitpunkt T1 produziert und
so weiter und so fort. *Der schleichende „Niedergang" der normativen Erwartungsstruktur
„Um 18.00 Uhr ist Dienstschluss!", erklärt sich damit über abweichungsverstärkende
Dynamiken, die auf wechselseitiger Anpassung und auf Aktions-Reaktions-Sequenzen beruhen.*

So gewinnt beim obigen Beispiel auch die *Zeit* an strukturbildender Kraft.[85] Während
am Anfang noch sehr vieles passieren konnte (die Projektmitglieder hätten die Nachtschicht
ja verweigern können) ist am Ende die Möglichkeitsvielfalt erheblich eingeschränkt. Wie
das obige Beispiel nämlich zeigen kann, wachsen die Stabilisierungschancen für eine neue
Arbeitszeitkultur sequentiell an. Und ohne es zu merken, geraten die Erwerbstätigen also in
eine „Arbeitszeitfalle", an deren Bau sie selbst beteiligt sind.

Ein weiteres Konzept, das sich dazu eignet, die eigendynamische Entwicklung freiwilliger Selbstausbeutung zu rekonstruieren, ist das Konzept der „focal points" von Thomas
Schelling (1960). Dabei geht es um die „Attraktoren der Handlungswahl", die den Akteuren
aus irgendeinem Grund ins Auge fallen (vgl. Schimank 2002a: 223). Und führt man sich
vor Augen, mit welchen Arbeitsgeräten Hochqualifizierte zumeist ausgestattet sind, wird
man auch rasch fündig: trendige Hochleistungs-Laptops, Wireless-LAN-Pakete für mobile
Kommunikation oder das neueste Telefon. Diese Produkte entsprechen nicht nur in funkti-
oneller Hinsicht dem neuesten Stand der Technik, sie verkörpern vor allem beruflichen
Status. Die Hochqualifizierten übernehmen damit Vorbildfunktion und setzten Maßstäbe,
wie man selbst gerne sein möchte bzw. was man gerne haben möchte. Wem ist es da zu
verdenken, dass man sich nicht auch wünscht, einmal ganz zeitgemäß im Flugzeug zu sit-

---

[85] Vgl. hierzu Schimanks Ausführungen zu Brian Arthur (1989): Dieser hat ein wahrscheinlichkeitstheoretisches
Modell entwickelt, mit dem sich Stabilisierungsvorteile für abweichungsverstärkende Dynamiken nachweisen
lassen, die an den Faktor „Zeit" gekoppelt sind.

zen und in luftiger Höhe E-Mails zu checken? Die Tragweite dieser Entwicklung, immer und überall erreichbar sein zu müssen, wird den Berufsreisenden vermutlich erst zeitverzögert bewusst. Zum Beispiel, wenn trotz Jet-lag noch die letzten Anweisungen vom Headquarter abzurufen sind, die beim International Meeting auf die Tagesordnung müssen. *Unter der Berücksichtigung, dass Hochqualifizierten modernste Arbeitsgeräte und ausgeklügelte Telekommunikationstechnologien zur Verfügung stehen, muss der freiwilligen Selbstausbeutung damit ein „Strukturvorteil" zugeschrieben werden: Diese Beschäftigtengruppe ist die Elite, der man gerne angehören möchte und mit der man sich identifizieren kann.* Argumentatives zur Aggregationslogik stellt auch Coleman mit seinem „Sozialsimulationsspiel" zur Verfügung (vgl. hierzu Coleman 1991: 14): Die Spieler (im vorliegenden Falle also die Mitglieder der Projektgruppe) sind zugleich Rollenträger mit Interessen oder Zielen und das Spiel verfügt über Regeln für die Handlungsweisen, den Spielablauf und die Konsequenzen:

> „Der erste Übergangstyp spiegelt sich im Spiel in all den Elementen wider, die die Bedingungen für die Handlung eines Spielers festlegen: die Interessen des Spielers, die von dem Ziel, das die Regeln bestimmen, vorgegeben werden; die Handlungsbeschränkungen, die von anderen Regeln festgelegt werden; die Anfangsbedingungen, die das Umfeld für die Handlungen vorgeben; und das neue Umfeld, das nach Spielbeginn von den Handlungen anderer bestimmt wird. Der zweite Übergangstyp spiegelt sich in den Konsequenzen einer Spielerhandlung wider: wie diese mit den Handlungen anderer verknüpft wird, sie kreuzt oder auf alle anderen denkbaren Arten Wechselwirkungen mit ihnen erzeugt (was im Spiel und auch in der Realität gleichzeitig oder vor oder nach der Handlung des Spielers geschehen kann) und wie auf diese Weise ein neues Umfeld für die nächste Handlung geschaffen wird" (Coleman 1991: 14).

Wenn in autonomen Projektgruppen eine Abweichung von der *Normalarbeitszeit* erfolgt, bedeutet dies zwar noch lange nicht, dass gleich die Arbeitszeitstrukturen einer ganzen Unternehmung angepasst werden. Dennoch verändern sich schleichend die institutionellen Ordnungsmuster: Die Mitarbeiter einzelner Fachbereiche verabschieden sich von ihren vertraglich fixierten Arbeitszeitfenstern. Sie tun dies, indem sie durch ihr Weiterarbeiten signalisieren, dass in Härtefällen (z.B. das drohende Szenario, nicht zeitgerecht mit der Produktion fertig zu werden) die gültige Arbeitszeitregelung außer Kraft zu setzen ist. Die Konsequenz: Verbindliche Erwartungsstrukturen beginnen sich langsam aufzulösen und machen neuen, nicht weniger verbindlichen Erwartungsprinzipien Platz. Strukturdynamisch interpretiert strebt also die Dynamik der Abweichungsverstärkung, wenn sie einmal in Gang gekommen ist, aus sich heraus einem „lock-in" zu (vgl. David 1985). Schimank überträgt damit Davids Konzept der „Pfadabhängigkeit" auf den Sachverhalt, dass strukturaufbauende oder strukturverändernde Dynamiken der Abweichungsverstärkung in strukturerhaltende Dynamiken der Abweichungsdämpfung übergehen.

Was hat es mit diesen Mechanismen der Abweichungsdämpfung aber auf sich, wenn die Akteure einer Konstellation, in der freiwillige Selbstausbeutung praktiziert wird, hartnäckig an ihrer „unlogischen" Handlungswahl festhalten? Und dies, obwohl es Alternativen geben würde? Mit Konzepten aus der Spieltheorie lässt sich diesbezüglich weiter nach Erklärungen suchen.

6.3.3   Dynamiken der Abweichungsdämpfung: Teamgeist und „Null-Fehler-Toleranz" als Indikatoren für ein Prisoner's Dilemma

Überträgt man die situationsbedingte Bereitschaft einer Multimediaabteilung zu nächtlicher Mehrarbeit auf die formal geregelte „Vertrauensarbeitszeit"[86] in der Industrie, führt dies zum strukturdynamischen Prozess mit transintentionaler Folgewirkung: Auf der empirischen Ebene wird die vertraglich geregelte Arbeitszeit quasi über Nacht flexibilisiert und der Erwerbstätige wird zum Regisseur seiner eigenen Leistungsproduktion. Mit Blickrichtung auf die theoretisch generalisierbare Konstellationslogik hat sich hier aber Grundlegendes verändert. Indem die Verhandlungskonstellation das physische „Kontrollinstrument", der Stechuhr, aus dem betrieblich gesteuerten Arbeitsprozess herauslöst, verzichtet sie auf institutionalisierte und damit auch gelernte Situationskontrollen. Dass diese Kontrollfunktion allerdings an die Logik einer Beobachtungskonstellation abgegeben wird, ist nicht so ohne weiteres ersichtlich. Hier bedarf es der Übersetzungskraft strukturdynamischer Redeinstrumente.

Vorerst: Der skizzierte Konstellationswandel hat die Organisation der Arbeit bereits fest im Griff. Beobachtbar wird dies an Begleiteffekten, die sich empirisch an der Oberfläche spiegeln. Beispielsweise in der Gestalt neuer Arbeitsformen, bei denen „Projektmanagement" ebenso selbstverständlich ist wie die Entwicklung, sich als Arbeitskraft selbst outzusourcen; damit ist man als freier Werksvertragspartner für mehrere Unternehmen tätig, mit allen Vor- und Nachteilen der „Quasi-Selbständigkeit".

Was den Arbeits- und Sozialwissenschaften aber Kopfzerbrechen bereitet, ist die Tatsache, dass sich entlang dieser neuen Arbeitsformen auch neue Belastungsfolgen zeigen. Denn der Gesellschaft, die ihre Innovationskraft aus dem Wissensvorrat ihrer kompetenten Mitglieder schöpft, scheint die tragende Säule einzustürzen, auf der alles aufbaut. Ganz konkret geht es dabei um den Menschen mit seinen außerordentlichen Fähigkeiten. Und der hat dummerweise auch ernstzunehmende Schwachstellen. Nicht, dass es in quantitativer Hinsicht zuwenig an Arbeitskraft geben würde. Das Problem liegt tiefer. Die Arbeitskraft mit dem dazugehörigen Arbeitsvermögen scheint sich nämlich auf breiter Basis abzunutzen. Und das verursacht mittlerweile enorme „Systemkosten".[87] Widersprüchlich ist dies unter Human-Resource-Gesichtspunkten insofern, weil das Konzept der Arbeit, zumindest vor dem industriegeschichtlichen Hintergrund, doch eigentlich einem „face-lifting" unterzogen wurde. Erwerbsarbeit ist heute großflächig vergeistigt, sie bietet Freiraum für eigenes Gestalten und müsste – so zumindest der Eindruck – vom „Makel der Entfremdung" befreit sein. Am Beispiel freiwilliger Selbstausbeutung zeigt das Pendel jedoch wieder in die entgegen gesetzte Richtung. Allerdings scheint sich hier, ganz salopp formuliert, „der Hund in den Schwanz zu beißen". Denn warum sollte ein Unternehmen dem Phänomen freiwilliger Selbstausbeutung einen Riegel vorschieben? Zumindest aus teilsystemischer Sicht wäre dies geradezu kontraproduktiv. Welcher „Logik" folgen dann aber andererseits die ebenfalls eigennützig und auf sich bedachten Hochqualifizierten, wenn sie von ihrer Wahlentscheidung, die Belastungssituation freiwilliger Selbstausbeutung jederzeit verlassen zu können, keinen Gebrauch machen?

---

[86] Vgl. hierzu ausführlicher den Bericht der Süddeutschen Zeitung zur Abschaffung der Stechuhren bei IBM vom 16.10.2000, abgedruckt bei Moldaschl/Voß (Hg., 2003: 300-302).
[87] Vgl. hierzu bereits die Untersuchungsergebnisse des „Fehlzeiten-Reports" von Badura et. al (2006/2007) ebenso wie die Analyse zu krankheitsbedingten Frührenten bei Dragano (2007).

Strukturdynamisch argumentiert: Gerade Hochqualifizierte finden normative Strukturen vor, deren Zustand im weitesten Sinne „erhaltenswert" ist. In diesem begehrten Arbeitsfeld geht es nebst attraktiven Verdienstmöglichkeiten nämlich auch um Prestige und Zukunftschancen sowie um Gestaltungsmöglichkeiten und um persönliche Freiheiten. Diese Freiheiten, die an den Autonomiegrad der Erwerbstätigen gebunden sind, lenken das theoretische Interesse schließlich auf die grundlegenden Mechanismen „sozialer Kontrolle". Denn diese Mechanismen halten nicht nur den Homo Sociologicus, sondern auch Akteure mit anderen Handlungsantrieben zur Normkonformität an. Der analytische Fokus konzentriert sich damit auf die *informelle soziale Kontrolle* einer Kollegengruppe, die dafür sorgt, dass etablierte Normen nicht gebrochen werden.

Spieltheorie: Das „Prisoner's Dilemma" freiwilliger Selbstausbeutung
Macht man sich die Mühe, bei unerklärlichen Problemstellungen auch in Betracht zu ziehen, dass soziale Zwänge im Spiel sind, die verhindern, dass „logisch" gehandelt wird, ergeben sich in theoretischer Hinsicht neue Möglichkeiten. Das „Prisoner's Dilemma", auch als *Gefangenendilemma* geläufig, ist in diesem Zusammenhang ein spieltheoretisches Modell, das sich auf Entscheidungssituationen anwenden lässt, in denen die beteiligten Akteure selbstsüchtig handeln.[88] Unter dem Gesichtspunkt „freiwilliger Selbstausbeutung", die bereits mit Hilfe eines modifizierten Homo Oeconomicus als nutzenorientierte Situations- und Selektionslogik konzipiert wird, scheint diese Herangehensweise schlüssig. Zumal mit Schimank der Zugang zur Spieltheorie etwas leichter fällt. Er demonstriert mit bildunterstützender Metaphorik, dass die Berücksichtigung der Gefangenenkonstellation immer dann Relevanz bekommt, wenn handelndes Zusammenwirken dazu führt, dass der Status quo von Erwartungs-, Deutungs- oder Konstellationsstrukturen erhalten bleibt. Folge dessen also auch der Erhalt einer Situations- und Selektionslogik, in der autonomes, aber auch selbstausbeutendes Verhalten beobachtbar wird. Diese zwei Grundkomponenten, mit denen Schimank Dynamiken der Abweichungsdämpfung ausmachen kann, sind gleichzeitig auch der Suchraster für ein Prisoner's Dilemma. So müssen einerseits Tendenzen, die auf eine Abweichung vom Status quo hinauslaufen, registriert werden; andererseits muss dieser registrierten Abweichung wieder „korrigierend" entgegengewirkt werden. Schimank (2002a: 208) verwendet hier das Beispiel eines Thermostaten, der die Raumtemperatur nicht nur messen kann, sondern auch die Abweichung erkennt und durch die Anpassung der Heizleistung entsprechend reagiert. Wie lässt sich damit aber der Sprung zum Phänomen freiwilliger Selbstausbeutung bewerkstelligen? Am besten über ein heuristisches Fallbeispiel.

Der Protagonist: Ein Hochqualifizierter, der sich aus einer belastenden Akteurkonstellation befreien möchte. *Die Konstellation:* Eine funktionierende Beziehung zwischen Arbeitskollegen. *Der Sachverhalt:* In der Projektgruppe dieser Kollegenschaft wird regelmäßig unbezahlt Mehrarbeit geleistet. Denn alle profitieren davon, wenn die

---

[88] Das „Gefangenendilemma", ein „Anwendungskonzept" aus der Spieltheorie, wird herangezogen, um zu erklären, warum Akteure kooperieren oder defektieren. Ausführliches hierzu findet sich bei Axelrod (2000), der sich auf beeindruckende Weise mit der „Evolution der Kooperation" beschäftigt hat. Einen gut verständlichen Überblick bietet auch Zürn (1992: 323-335). Von Rieck (2006) kommt der kritische Hinweis, dass vielen Wirtschafts- und Sozialwissenschaftern der Zugang zur Spieltheorie deshalb schwer fällt, weil es sich ursprünglich um eine mathematische Theorie handelt. Dass Coleman (1994) mit seiner „Mathematik der sozialen Handlung" Gegenteiliges beweist, dürfte dem Fachkundigen allerdings bekannt sein.

Terminziele erreicht werden. Damit ist nicht nur der Jahresbonus gesichert, auch die er-kämpften Freiräume (wie weitgehende Handlungsautonomie und Gestaltungsspielraum) bleiben aufrecht. Außerdem rücken andere Interessenten laufend nach. Will sich ein Ein-zelner aus Eigennutz (es ist Badewetter angesagt) der geltenden Norm also widersetzen („Bei Terminengpässen halten wir zusammen!"), kalkuliert er aus seiner Wollensbestrebung heraus wie folgt:

- Wir sind ein eingespieltes Team. Wenn ich „einmalig" das Badewochenende vorziehe, kann dies unserer Norm (Teamgeist, Terminpriorität) nichts anhaben. Ich profitiere al-so am meisten, wenn alle anderen die Norm befolgen, während ich sie missachte.
- Am schlechtesten steige ich aus, wenn alle anderen die Norm missachten während ich eisern daran festhalte, dass es bei Terminengpässen nichts zu rütteln gibt: Ich schwit-ze, die andern amüsieren sich beim Baden.
- Wenn ich mit allen anderen die Norm missachte, ist dies für mich das zweitschlechtes-te Ergebnis: Die allgemeine Erwartungssicherheit bricht zusammen. Zukünftig ist nicht mehr garantiert, dass wir im Bedarfsfall eisern zusammenhalten. Dieser Zusam-menhalt ist aber die Voraussetzung dafür, kritische Terminsituationen zu überbrücken.
- Am zweitbesten ist es deshalb, wenn alle, mich eingeschlossen, auf das Badewochen-ende verzichten und wir uns „normkonform" und teamorientiert verhalten. Denn so bleibt zumindest die Erwartungssicherheit aufrecht, auch wenn ich mein Wollen nicht realisieren kann.

Mit dem Prisoner's Dilemma wird man also darauf aufmerksam, welche Mechanismen der Abweichungsdämpfung in eine Akteurkonstellation eingebaut sind. Ginge man nämlich nur vom Wollenshorizont eigennütziger Erwerbstätiger aus, dann wäre es höchst unwahrschein-lich, dass durch das handelnde Zusammenwirken in Beobachtungskonstellationen normati-ve Erwartungsstrukturen aufrecht erhalten blieben. Wie sich der einzelne Kollege unter Kooperations- und Wettbewerbsbedingungen also verhält, ist in Bezug auf die Konstellati-onsdynamik ganz wesentlich: Man zieht seine Schlüsse und passt sein Handeln dem der anderen an. Stets darum bemüht, das jeweils Beste aus der neuen Situation zu machen. Ist dieser Anpassungsmechanismus aber erst einmal in Gang gesetzt, gehen abweichungsver-stärkende Dynamiken in abweichungsdämpfende über. *Soziale Kontrollmechanismen sor-gen nun dafür, dass freiwillige Selbstausbeutung „passieren kann" und auf hohem Niveau aufrecht erhalten bleibt. Und zwar als Struktureffekt, der sich pfadabhängig zu institutiona-lisieren beginnt.* Aufgrund der wechselseitigen Beobachtungsmöglichkeit ebenso wie der Langfristigkeit, auf die die Arbeitsbeziehung dieser Kollegen angelegt ist, kann sich hier unbemerkt und hinter dem Rücken der Beteiligten eine neue Arbeitsmoral entwickeln: Der „Teamgeist" übernimmt normative Kontrollfunktion. Selbst das gut begründbare Fernblei-ben eines Einzelnen kann innerhalb dieser Arbeitsgruppe negativ sanktioniert werden. Zum Beispiel mit dem Seitenhieb, dass die Einsatzbereitschaft „etwas nachlässt". Dazu wird es aber vermutlich erst gar nicht kommen, denn die tatsächliche Ahndung von Normverstößen ist unter dem Gesichtspunkt eines „Prisoner's Dilemma" selten erforderlich. In der Regel scheint der Mechanismus der Abweichungsdämpfung über die Antizipation dessen zu funk-tionieren, was geschehen würde, wenn man sich eben nicht normkonform verhält (vgl. Schimank ebd.: 211). Bei Crozier/Friedberg (1993) findet sich in diesem Zusammenhang auch der Hinweis auf eine *zweite Kategorie* von Zwängen (ebd.: 198). Diese Zwänge beruhen nach Interpretation der Autoren – ähnlich wie hier dargestellt – auf der Zugehörigkeit der Entscheidungsträger zu bestimmten Handlungssystemen.

Normative Kontrollfunktion kann des Weiteren auch das „Professionalisierungsstreben" übernehmen, das Hochqualifizierte auszeichnet. Geht man nämlich davon aus, dass nicht die Termintreue, sondern das „perfekte Ergebnis" die Bezugsgröße für freiwillige Selbstausbeutung ist, zeigt sich eine ähnliche Konstellationsdynamik wie beim vorangegangen Beispiel. Erschwerend kommt allerdings hinzu, dass es beim Professionalisierungsgrad keine Stoppregel gibt: Ist die „Qualitätsspirale" erst einmal in Gang gesetzt, gibt es – im Gegensatz zur Terminlogik – kein Zurück mehr; das inhaltliche Niveau der Projekte wird ständig angehoben und erhöht zusätzlich den Leistungsdruck. Beobachtbar wird dies im Bereich des „industriellen Customer-Relations-Marketing": Hier geht es um anspruchsvolle und individualisierte Kundenbetreuungskonzepte für „Key Accounts". Und diese Konzepte sind als Dienstleistungskomponente eng an den eigentlichen Produktgegenstand gekoppelt. So werden Kundentermine regelrecht inszeniert, um nachhaltig Eindruck zu hinterlassen. Wenn dann alles reibungslos funktioniert, fällt dieser Eindruck bestenfalls auch wieder positiv auf das Unternehmen zurück. Das erfolgsrelevante Ergebnis aber (ob neuer Auftrag oder zufriedene Kunden) lässt sich dem Projektleiter bzw. dem ganzen Projektteam zuordnen. Denn was beim zahlungskräftigen und oft weit gereisten Kunden hängen bleibt, sind nicht nur harte Fakten. Vor allem emotionale und soziale Komponenten bestimmen den weiteren Geschäftsverlauf.[89] Die „Show" (mit Beamer, Screens, Sound und Moderation) muss also reibungslos funktionieren, die Fehlertoleranz liegt bei „Null". Projektteams, die mit derartigen Aufgabenstellungen zu tun haben, arbeiten in der Regel hoch professionell, sind stolz über den gelungenen Projektverlauf und bezeichnen sich gerne als „eingeschworene Truppe", denn jeder weiß: Beim nächsten Termin geht es wieder ums Ganze. Und wer damit nicht klar kommt, passt auch nicht ins Team. Hier wirken abweichungsverstärkende- und abweichungsdämpfende Dynamiken im Wechselspiel zusammen. An diesem Beispiel lässt sich auch gut ablesen, dass Strukturerhaltung nicht statisch, sondern prozesshaft vonstatten geht. Denn Strukturerhaltung beruht wie bereits expliziert ja darauf, dass permanent entweder tatsächlich eingetretene Störungen korrigiert oder drohende Störungen vorbeugend vermieden werden (vgl. Schimank 2002a: 213). Wenn infolgedessen nicht ständig etwas dafür getan wird, dass soziale Strukturen so bleiben, wie sie sind, verändern sie sich wieder. Und obwohl bei der vorliegenden Analyse die „Erwartungsstrukturen" im Vordergrund und die koexistenten Deutungs- und Konstellationsstrukturen im Hintergrund stehen: Das Modell der Abweichungsdämpfung liefert für alle Arten der Strukturerhaltung in Konstellationen wechselseitiger Beobachtung ein einfaches, heuristisches Suchschema:

> „Um Strukturerhaltung zu erklären, muss man zum einen nach Bedingungen Ausschau halten, die es den jeweiligen Akteuren ermöglichen, Veränderungstendenzen zu erkennen oder vorauszusehen, und zum anderen Handlungsmöglichkeiten identifizieren, mittels derer die Akteure solchen Tendenzen entgegenwirken können – und zwar ohne auf Einflusspotenziale oder Verhandeln zurückzugreifen" (vgl. Schimank 2002a: 213).

Die These, dass es sich beim Phänomen freiwilliger Selbstausbeutung um ein „Konstellationsprodukt" handelt, lässt sich mit abweichungsverstärkenden und abweichungsdämpfen-

---

[89] In diesem Zusammenhang sei auf umfassende Literatur im Bereich „Marketing und Vertrieb" hingewiesen.

den Mechanismen wechselseitiger Beobachtung also relativ unaufwendig entfalten. Soziologisch interessant ist diese Überlegung vor allem deshalb, weil es gelingt, sich der Eigenlogik freiwilliger Selbstausbeutung im Wortsinn „an die Fersen zu heften". Wie die unterschiedlichen Analyseschritte nachweisen können, ist bei freiwilliger Selbstausbeutung von einer „Handlungsgeschichte" auszugehen, die sich in struktureller Hinsicht auch durch eine Dramaturgie auszeichnet: Der Anfang beginnt recht unspektakulär und die Beteiligten sind noch in keinster Weise nervös. Je kostenintensiver die ständige Verausgabungsbereitschaft aber wird, das heißt, wenn sich auch gesundheitliche Folgewirkungen einstellen, desto fragwürdiger wird die rationale „Wahlentscheidung", freiwillig und unbezahlt Mehrarbeit zu leisten. Und sowohl Betroffene wie Beobachtende können sich nicht erklären, wie es letzten Endes zum worst-case-Szenario eines Burnout kommen konnte.

Es lohnt sich also, ein Erklärungsproblem wie die freiwillige Selbstausbeutung soziologisch zu verrätseln, um zu neuen Einsichten zu gelangen, und zwar im Sinne von Diagnose und Prognose. Und wie es den Anschein hat, bekommt das (in begrifflicher Hinsicht vorbelastete) Phänomen nun einen medial tauglichen Namen. Womit folgende Frage diese strukturdynamische Analyse abschließen wird: *Wie ist es möglich, dass Burnout plötzlich in aller Munde ist, und man sich (fast) nicht mehr zu genieren braucht, wenn man von dieser Symptomatik betroffen ist oder bereits betroffen war?*

6.3.4   Hochkostensituation „freiwillige Selbstausbeutung": Vom Einzelschicksal zur kollektiven Mobilisierung?

Versetzt man sich in die Belastungssituation von Hochqualifizierten, erkennt man, dass sich diese Menschen, spieltheoretisch und aus der Perspektive eines Homo Oeconomicus betrachtet, in einem „Prisoner's Dilemma" befinden.[90] Diesen Erwerbstätigen ist klar, dass freiwillige Selbstausbeutung, systematisch und auf Dauer praktiziert, existenzbedrohliche Ausmaße annehmen kann. Will man aber unter Konkurrenzbedingungen den positiv besetzten autonomen Arbeitsplatz behalten, tut man gut daran, ihn sich durch permanente Hochleistung täglich neu zu verdienen. Zumal die Kollegen als aktuelle oder ständig nachrückende Konkurrenten dasselbe tun.

Diese Perspektive ist insofern aufschlussreich, als dass sich damit auch theoretisch rekonstruieren lässt, warum es im beobachteten Milieu der Hochqualifizierten nicht zur kollektiven Leistungszurückhaltung kommt, welche den Tatbestand freiwilliger Selbstausbeutung auf ein erträgliches Maß zurückfahren würde: Soziale Kontrollmechanismen, die in Beobachtungskonstellationen als normative Erwartungsstrukturen wirksam werden, leisten nämlich als abweichungsdämpfende Dynamiken ganze Arbeit. Damit zeigt sich auch das „Grundproblem der Kooperation" (vgl. Axelrod 2000). Denn wenn die Verfolgung des Eigeninteresses von jedem einzelnen zu einem schlechten Ergebnis für alle zusammen führt, ist es besser, dasselbe zu tun wie alle anderen. Respektive: eine hohe Verausgabungsbereitschaft an den Tag zu legen.

Die ausbleibende soziale Selbstbeschränkung hat mit Schimanks „reflexiven Interessen" (vgl. 2005a: 153 bzw. Pkt. 6.2.2 dieser Arbeit) über die interpersonelle Konkurrenzdynamik hinaus aber noch eine weitere Dimension. Durch die Aussage einer Betroffenen, der

---

[90] Vgl. hierzu neuerlich die empirischen Bezugspunkte unter Kapitel 2 dieser Arbeit; ebenso die Wortmeldungen betroffener Akteure bei Moldaschl/Voß (Hg. 2003) oder Glißmann (2003).

es „persönlich peinlich ist, bei einem Meeting schlecht vorbereitet zu erscheinen und rumzustottern", lässt sich eine zusätzliche Konkurrenzkonstellation ablesen. So erfüllt diese Akteurin, die hier stellvertretend für die Beschäftigtengruppe der Hochqualifizierten steht, ihre Arbeit erst dann mit Stolz, wenn sie ihre Aufgaben auch mit einer besonderen Qualität erledigen kann. Wenn das Pflichtpensum an Tätigkeiten dies jedoch verhindert, wird die Ausweitung der Arbeitszeit offenbar als einzige Möglichkeit gesehen, das individuelle Anspruchsdefizit zu kompensieren. Und weil auch die anderen Akteure nicht auf perfekte Leistungen und die damit verbundene Anerkennung verzichten wollen, zwingt jeder nicht nur sich selbst, sondern auch die anderen in die freiwillige Selbstausbeutung hinein. Zur *interpersonellen Konkurrenzdynamik* in der Sozialdimension kommt somit noch die *intrapersonelle Konkurrenzkonstellation* in der Sachdimension dazu. Wenn deshalb Arbeitssoziologen wie Moldaschl (2001) die neuen Belastungserscheinungen rationalisierungskritisch als Folge neuer Herrschaftstechniken deuten, so ist ungeachtet theoretischer Präferenzen festzuhalten: Gesellschaftskritische Forschungsperspektiven sind durchaus angebracht, denn die Lage ist trist. Selbst wenn man über die emanzipatorisch gerichtete Analyse freiwilliger Selbstausbeutung eindeutig neue Sichtweisen an die problembehafteten Subjektivierungsfolgen herantragen kann, lassen sich dadurch nicht ohne weiteres Handlungsempfehlungen ableiten, die den Betroffenen zur Selbsthilfe gereichen. Zumal angesichts der hier vorgelegten Erklärungstiefe ohnedies die Frage zu stellen ist, ob es überhaupt eine Strategie geben kann, mit der sich der freiwilligen Selbstausbeutung auf der empirischen Ebene angemessen begegnen lässt. Aber auch hier kann die Strukturdynamik auf Erklärungsnischen hinweisen. So ist nämlich davon auszugehen, dass kein abweichungsdämpfendes „lock-in" (vgl. bereits David 1985) so stabil ist, dass nicht doch irgendwann wieder eine Dynamik der Abweichungsverstärkung einsetzen könnte. Was lässt sich daraus also ableiten? Angesichts empirischer Fakten zum arbeitsweltlichen Gesundheitsbarometer und vor dem Hintergrund der medial angeheizten Burnout-Debatte vor allem dies: *Die Gesamtpopulation der Erwerbstätigen weist im Hinblick auf den erreichten Beeinträchtigungsgrad freiwilliger Selbstausbeutung einerseits einen extrem niedrigen „Schwellenwert" auf. Und andererseits ist dieser Schwellenwert in der Population gleichmäßig verteilt.*[91] Eine These, die sich theoretisch abstützen lässt, indem der Antrieb individueller Handlungswahl bewusst ausgeblendet und die „Antriebe des handelnden Zusammenwirkens" groß eingeblendet werden (vgl. hierzu Schimank 2002a: 232-246).

Ein Makrobezug für das „Mikromodell" freiwilliger Selbstausbeutung
Auch wenn strukturdynamische Argumente überzeugen, so ist doch im Auge zu behalten, dass handelndes Zusammenwirken auf der Basis wechselseitiger Beobachtung nicht zwingend auf ein „lock-in" hinauslaufen muss. Denn die modellierten Dynamiken freiwilliger Selbstausbeutung (ob abweichungsverstärkende oder abweichungsdämpfende) setzen sich nur dann in Gang, wenn nicht bloß vereinzelte, sondern die meisten Akteure der Konstellation sich sozusagen im Sinne der Verausgabungsdynamik engagieren. *Ähnlich muss die Suchperspektive deshalb auch ausgerichtet sein, wenn es um die Frage geht, ob und wie es möglich sein kann, dass plötzlich an jeder Ecke vom Burnout-Syndrom gesprochen wird.*
     Macht man sich das sozialtheoretische Verständnis zunutze, dass es bei der „kollektiven Mobilisierung" (Schimank 2002a: 232-246) um Fragen des Anfangs und der Fortfüh-

---

[91] Mark Granovetter (1978) geht im Zusammenhang mit „Schwellenwerten" der Frage nach, wie es möglich ist, dass die Akteure unterschiedlich und damit zeitverzögert mobilisierungsbereit sein können.

rung von abweichungsverstärkenden und abweichungsdämpfenden Dynamiken geht, bedeutet dies im Hinblick auf die theoretische Rekonstruktion das Folgende: Es müssen zuerst
die Diskussionsforen ausgemacht werden, in denen über arbeitsweltliche Belastung und
Beanspruchung gesprochen wird. Somit ist die Forschungsperspektive weiterhin an den
Bedingungen auszurichten, die der Konstellationslogik wechselseitiger Beobachtung folgen. Hinreichend geklärt sein dürfte hierzu aber, dass dort, wo nichts zu beobachten ist,
auch kein Anpassungsverhalten stattfindet. Geht man deshalb, Bezug nehmend auf die
Burnoutforschung und mit Blick auf die Betroffenengruppe der Hochqualifizierten, davon
aus, dass psychische Beschwerdebilder mit einer labilen und instabilen Charakterstruktur
assoziiert werden, dann ist unschwer nachvollziehbar: Im Falle von Selbstbetroffenheit
wird man sich gegen diese Zuschreibung so lange wie nur möglich wehren. Wie bereits
gezeigt mit Kompensationshandlungen, die dann eben im Hamsterrad freiwilliger Selbstausbeutung enden: Man bemüht sich noch mehr als bisher, gibt vollen Einsatz und versucht
es bestenfalls noch mit einem Selbstmanagement-Seminar. Denn wer gibt schon gerne zu,
dass er nicht belastbar ist und der Sache nicht gewachsen? Ein Versager womöglich?
Kommt die persönliche Not arbeitsweltlicher Belastung aber nur in den eigenen vier Wän-
den zur Sprache, kann dies nicht nur auf der personalen Ebene fatale Auswirkungen haben.
Auch konstellationstechnisch ist dieser Sachverhalt brisant. Denn wenn die Betroffenen
einander keine Anhaltspunkte liefern, ob es ihnen ähnlich ergeht, kann sich auch keine
abweichungsverstärkende Dynamik entwickeln.

Insofern sind die arbeitssoziologischen Bemühungen, Betroffene zu Wort kommen zu
lassen, ein erster Lichtblick. Dahingehend, dass ausgehend von der wissenschaftlichen
Diskursebene „Bewegung" in die Belastungsdebatte kommt. Dies geschicht nicht, weil
noch zu wenig bekannt wäre, welche Belastungsdimension diese Menschen zu tragen haben; hier genügt ein Blick auf das Programm der Arbeits- und Organisationspsychologie
und der Burnoutforschung. Viel bedeutsamer ist, dass personale Forschungsansätze, wie sie
die Subjektivierungsdebatte fordert, auf den visionären Gehalt gesellschaftstheoretischer
Analysen aufmerksam machen. Denn die erwerbstätigen Stimmen, die im Zusammenhang
mit den neuen Belastungsphänomenen laut werden, bilden gleichsam das erste Glied in
einer abweichungsverstärkenden Prozesskette, die durchaus die Kraft hätte, das Prisoner's
Dilemma freiwilliger Selbstausbeutung zu überwinden. Die öffentlich gemachte Diskussion
setzt nämlich jene Mechanismen in Bewegung, die der Konstellationslogik wechselseitiger
Beobachtung folgen: Man liest oder hört zu, stellt fest, dass man nicht alleine ist und zieht
seine Schlüsse. Vor allem gelingt es, über die Erzählungen der anderen sein eigenes Handeln zu reflektieren und gegebenenfalls in Frage zu stellen. Vielleicht wagt man sogar, im
erweiterten Freundeskreis den kritischen Punkt individueller Belastungsgrenzen zu thematisieren.[92] Und kommt die Diskussion erst einmal in Gang, sind auch die psychologischen
Ratgeber zur Stelle, die man im Bedarfsfall dem gestressten Arbeitskollegen weiterempfeh-
len kann. Zieht man schließlich in Betracht, dass die volkswirtschaftlichen Kosten vor dem
Hintergrund der aktuellen Burnout-Dynamik ins Unermessliche steigen (vgl. hierzu bereits
ausführlich unter Kapitel 2), dann lässt sich behaupten: *Angesichts der regen Diskussion
auf wissenschaftlicher, wirtschaftlicher, medialer und politischer Ebene bleibt die Belas-
tungsproblematik moderner Arbeit nicht länger als „Einzelschicksal" beim Betroffenen.*
Dies ist allerdings nur möglich, wenn für alle Beteiligten, ob Unternehmer, Erwerbstätige

---

[92] Vgl. hierzu bei Schimank (2002c) auch den Beitrag: „Individuelle Akteure: Opfer und Gestalter gesellschaftlicher Dynamiken".

oder teilsystemische Einheit, der Mobilisierungsnutzen für die Teilnahme an Lösungsprogrammen höher ist als es die Mobilisierungskosten sind.

Damit lässt sich auch ein weiterer Bestimmungsfaktor kollektiver Mobilisierung heranziehen. Schimank vermerkt nämlich unter Bezugnahme auf Theoretiker wie Elster (1989) oder Olson (1965), dass in Beobachtungskonstellationen gelegentlich einzelne dazugehörige aber auch „externe" Akteure Einflusspotenziale einsetzen, um eine kollektive Mobilisierung voranzutreiben oder auch zu verhindern (vgl. Schimank 2002a: 244). Womit zwei dieser Akteure jüngst besonders augenscheinlich in Aktion treten: die Medien und die Gesundheitspolitik. Den Medien (ob Print, TV oder Internet) ist in diesem Zusammenhang zuzuschreiben, dass sie einen allgemein einsehbaren Beobachtungsraum schaffen, um der Problematik beruflicher Belastungssituationen Gehör zu verleihen. Da sprechen zum Beispiel Betroffene ganz offen über ihre Erfahrungen und schildern hautnah, was es mit dem Burnout auf sich hat. Die Hilfestellung kommt dann vom Experten oder vom Online-Ratgeber und somit sind die Menschen in ihrem Dilemma plötzlich nicht mehr alleine.

Die Gesundheitspolitik wiederum stellt Programme zur Verfügung, mit denen auf betrieblicher Ebene ganzheitliche Ansätze „en vogue" werden. So geht es bei der „Betrieblichen Gesundheitsförderung", initiiert vom Fonds Gesundes Österreich, um einen entwicklungsprozessorientierten Zugang, der an den Verhältnissen und am Verhalten ansetzt. Dieses Maßnahmenprogramm ergänzt und erweitert beispielsweise den traditionellen Arbeitnehmerschutz.[93]

Bezug nehmend auf Granovetters „Schwellenwerte" zeigt sich in Bezug auf das Burnout-Syndroms, das in seiner Symptomatik freiwillige Selbstausbeutung nachweislich berücksichtigt, letztendlich aber doch: Am günstigsten für eine kollektive Mobilisierung scheint es zu sein, wenn möglichst viele Akteure in der Konstellation auch möglichst niedrige Schwellenwerte aufweisen. Damit ist nämlich gewährleistet, dass die Kettenreaktion (irgendwann) unterbrochen wird. Denn die hier beschriebenen Kausalmechanismen bedeuten für alle Beteiligten – ob Person, Unternehmen oder teilsystemische Einheit – höhere Kosten. Es erübrigt sich daher weiter auszuführen, dass diese Kosten, je nach „Strukturgestalt" des Akteurs, unterschiedlich schmerzhaft sind. Dem Phänomen freiwilliger Selbstausbeutung jedenfalls erschließen sich über strukturdynamische Theoriemodelle auch neue Beobachtungsebenen. Und zwar sowohl auf der analytischen als auch auf der empirischen Ebene.

6.4 Fazit: Akteurmodelle und spieltheoretische Grundmuster

Das Eintauchen in die Theoriewelt der Akteur-Struktur-Dynamiken ist gleichermaßen anspruchsvoll wie herausfordernd. Einerseits wird deutlich, wie sehr die Erfahrungen des Alltags die geistige Arbeit befruchten. Und andererseits zeigt sich, dass sozialtheoretische Mikro-, Meso- und Makrobezüge auch dazu verleiten, sich bei eigenen Erklärungsproblemen „zu versteigen". Insofern ist ein theoretischer Ordnungsrahmen, der die freiwillige Selbstausbeutung immer wieder auf die personale Beobachtungsebene zurückholen kann, mehr als zweckdienlich.

---

[93] Zum Thema „Betriebliche Gesundheitsförderung" liegen entsprechende Informationsbroschüren bei der Arbeiterkammer oder bei der Wirtschaftskammer auf. Die Unternehmen wiederum haben die Möglichkeit, das Programm im Rahmen eigener Veranstaltungsreihen kennen zu lernen und vom Erfahrungsaustausch zu profitieren.

Anschlussfähiges für die Verausgabungsbereitschaft von Hochqualifizierten lässt sich nämlich bereits über den Mikrokosmos eines einzelnen Akteurs ausmachen. So verspricht die Aufschlüsselung von Handlungsantrieben nach *Nutzenorientierung, Normkonformität, Emotionalität* und *Identitätsstabilisierung* auch neue Erkenntnisse für den subjektivierten Arbeitsprozess. Vor allem lässt sich mit den Akteurmodellen nachzeichnen, dass die rationale Entscheidungswahl auch bei einem Phänomen wie der freiwilligen Selbstausbeutung nicht wegzudenken ist. Einer Disziplin wie der Arbeitssoziologie, die sich gesellschaftskritisch ausrichten will, tut dies aber keinen Abbruch. Vorausgesetzt, man verknüpft den Aspekt der „wollensbestimmten Wahlentscheidung" mit differenzierungstheoretischen Bezugspunkten; um dann ausgehend von einem modifizierten und nicht ganz perfekten Homo Oeconomicus die individuelle Nutzenkomponente aufzuspüren, die den handlungsfähigen Akteur leitet. Wie sich jedoch zeigt, ist der subjektive Nutzen stets in Beziehung zum subjektiven Belastungsgrad zu stellen, den die Betroffenen zum Ausdruck bringen. Was dazu führt, dass die Situations- und Selektionslogik, in der die freiwillige Selbstausbeutung ihren Ausgang nimmt, auch unter dem Gesichtspunkt des jeweiligen Belastungsniveaus zu betrachten ist. Analytisch reduziert lässt sich hier von „Niedrigkostensituationen" und von „Hochkostensituation" ausgehen. Oder als These formuliert: *Es ist abhängig von der Höhe der „Ausstiegskosten", ob Erwerbstätige in Belastungssituationen mehr oder weniger rational handeln.* Komplexitätssteigernd wirkt unter Berücksichtigung der sogenannten „Exit-Option" allerdings der Tatbestand kollegialer wie konkurrenzbehafteter Akteurkonstellationen. Hier spiegeln sich – empirisch wie analytisch – transintentionale Struktureffekte, die das handelnde Zusammenwirken von mehreren Akteuren zwangsläufig mit sich bringt.

So führen zu guter Letzt also abweichungsverstärkende und abweichungsdämpfende Konstellationsdynamiken zu neuen Einsichten für die vorliegende Problemstellung. Warum nämlich ganze Projektteams dazu tendieren, Wochenendarbeit zu leisten oder die Nacht zum Tag zu machen, nur um Terminfristen oder Qualitätskriterien einhalten zu können, dafür sind letzten Endes auch soziale Kontrollmechanismen zuständig. Und die entziehen sich nun einmal auf eigentümliche Weise der Selbst- und Fremdbeobachtung. Mit Hilfe der Grundmuster von handelndem Zusammenwirken, hier vor allem spieltheoretisch rekonstruiert, lässt sich diesem Umstand aber kreativ begegnen: „Freiwillige Selbstausbeutung" wird als Konstellationsprodukt interpretiert, das sich erst aus der wechselseitigen Beobachtungs- und Anpassungslogik heraus entwickeln kann. Wenn Managementtheoretiker wie Fredmund Malik (1994) deshalb festhalten, dass die „Kopfarbeiter" heute die zwar wichtigste, aber gleichzeitig auch die am wenigsten verstandene Komponente von Organisationen sind, kann die Soziologie zumindest dagegen halten. Denn was dank sozialtheoretischer Redeinstrumente sehr wohl verstehbar ist, das sind die strukturellen Rahmenbedingungen, in denen sich diese Kopfarbeiter bewegen und an deren Beschaffenheit sie selbst beteiligt sind.

7 Zusammenfassung: Rückblick und Ausblick

Im letzten Kapitel dieser Studie werden die verschiedenen Erklärungsschritte freiwilliger Selbstausbeutung zusammengeführt und zueinander in Beziehung gestellt. Eingangs folgt die Beschreibung einer Theoriearchitektur. Darauf aufbauend werden die *Verausgabungsbereitschaft* und das *Überengagement von Hochqualifizierten* analytisch wie empirisch fassbar. Im zweiten Abschnitt geht es um die kritische Würdigung der Subjektivierungsdebatte. Dies vor dem Hintergrund der internationalen Burnoutforschung und danach suchend, inwieweit gesellschaftstheoretische Aussagen zum Arbeitswandel auch disziplinübergreifend verwertbar sind. Der dritte Abschnitt berücksichtigt schließlich, dass in Ergänzung zur „Mikrofundierung" freiwilliger Selbstausbeutung auch ein Makrobezug herzustellen ist. Allerdings breiter angelegt, das heißt über die Selbstausbeutungsdynamik hinausgehend und ausgerichtet am Phänomen *Burnout*.

7.1 Die Genetik „freiwilliger Selbstausbeutung": Eine tragfähige Theoriearchitektur

Geht man von einer übergeordneten Zielsetzung dieser Analyse aus, dann lassen sich folgende Schwerpunkte aneinanderreihen:

1. Überführung der freiwilligen Selbstausbeutung in einen soziologisch angemessen Begründungszusammenhang
2. Verortung freiwilliger Selbstausbeutung im arbeitssoziologischen Kontext und Anbindung an ein bestehendes Analysekonzept
3. Festlegung der empirisch-analytischen Reichweite freiwilliger Selbstausbeutung
4. Lokalisierung von Schnittstellen, über welche sich die freiwillige Selbstausbeutung als frühe Burnout-Symptomatik ausweisen und wissenschaftlich legitimieren kann
5. Durchdringung der Ausbeutungs-Rhetorik mit arbeitssoziologischen Kategorien
6. Rückbindung freiwilliger Selbstausbeutung an die (gesellschaftliche) Organisation von Arbeit
7. Rekonstruktion der emanzipatorischen Aneignungslogik
8. Akteurzentrierte Modellierung einer nutzenorientierten Situations- und Selektionslogik
9. Strukturdynamische Rekonstruktion freiwilliger Selbstausbeutung im betrieblich-autonomen Handlungsfeld
10. Bereitstellung von Thesen, die bestehende arbeitssoziologische Belastungskonzepte erweitern
11. Verwissenschaftlichung der Selbstbetroffenheit

Somit ist die vorliegende Rekonstruktion zur freiwilligen Selbstausbeutung nichts anderes als ein exemplarisches Dekompositionsschema. Dieses Schema kann jenem Arbeitsengagement von Hochqualifizierten, das über die betriebliche Erwartungsnorm hinausreicht, „forschungspraktischen Sinn" zuführen. Der Entdeckungszusammenhang der paradoxen Verausgabungsbereitschaft wird mit Luhmann nämlich in bearbeitbare Unterproblemstel-

lungen zerlegt (Luhmann 1993: 206). Methodisch hat dies zur Folge, dass die belastungs-
und beanspruchungsrelevanten Subjektivierungsfolgen auf unterschiedlichen Prozessebe-
nen beobachtbar werden:

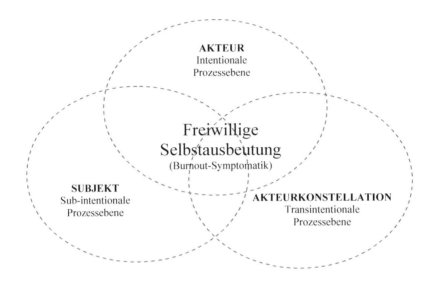

Abbildung 6:   Ein akteurzentriertes „Mikromodell" für die Rekonstruktion
                 subjektivierungsbedingter Belastungs- und Beanspruchungsphänomene

Die „Eigenlogik" freiwilliger Selbstausbeutung erschließt sich damit über eine Herangehensweise, die in erster Linie akteurzentriert analysiert und aus der Gestaltungsperspektive
handlungs- und entscheidungsfähiger Akteure argumentiert:

- Auf der Subjektebene handelt es sich bei der freiwilligen Selbstausbeutung um einen
  biologischen Vorgang, der als „emanzipatorisches Steuerungsmuster" dem Arbeitsvermögen menschlicher Arbeitskraft gleichsam einverleibt ist. Rekonstruierbar wird
  dieser theoretische Sachverhalt über den Aneignungsprozess, der als *sub-intentionale
  Triebstruktur* auf Selbsterhaltung und auf Selbsttätigkeit ausgerichtet ist.
- Auf der intentionalen und zielgerichteten Handlungsebene ist von einer nutzenorientierten Situations- und Selektionslogik auszugehen. Das heißt, dass Akteure, die sich
  freiwillig selbst ausbeuten, *bis zu einem bestimmten Punkt auch rational handeln.* Sobald allerdings Interessenskonflikte auftreten oder die eigenen Belastungsgrenzen realisiert werden, ist von einer „Hochkostensituation" auszugehen. Und in dieser kosten-
  wirksamen Situation muss der intentionale und rationale Handlungsantrieb wieder relativiert werden: über die emotionale und damit simultane Informationsverarbeitung.
- Auf der interdependenten Handlungsebene ist zu berücksichtigen, dass die wechselseitige Beobachtung in kollegialen und wettbewerbsabhängigen Akteurkonstellationen zu
  abweichungsverstärkenden und abweichungsdämpfenden Prozessen führt. Die damit
  verbundenen Struktureffekte treiben die freiwillige Selbstausbeutung nicht nur an,

spieltheoretisch gesehen manifestieren sich diese Effekte auch als soziale Kontrollmechanismen: Unter dem Gesichtspunkt von Teamgeist und Professionalisierungsansprüchen leisten gerade hochqualifiziert Erwerbstätige ihren (transintentionalen) Beitrag zur Verausgabungsdynamik, was sich als gesundheitskritisch und destruktiv erweist.

Ein Forschungszugang, der das „Gestaltungsvermögen" individueller Akteure in den Mittelpunkt stellt, kann über dieses Modell freiwilliger Selbstausbeutung aber Konstruktives ableiten: Während auf der rationalen *Entscheidungsebene* in existenziell bedrohlichen Belastungssituationen ein „emotional man" eingreifen kann, zeigt sich auf *Subjektebene*, dass auch beim Aneignungsprozess von Arbeitsvermögen ein Steuerungsmechanismus eingebaut sein muss. Und auf der *Interaktionsebene* nutzenorientierter Akteure sind kollektive Mobilisierungsdynamiken in Betracht zu ziehen, die im Notfall das Schlimmste verhindern. Ausgehend vom Problembezugspunkt dieser Studie wäre dieser Notfall ein „kollektives Burnout".

Über verschiedene Erklärungswege lässt sich die Irrationalität freiwilliger Selbstausbeutung also empirisch wie analytisch aufschließen. Daran müsste auch der Anspruch gemessen werden, ob und in welcher Qualität die vorliegende Studie einen „gesellschaftstheoretischen Beitrag" für das Burnout-Phänomen liefert.[94]

Ein kritischer Einwand kommt in diesem Falle gleich von der Autorin selbst. Denn die spezifische Form der Verausgabungsbereitschaft, die hier interessiert, ist eingegrenzt auf die Beschäftigungsgruppe „Hochqualifizierter" und auf „flexible Arbeitsformen". Damit lässt sich aber nur ein Teilausschnitt der belastungsrelevanten Gesamtproblematik erfassen. Für eine Debatte, die sich in spezifischer Weise einer „Soziologie des Burnout" verschreiben will, sollte das *Mikromodell freiwilliger Selbstausbeutung* aber dennoch Substanzielles bereithalten.

Freiwillige Selbstausbeutung – die Analyse im Zeitraffer
Ausgangspunkt dieser Theoriearbeit ist die Absicht, ein Erklärungsmodell zu entwickeln, mit dem sich die Eigenlogik freiwilliger Selbstausbeutung und die darin angelegte Disposition hin zum Burnout erklären lässt. Und zwar aus einer rein soziologischen Perspektive und mit Bezug auf die neuen Steuerungs- und Kontrollverhältnisse im Erwerbsprozess.

Die Anforderungen an den Untersuchungsrahmen sind nicht gering. Insbesondere auch deshalb, weil es gilt, den eigenwilligen Entdeckungszusammenhang und damit die alltagsweltliche Betroffenheit der Autorin angemessen zu verorten. Dieser Aspekt und das hartnäckige Interesse an wissenschaftlichem Zugewinn führen schließlich zu einer spannenden Herangehensweise: Um die freiwillige Selbstausbeutung zu durchleuchten, wird das *Subjektivierungstheorem* der Arbeitssoziologie schrittweise mit *strukturdynamischen Modellen* allgemeiner Sozialtheorie vernetzt. Empirisch gesehen werden über diesen zweistufig angelegten Erklärungsprozess Hochqualifizierte beobachtet, die ein überdurchschnittliches Engagement an den Tag legen. Der Arbeitsgegenstand dieser Berufstätigen ist komplex, anspruchsvoll und in weiten Teilen nicht planbar. Die Besonderheit ist allerdings, dass mit diesen wissensbasierten Tätigkeiten auch ein Maximum an Handlungsspielraum einher geht. D.h., es ist spielt zumeist gar keine Rolle mehr, wann und wo die Arbeitsaufgaben

---

[94] Nachdem die freiwillige Selbstausbeutung auch als frühe Burnout-Symptomatik verstehbar ist, wäre diese Überlegung zumindest konsequent.

erledigt werden. Vorausgesetzt, das Endergebnis stimmt und führt zum (unternehmerischen) Erfolg.

Vor diesem Hintergrund folgt die freiwillige Selbstausbeutung im Sinne „freiwillig geleisteter Mehrarbeit" einer Eigenlogik, die unter dem Gesichtspunkt arbeitsrechtlicher Errungenschaften nur schwer nachvollziehbar ist. Hinzu kommt, dass vergleichsweise neue arbeitsweltliche Beschwerdebilder diesem Sachverhalt eine brisante Note geben. Und so ist das Ausgangsinteresse für die Verausgabungsbereitschaft von Erwerbstätigen empirisch wie theoretisch in einen größeren Zusammenhang zu stellen. Zumal die freiwillige Selbstausbeutung als „frühe Burnout-Symptomatik" interpretiert werden kann. Die wissenschaftliche Legitimation dazu liefert die Burnout-Forschung: Diese untersucht bereits seit den frühen 70ern ein komplexes Belastungs- und Beanspruchungsphänomen, das die *Mensch-Mensch-Schnittstelle* in den Mittelpunkt rückt und sich dem chronischen Prozess von emotionaler, geistiger und physischer Erschöpfung widmet. Jüngeren Forschungsarbeiten zu Folge hat dies aber weniger mit der persönlichen Disposition zu tun als vielmehr mit den gewandelten Berufsbildern und den erhöhten Anforderungen im Erwerbsprozess. Von soziologischer Bedeutung ist dies insofern, weil von einer weithin beobachtbaren Überforderung auszugehen ist, die das Erkenntnisinteresse am Einzelschicksal bei weitem zurückstellen müsste. Aus diesem Grund wird für die vorliegende Problemstellung auch eine Perspektive eingenommen, die das spezifisch *Gesellschaftliche* aufspürt, das mit freiwilliger Selbstausbeutung und den damit verbundenen Folgen einhergeht.

Für das angestrebte Erklärungsmodell konzentriert sich das analytische Geschehen schließlich auf einen Zugang, der gleichermaßen personale, organisationale und soziale Fragestellungen berücksichtigen kann. Eine vorläufige Erkenntnislücke lässt sich mit Hilfe der *Aneignungsperspektive* schließen. Über diesen Weg kann die freiwillige Selbstausbeutung als „Steuerungsregulativ" und als „Identitätsbewahrer" von lebendigem emanzipatorischem Arbeitsvermögen rekonstruiert werden. Der Aneignungsprozess sorgt nämlich dafür, dass es uns Arbeitstätigen gelingt, uns kontinuierlich neues Arbeitsvermögen anzueignen. Einerseits, damit wir überhaupt selbsttätig und damit eigenständig sein können und andererseits, damit wir in der Lage sind, gebrauchswertiges Arbeitsvermögen zu veredeln und in tauschwertige Arbeitskraft zu transformieren. Diese spezifische Subjektqualität führt in weiterer Folge zu einem eigenen theoriegebundenen *Überwachungsmechanismus*: Im Fokus stehen dabei die inneren Produktionsverhältnisse auf der Subjektebene, die als subintentionale Mechanismen wirksam werden. Für diesen Zweck wird die freiwillige Selbstausbeutung im übertragenen Sinne vom Erwerbstätigen „abgetrennt" und mit Marx´schen Kategorien begrifflich neu gefasst. Aber auch handlungstheoretisch klassifiziert und an ein anthropologisches Arbeitskonzept rückgebunden.

Um das untersuchte Phänomen jedoch aus dem vergleichsweise engen arbeitssoziologischen Analysekorsett herauszulösen, rückt im zweiten Erklärungsabschnitt die akteurstrukturdynamische Herangehensweise in den Mittelpunkt. Konkret mit einem „differenzierungstheoretisch eingebetteten Homo Oeconomicus", der intentional seine eigenen Ziele verfolgt, und mit „Akteurkonstellationen", in denen handelndes Zusammenwirken stattfindet. Unterstellt man den Erwerbstätigen fürs Erste nämlich Entscheidungsfähigkeit und einen Handlungsantrieb, der rational und eigennützig ausgerichtet ist, dann erschließt sich für die freiwillige Selbstausbeutung eine analytisch brauchbare und zugleich teilsystemisch bestimmte Situations- und Selektionslogik. Diese stellt Erwerbstätige in ein ökonomisches Abhängigkeits- und Wettbewerbsverhältnis, das nebst Einkommen auch Karrierechancen und Beschäftigungssicherheit verspricht. Das „Irrationale", das die freiwillige Selbstaus-beutung charakterisiert, muss unter diesem Blickwinkel jedenfalls wieder relativiert wer-den, denn die Belastungsdimension der widersprüchlichen Handlungswahl scheint erst als „Hochkostensituationen" wirklich schlagend zu werden. Das heißt dann, wenn nicht nur die Gesundheit, sondern möglicherweise auch der attraktive Arbeitsplatz zur Disposition steht. Aber selbst unter diesen existenzbedrohlichen Umständen verfügt der gestaltungsfähige Akteur noch über einen Handlungsantrieb, der durchaus als intentional und damit zielge-richtet zu bezeichnen ist.

Anders zeigt sich der Sachverhalt, wenn die freiwillige Selbstausbeutung in eine be-triebliche Umgebung gestellt wird, denn nun müssen die einzelnen Akteure – ob gewollt oder nicht – reagieren. Nahezu unbemerkt beginnt eine Interaktionslogik zu greifen, die in sogenannten „Beobachtungskonstellationen" eingebaut ist. Wie sich der jeweils andere Kollege unter arbeitsweltlichen Konkurrenz- und Kooperationsbedingungen verhält, ob er beispielsweise am Wochenende arbeitet oder ob er im Urlaub erreichbar ist, wird als gege-benen hingenommen; man zieht aber dennoch seine Schlüsse und orientiert sein Handeln an dem der anderen. Ist dieser Anpassungsmechanismus erst einmal in Gang gesetzt, bestimmt nicht mehr der subjektive Wille den weiteren Verlauf, sondern ein strukturdynamischer Prozess. Das heißt es gehen abweichungsverstärkende Dynamiken in abweichungsdämp-fende über. Soziale Kontrollmechanismen und ein „Prisoner´s Dilemma" sorgen mit dieser Blickrichtung dafür, dass freiwillige Selbstausbeutung passieren kann und auf hohem Ni-veau aufrecht erhalten bleibt. Und zwar als Struktureffekt, der sich im Zeitablauf zu institu-tionalisieren beginnt. Im Alltag wird dies vor allem bei projektförmiger Arbeit sichtbar, denn diese Arbeitsform baut auf Teamkonstellationen auf. So kann selbst das gut begründ-bare Fernbleiben eines Einzelnen innerhalb einer eingeschworenen Kollegengruppe negativ sanktioniert werden. Bedingt durch die wechselseitige Beobachtungsmöglichkeit entwickelt sich nämlich hinter dem Rücken der Involvierten eine neue Arbeitsmoral. Teamgeist und Professionalisierungsstreben übernehmen ab sofort normative Kontrollfunktion.

Und das Resumée? Freiwillige Selbstausbeutung ist in „genetische Mechanismen" ar-beitstätiger Subjektivität und in „Struktureffekte" eigendynamischer sozialer Prozesse ein-gelagert. Zugang zu diesen Prozessen verschafft man sich auf zwei Erklärungsebenen: Erstens über den *Aneignungs- und Transformationsprozess* im Inneren des Subjekts und zweitens über die *soziale Eigendynamik* in Interdependenzsystemen, analytisch reduziert in der Beobachtungskonstellation symmetrischer Arbeitsbeziehungen und verknüpft mit Fra-gestellungen, die sich maßgeblich für die Grundmuster von handelndem Zusammenwirken interessieren. Womit auch die *Theorie kollektiver Mobilisierung* zum Zug kommt: Mit dieser Perspektive lässt sich erklären, wie es ausgehend von niedrigen Schwellenwerten (hier: hoher Leidensdruck bei überdurchschnittlich vielen) zu einer fast schlagartigen Ent-tabuisierung rund um das Burnout-Phänomen kommen kann.

Selbstbetroffenheit: Eigensinn auf der Subjektebene einer Soziologin
Von Komplexitätsreduktion oder „methodischer Vereinfachung" ist bei Berücksichtigung eigener Erfahrungswerte nicht auszugehen. Diese Herangehensweise an ein Analyseprob-lem erfordert nämlich in doppelter Hinsicht Begründungsarbeit. Einerseits, um das empi-risch Beobachtbare in einen soziologisch relevanten Zusammenhang zu stellen und ander-seits, um in Bezug auf den Entdeckungszusammenhang den „Dünkel der Unwissenschaft-lichkeit" aufzuheben. Eine Möglichkeit ist, das Gelesene beständig mit neu Gelesenem zu

kontrastieren und damit die Weber´sche Wertfreiheit bei sich selbst einzufordern: wie hier mit entlehnten Fallbeispielen aus der Subjektivierungsdebatte oder über die Reflexion gegensätzlicher Standpunkte und sozialwissenschaftlicher Paradigmen. Verwiesen sei in diesem Zusammenhang auf die *Verhaltenswissenschaftliche Entscheidungstheorie,* zu der sich Barnard (1938) entlang seiner Erfahrungen als Topmanager Zugang verschafft hat. Dass hier nicht im Entferntesten von einer qualitativen Parallele zu Barnards Organisationskonzept die Rede ist, versteht sich von selbst. Als legitimierter Bezugspunkt soll der namhafte Entscheidungstheoretiker aber dennoch genannt werden, und zwar in Hinblick auf die Frage, warum die Selbstbetroffenheit in der Analyse keinen höheren Stellenwert bekommt. Bei Erklärungsproblemen, die ähnlich dem Belastungsphänomen freiwilliger Selbstausbeutung unmittelbar am Subjekt hängen, wäre dies zumindest diskussionswürdig. Der Analyseschlüssel, den Pfeiffer beim Arbeitsvermögen vermutet, ließe sich jedenfalls auch auf den Wissenschafter umlegen. Denn wohl in besonderer Weise ist dieser Akteur auch *arbeitstätiges Subjekt*, das subjektiviertes und damit objektivierbares lebendiges Arbeitswissen erschließen und formal abbilden muss. Und wer hätte hier bessere Rahmenbedingungen, weil direkten Zugang zu theoretischen Redeinstrumenten, wenn nicht der mit Forschungsinteresse ausgestattete Wissenschafter selbst? Die Bereitschaft allerdings, Selbstbetroffenheit in die eigene Forschungsarbeit einzubringen, ist ohne ein Mindestmaß an Selbstkritik und Selbstehrlichkeit nicht denkbar. Nur so kann es gelingen, den eigenen Blick von empirisch Überformtem abzuwenden und sich gemäß Schimank mit „anspruchsvolleren" Fragestellungen wie der Erklärung von Struktureffekten zu beschäftigen (Schimank 2002b: 335) Für derartige Vorhaben können Selbstbetroffenheit und eigene soziologische Rätsel zumindest ein Grundmaß an Ausdauer bereitstellen.

Die Forschungsstrategie – auf den Punkt gebracht
Was zeitweise einer uneinnehmbaren Festung glich, nämlich die fallbezogene *Rekonstruktion* und die eigenständige *Modellierung* freiwilliger Selbstausbeutung, präsentiert sich nun als forschungsstrategischer Leitfaden, mit dem ein belastungsrelevantes Subjektivierungsphänomen erklärbar wird:

▪ Soziologische Grundlagenanalytik für ein überstrapaziertes Phänomen und inflationäre Begrifflichkeiten: „Freiwillige Selbstausbeutung" trifft „Burnout".
▪ Konzeptionelle Analyse durch Integration: Anbindung an bestehende Analysekonzepte und Rückbindung an elaborierte, theoretische Bezugsrahmen.
▪ Praktizierte Vernetzung: Überführung arbeits- und industriesoziologischer Kategorien in das Theorieumfeld der allgemeinen Soziologie und der Gesellschaftsanalyse.
▪ Splitting der Grundfragestellung in bearbeitbare Teilfragen und Strukturierung als zweistufiges Erklärungsproblem mit arbeitssoziologischem und strukturdynamischem Schwerpunkt; konkret: a) handlungstheoretische Klassifizierung freiwilliger Selbstausbeutung als anthropologische Notwendigkeit und b) Rekonstruktion der individuellen Handlungsantriebe und der Konstellationsdynamiken, die das handelnde Zusammenwirken auf der Grundlage wechselseitiger Beobachtung antreiben und aufrecht halten.

7.2 Vorzüge der Subjektivierungsdebatte

Das Literaturangebot zur „Subjektivierung von Arbeit" ist nahezu unüberschaubar. Entsprechend breit ist diese Diskussion auch angelegt: Während bei älteren Studien die Ausgangsinteressen und Problemstellungen noch weitgehend korrelieren, wird bei jüngeren Werken das Bestehende kritisch beleuchtet und auf Aktualität überprüft. Nicht per se, sondern auf den Anwendungsbereich einer Arbeitsforschung Bezug nehmend, die sich ihrer gesellschaftlichen Verantwortung bewusst ist:

> „Die Arbeitsforschung ist erneut gefordert, gesellschaftspolitisch Orientierungshilfe zu leisten. Ihre Aufgabe ist es aufzudecken, was sich jenseits pauschaler Prognosen und Wunschvorstellungen in der Praxis vollzieht. Sie muss zeigen, welche neuen Anforderungen an die Menschen der Wandel von Arbeit mit sich bringt. Wenn der Wandel nicht nur für die Arbeitskräfte, sondern auch für die Unternehmen und die Gesellschaft insgesamt zu Problemen führt, muss sie auf diese Probleme hinweisen" (vgl. Böhle 2006: 26).

Diese Verlinkung zur Subjektivierungsdebatte herstellend, scheint für Böhle jedenfalls klar zu sein: Ein simples *„Für"* oder *„Gegen"* betriebliche Rationalisierungsstrategien kann den neuen Gestaltungsanforderungen nicht mehr gerecht werden. Dies ist insofern bemerkenswert, als dass es doch gerade die Rationalisierungsthesen sind, die das Subjektivierungstheorem über weite Strecken prägen.[95] Aber angesichts der Problemfelder, welche die sozialwissenschaftliche Empirik in den letzten Jahren aufdeckt[96], scheint sich die Arbeitsforschung mehr denn je auf die Qualitätsdimension nüchterner Selbstkritik zu besinnen. Reflexionsschleifen dieser Art kommen wiederum Überlegungen zugute, die sich auch mit der vorliegenden Theoriearbeit in Einklang bringen lassen. Gesprochen mit Böhle sind damit Fragestellungen gemeint, die sich etwa dafür interessieren, wie sehr selbstbestimmte Formen von Arbeit den langfristigen Verbleib im Erwerbsleben gefährden. Aber auch, ob Zeit- und Leistungsdruck Innovationshemmnisse darstellen oder ob die Entgrenzung von Arbeit und Leben möglicherweise sogar die Familiengründung behindert (vgl. hierzu Böhle ebd.).

Angesichts dieser diskussionswürdigen Aspekte zum Wandel der Arbeit mag das kompromisslose Festhalten einiger AutorInnen, dass selbst unter kapitalistischen Rahmenbedingungen das „freie und sich in seinem Handeln und Wissen selbst bestimmende Subjekt" (vgl. Jäger 2005) die Choreographie der empirischen Wirklichkeit bestimmt, einigermaßen irritieren. Dabei leistet diese emanzipatorische Perspektive nichts anderes, als den soziologischen Mainstream mit einer Perspektive zu erweitern, die nach Neuem sucht. Und das kann bei der Beschäftigung mit alltagsnahen Erklärungsproblemen durchaus Überraschendes mit sich bringen. So konnte hier nämlich eindrücklich nachgezeichnet werden, dass ein simpler Vorzeichenwechsel die viel zitierte Handlungsautonomie nur eingeschränkt begreiflich macht: „Autonomie" lässt sich handlungstheoretisch zwar positiv besetzen, über „gut" oder „schlecht" bestimmen am Beispiel freiwilliger Selbstausbeutung aber letztendlich die strukturdynamischen Prozesse und damit die sozialen Verhältnisse im betrieblichen Arbeitsumfeld. Versteht man das Phänomen freiwilliger Selbstausbeutung deshalb als pfadabhängigen Prozess einer Konstellationsdynamik, der dem Individuum

---

[95] Vgl. hierzu den einfach strukturierten Überblick zur Subjektivierungsdebatte unter Kapitel 3 dieser Arbeit
[96] Vgl. hierzu „Erklärungsbedürftiges und Anschlussfähiges" unter Kapitel 2 dieser Arbeit

Schaden zufügen kann, muss die Soziologie spätestens dann hellhörig werden, wenn die Burnout-Forschung ihren zentralen Gegenstand – die Belastungs- und Beanspruchungsdimension von Arbeit – „im gesellschaftlichen Vakuum" ansiedelt:

> „Man findet innerhalb der Burnout-Forschung […] kaum eine gesellschaftliche Analyse. Die entsprechende Forschung aus anderen Disziplinen wird auch nicht rezipiert. Das Konzept der Postmoderne, an dem man in den Sozialwissenschaften […] überhaupt nicht mehr vorbeikommt, und welches für so viele Disziplinen und Forschungsbereiche aufgegriffen und in der Analyse des eigenen Forschungsgegenstandes und der Interpretation der eigenen Ergebnisse angewandt wurde […] ward in der Burnout-Forschung offensichtlich noch kaum je gehört. Die Burnout-Forschung ist, was Gesellschaftsanalyse betrifft, nahezu vollständig abstinent" (vgl. Rösing 2003: 240).

Mit einem arbeits- und industriesoziologischen „Setting", das den Subjektbedarf der Wissensorganisation in alle nur denkbaren Richtungen ausleuchten kann, lässt sich diesbezüglich aber einiges bewerkstelligen:

- Der mehrfach proklamierte „Brückenschlag" zwischen Fachdisziplin und allgemeiner Soziologie beginnt offensichtlich dort, wo die verfügbaren Redeinstrumente einschlägiger Debatten an ihre analytischen Grenzen stoßen. Das exemplarische Beispiel: Die Irrationalität freiwilliger Selbstausbeutung als Paradoxon widersprüchlicher Handlungsautonomie.
- Grundlagenanalytische Arbeiten von SubjektivierungstheoretikerInnen lenken das erkenntnistheoretische Interesse auf Details, mit denen gefestigte Vorstellungen zur Verausgabungsbereitschaft von Hochqualifizierten ebenso wie gängige Meinungen zum Burnout-Syndrom zusehends an Überzeugungskraft verlieren.
- Das Subjektivierungstheorem stellt für die neuen Belastungs- und Beanspruchungsformen Deutungskonzepte in Aussicht, mit denen sich der kritisierten Kapitalismus- und Tauschwertfixierung bereits *innerhalb der eigenen Fachdisziplin* begegnen lässt.
- Die zeitdiagnostische Akzentuierung der Subjektivierungsdebatte zeigt in Richtung *disziplinärer Grenzüberschreitung* erstaunlich große Offenheit. Als bevorzugter Untersuchungsgegenstand scheint dabei immer wieder der *Reproduktionsbedarf* auf, den moderne Arbeit neuerdings mit sich bringt. Insofern sind analytische Modelle, die sich auf der Handlungs- bzw. Subjektebene bewegen, geradezu dafür prädestiniert, gesellschaftstheoretische Implikationen soziologieübergreifend verwertbar zu machen; naheliegend in Kooperation mit der etablierten Burnout-Forschung.

Wie sich also zeigt, hat die Subjektivierungsdebatte eine ganze Reihe von Vorteilen aufzuweisen. Über die „Achsenverlängerung" der freiwilligen Selbstausbeutung hin zum Burnout wird nämlich einsichtig, was die prominente Diskussionslinie für den Wandel der Arbeit generell leisten kann. Profitieren lässt sich von den Vorzügen arbeits- und industriesoziologischer Forschungsrichtungen aber vor allem dann, wenn man „selbst Produziertes" mit „Verfügbarem" verknüpft. Dies setzt allerdings voraus, fremde Theorieleistung auch unabhängig von paradigmatischen Vorlieben anzuerkennen. Denn in erster Linie geht es darum, mit Hilfe geeigneter Werkzeuge dem eigenen Forschungsproblem Sinn zu geben. Was auch bedeuten kann, bestehende Theorien zu erweitern und zu modifizieren.

7.3 Exklusionsrisiken: Einfallstor für eine gesellschaftstheoretisch fundierte „Burnout-Logik"?

Dass freiwillige Selbstausbeutung in ihrer destruktiven Ausprägung die individualisierte Berufsidentität massiv bedrohen kann, erfordert an dieser Stelle keine weitere Begründungsarbeit mehr. Anders zeigt sich der Sachverhalt, wenn eine „subjektiv sinnerfüllte Identität" nicht nur für die einzelnen Gesellschaftsmitglieder von existentieller Bedeutung ist, sondern ein „unhintergehbares funktionales Erfordernis gesellschaftlicher Reproduktion" darstellt (vgl. hierzu bereits Schimank 2005a: 242). So gesehen verweist die Eigendynamik freiwilliger Selbstausbeutung nämlich auf eine Problemdimension, die bislang nur gestreift wurde. Die Rede ist von arbeitsweltlichen „Exklusionsrisiken"[97] und damit von einem Szenario, bei dem die ungebremste Zunahme belastungs- und beanspruchungsrelevanter Beeinträchtigung das Sozialgefüge von Person und Organisation zwangsläufig auseinander reißen wird.

Den Impuls für diese Überlegung liefern Integrationsperspektiven. Dort heißt es etwa, dass „Desintegration" in Sachen Sozialintegration auf „Identitäts- und Orientierungskrisen" hinausläuft (vgl. Lange/Schimank 2004: 16). Mit anderen Worten: *Der Zustand der totalen Erschöpfung aufgrund anhaltender Selbstüberforderung muss über das symptomatische Krankheitsbild des Burnout als „empirischer Desintegrationsmoment" ausgemacht werden.* Demzufolge kann mehr oder weniger weitreichendes biographisches Scheitern, wenn es massenhaft auftritt, sozialintegrativ durchaus problematisch werden. Schimank relativiert diese Aussage jedoch postwendend und argumentiert in die Richtung allzu pessimistischer Individualisierungsthesen wie folgt:

> „Auszumachen ist Derartiges allerdings, jenseits gelegentlicher aufgeregter Berichterstattungen in den sensationshungrigen Massenmedien, bislang nicht, so dass die sozialintegrativ positiven Effekte der Individualisierung in dieser Bilanz überwiegen" (Schimank 2005a: 273).

Vom Erklärungsmodell freiwilliger Selbstausbeutung zur „Soziologie des Burnout"?
Zunächst: Dass ArbeitssoziologInnen Schimanks Einschätzung nicht ohne weiteres teilen werden, dürfte auf der Hand liegen.[98] Denn wie eingangs erwähnt (vgl. Kapitel 2), beschäftigen sich auch die Arbeits- und Sozialwissenschaften schon seit längerem mit brisant neuen Gesundheitsgefährdungen. Und dies nicht ohne Grund: Der Arbeitsmarkt ist von Berufstätigen überschwemmt, die sich ausgebrannt, kraftlos und nicht wertgeschätzt fühlen. Unter diesem Gesichtspunkt ist die Reichweite der vorgestellten Analyse zweifelsohne zu knapp bemessen.[99] Aber nachdem das vorliegende Erklärungsmodell „das Burnout" ohnedies als ständigen Trittbrettfahrer mitführt, kann der Ausblick auf das, was noch folgen könnte, vergleichsweise mühelos auf eine „gesellschaftstheoretisch fundierte Burnout-Logik" ausgerichtet werden.

Dennoch sind die folgenden Ausführungen lediglich als Forschungsfragment zu interpretieren: Im Sinne einer „Soziologie des Burnout", die auf ein akteurzentriertes Mikromodell freiwilliger Selbstausbeutung aufsetzen möchte. Damit steigen auch die Ansprüche an

---

[97] Auf die Konzepte von „Inklusion" und „Exklusion" kann hier nicht weiter eingegangen werden. Vgl. hierzu detaillierter bei Luhmann (1995: 237-264).
[98] Auch Schimank wird sein Integrationsverständnis vermutlich am Erklärungsproblem ausrichten und je nach Sachverhalt in die eine oder andere Richtung interpretierend Stellung beziehen.
[99] Vgl. hierzu explizit Abschnitt 4.4.3 dieser Arbeit.

den theoretischen Bezugsrahmen, denn die ursprüngliche Problemstellung bedarf der Zu-
führung von Thesen, die auch einer „Makrokontextualisierung" standhalten.

Die Integrationsdimension freiwilliger Selbstausbeutung
Wenn Integration „erst dort augenscheinlich wird, wo sie schwindet", sodass sich plötzlich
oder als Ergebnis eines anfangs unbemerkten schleichenden Prozesses Integrationsprobleme unübersehbar aufdrängen (Lange/Schimank 2004: 13), kann es zumindest aufschlussreich sein, diese Beobachtung auch auf die Hochkostensituation freiwilliger Selbstausbeutung zu übertragen.[100] *So ist mit Hilfe dieses Perspektivenwechsels zu fragen, ob die freiwillige Selbstausbeutung als „Burnout-Indikator"[101] womöglich die gesellschaftliche Ordnung
gefährdet.* Dies hätte in analytischer Hinsicht weitreichende Konsequenzen: Will man die
neuen Steuerungs- und Kontrollverhältnisse nämlich tatsächlich als „Verhandlungskonstellation mit eingebauter Beobachtungskonstellation" begreifen (vgl. hierzu Abschnitt 6.3.1),
dann würde auch ein neues „Governance-Regime" (vgl. Lange/Schimank ebd.: 23) für die
institutionelle Ordnung in Arbeitsorganisationen verantwortlich zeichnen.[102] Mit allen Vor-
und Nachteilen für die einzelnen Gesellschaftsmitglieder.
        Schimank ist deshalb dort zu widersprechen, wo er an anderer Stelle festhält, dass der
Anspruchsindividualismus „sozialintegrativ funktioniert" und Sinnkrisen als individuelle
Entfremdungserscheinungen nicht ernstlich aufkommen (Schimank 2005b: 269). Den An-
stoß für diese Gegenrede liefern Ergebnisse aus dem bereits erwähnten EU-
Forschungsprogramm „FAME" (2003). FAME beschäftigt sich dezidiert mit Exklusionsrisiken, die auf den Strukturwandel der Arbeit zurückzuführen sind. "Work pressures increa-
se risk of exclusion" lautet die These, die gut zugänglich im Internet platziert ist:

---

[100] Dies würde dem entsprechen, was Lange/Schimank (2004) ohnedies fordern: sich über den Zugang von sogenannten „Governance-Regimes" an die „Mikrofundierung der Integrationsfrage" heranzuwagen.
[101] Ausführliches hierzu findet sich in den kenntlich gemachten Abschnitten zum Thema Burnout bzw. entlang der
theoretischen Rekonstruktion freiwilliger Selbstausbeutung auf der Subjekt- und auf der Interaktionsebene (vgl.
hierzu die Kapitel 5 und 6 dieser Arbeit).
[102] Der Begriff „Governance" kennzeichnet bekanntlich den gegenwärtigen Wandel im Verhältnis zwischen Staat
und Gesellschaft. Gemeinhin lassen sich damit die neuen Formen gesellschaftlicher, ökonomischer und politischer
Regulierung ebenso wie die Koordination und Steuerung in komplexen institutionellen Strukturen, in denen zumeist staatliche und private Akteure zusammenwirken, beschreiben. Governance-Formen beinhalten folglich
Elemente von Markt, Hierarchie und Netzwerken sowie lose gekoppelte, mehr oder weniger konkurrierende
autonome Einheiten (vgl. hierzu beschreibend das Studienportal der FernUniversität Hagen zum Master „Politische Steuerung und Koordination (Governance)". Einen guten Einblick zur Governance-Diskussion verschafft
man sich auch bei Benz (2004) sowie in Bezug auf die „Organisation in industriesoziologischer Perspektive" bei
Braczyk (2005: 551-562). Für den vorliegenden Zusammenhang ist jedoch relevant, was mit „Governance" im
Hinblick auf Reflektion und Modellierung erreicht werden kann. Denn bei diesem Konzept ist gemeint, dass über
jene Mechanismen koordiniert und gesteuert wird, die bereits bei den „Akteurkonstellationen" zur Sprache kamen
(vgl. Abschnitt 6.3.1): Es geht um wechselseitige Beobachtung, um Beeinflussung und um Verhandlung. Wobei
die Mechanismen meist in Mischformen angewandt werden. Lange/Schimank (2004) definieren „Governance-
Mechanismen" daher auch als „Muster der Interdependenzbewältigung zwischen Akteuren" (ebd.: 19). Andere
Autoren, die sich maßgeblich mit den Theorien von Foucault beschäftigen, verwenden den französischen Begriff
des „gouvernement" (vgl. hierzu etwa Lemke 2003, Opitz 2004 sowie im Rahmen der arbeits- und industriesoziologischen Subjektivierungsdebatte auch Moldaschl 2003: 149-191). Lange/Schimank (ebd.) vermerken, dass sie
selbst an eine weit gefasste Governance-Definition anknüpfen, wie sie von Coase (1937) und Williamson (1985)
ursprünglich in der Transaktionskostenökonomie geprägt wurde.

„FAME emphasised that employees need to be supported and guided to cope with changing work environments and the demands to be flexible and mobile. It said in all sectors and occupational groups this kind of support was insufficient or not given at all. It strongly recommends some form of guidance, be it institutional, employer or more individualised, to avoid the exclusion of a large number of skilled workers in Europe" (vgl. im Internet die Projekthomepage von FAME).

Der Ernst der Lage wird also nicht länger hinter verschlossener Tür besprochen, sondern offen thematisiert. Das heißt: *Die Belastungs- und Beanspruchungsfolgen moderner Arbeit (Berufsstress und Burnout) bekommen eine Lobby.* Eine Erklärung für diese Entwicklung liefern die kausalen Wirkmechanismen einer ausdifferenzierten Moderne. Denn trotz der hier übernommenen „sozialintegrativen Gewichtung"[103] darf nicht vergessen werden, dass mit dem Verständnis des Differenzierungstheoretikers jede Sicht auf Integrationsprobleme stets an einem Bezugsrahmen auszurichten ist, der auch den teilsystemübergreifenden gesellschaftlichen Zusammenhang berücksichtigt (vgl. Lange/Schimank 2004: 13-16). So wird ein Berufstätiger, der bedingt durch ein Burnout aus dem Erwerbsprozess ausscheiden muss und im Unternehmen nicht mehr integrierbar ist, unweigerlich aus der Leistungsversorgung des Wirtschaftssystems ausgeschlossen. Die Folgen sind weitreichend. Denn droht die Arbeitslosigkeit, müssen nicht nur der Konsum und die Freizeitaktivitäten eingeschränkt werden, auch der Zugang zu Gesundheitsleistungen oder zu Bildungswegen bleibt mitunter versperrt. Und zwar nicht nur für die Betroffenen selbst, sondern möglicherweise auch für die Mitglieder des jeweiligen Familienverbandes.

Differenzierungstheoretisch gesehen zeigt die Widersprüchlichkeit freiwilliger Selbstausbeutung also ein weiteres Mal gänzlich neue Facetten. Mit Schimank gesprochen: „Was sozialintegrativ funktional ist, wirkt im Hinblick auf Systemintegration und ökologische Integration dysfunktional, und umgekehrt" (vgl. Schimank 2005a: 271).[104] Oder einfacher formuliert: Was der Gesellschaft als Ganzes nur recht sein kann, nämlich ein prosperierendes Wirtschaftssystem aufgrund maximaler Produktivität ihrer Arbeitskräfte, wird nicht nur dem abhängig Beschäftigten zum Verhängnis. Auf lange Sicht wird sich der desolate Zustand der Arbeitsgesellschaft auch auf die Reproduktionsfähigkeit der Unternehmen auswirken. Respektive: Die organisierten Leistungsträger der Systemeinheit „Wirtschaft" verlieren in Hinblick auf das gesellschaftliche Gesamtsystem an Stabilität und an Verlässlichkeit.

Von Interesse ist im Zusammenhang mit Exklusionsrisiken auch eine Analogie aus dem Sport: Hier lässt sich mit Bezug auf die akteurbestimmte Burnout-Problematik trotz teilsystemisch unterschiedlicher Handlungslogiken (hier das Profitstreben, dort der Siegeszwang) eine Parallele ausmachen:

„Dem durch teilsysteminterne Autopoiesis, Publikumsansprüche und intersystemische Nutzenverschränkungen entfesselten schrankenlosen Siegescode stehen nun aber Athletenkörper mit engen physischen und psychischen Leistungsgrenzen gegenüber" (Schimank 2000: 213).

---

[103] Vgl. hierzu bereits die Unterscheidung zwischen „Sozialintegration" und „Systemintegration" bei Lockwood (1969).
[104] Zur „Ökologischen Integration" siehe ausführlicher bei Luhmann (1990) oder auch bei Schimank (2005a: 264-268).

Darauf Bezug nehmend wäre auch die begrenzte Leistungsfähigkeit von Erwerbstätigen zu
sehen. Denn Athleten wie Erwerbstätige können an „ihrem" teilsystemischen Handlungsprogramm scheitern, weil sie beständig *desintegrativen* Kräften ausgesetzt sind. Wie die
Rekonstruktion „kollektiver Mobilisierung" (vgl. Abschnitt 6.3.4) aber bereits gezeigt hat,
ist zu bedenken, dass – trotz systemischer Gegebenheit – *jeder* strukturdynamische Prozess
letztendlich von den Gesellschaftsmitgliedern selbst in Gang gesetzt wird. Und dies wiederum gibt Anlass zu der Vermutung, dass sogar eine ebenfalls pfadabhängige Burnout-
Dynamik noch Gestaltungsperspektiven in sich trägt. Denn obwohl gemäß soziologischer
Gegenwartsdiagnosen die Individuen noch immer „Opfer" der gesellschaftlichen Dynamiken sind, muss dies – interpretiert mit Schimank – nicht so bleiben:

> „Vielmehr sind die Individuen zugleich auch Hoffnungsträger, die als Kämpfer in eigener Sache
> kollektiv gesellschaftliche Dynamiken umzulenken vermögen" (Schimank 2002c: 387).

Umgelegt auf die Situations- und Selektionslogik freiwilliger Selbstausbeutung würde dies
also bedeuten: Selbst wenn der Autonomiebonus flexibler Arbeit den Effekt eines „Bume-
rang" hat, der die Erwerbstätigen schlagartig zu Boden werfen und aus dem System heraus-
reißen kann, liegt es doch an den Beteiligten selbst, entsprechend (kompetent) zu reagieren.
Aber nachdem die Gründe und die Lösungen zur Burnout-Symptomatik heute erwiesenermaßen weniger beim Einzelnen, sondern beim Unternehmen zu suchen sind, kann dieses
Reagieren nicht länger ausschließlich von den abhängig Erwerbstätigen abverlangt werden.
Das spezifische Wissen um tiefer liegende Ursachenherde scheint sich jedenfalls auszubrei-
ten, denn die Wirtschaft „handelt", ebenso das Gesundheitssystem.[105] Man kann diese Entwicklung auch so interpretieren: Je unverzichtbarer lebendiges Arbeitswissen für das Wirtschaftssystem wird, und je höher die Wahrscheinlichkeit, dass die Ausfallskosten dieser
Ressource ins Unermessliche steigen, desto größer ist auch die Wahrscheinlichkeit, dass
sich Mikro-, Meso- und Makroebene in den gemeinsamen Dienst der Sache stellen.

Karriere: Ein „widerstandsgetester Integrationsmodus"?
Wie die Analyse freiwilliger Selbstausbeutung zeigen konnte (vgl. Kapitel 5 und 6), ist es
vor allem Hochqualifizierten höchst unangenehm, wenn sie den betrieblichen und den eigenen Qualitätsansprüchen nicht Genüge leisten können. Anspruchstechnisch hat dies auch
damit zu tun, dass der Karriereweg mit Verdiensten gepflastert ist, die der Einzelne zuerst
einmal vorweisen muss: Sei dies die Erreichung von Zielvorgaben oder der Nachweis aner-
kennungswürdiger Leistungen. Wird nun zwischen Anspruch und Verdienst nicht ausba-
lanciert, dann stimmt mit Luhmann die „Gegenrechnung" nicht, und es ist auch keine soziale Verständigung möglich (vgl. hierzu Luhmann 1984: 364). Mit ihrem außerordentlichen
Arbeitseinsatz erzwingen Hochqualifizierte diese Verdienstausweise aber förmlich herbei:

---

[105] Vgl. hierzu etwa den Themenschwerpunkt 2007 „Fit im Aufschwung" im Rahmen eines etablierten Wirt-
schaftsforums, das jährlich in der Bodenseeregion stattfindet. Über 600 Entscheidungsträger informieren sich
dabei über Trends und hören, was namhafte Referenten aus Wissenschaft und Wirtschaft zu berichten haben
(www.wirtschaftsforum.vol.at). Ein weiteres Indiz für die progressive Auseinandersetzung mit psychischer Belastung und Beanspruchung sind die bereits erwähnten Programme zur betrieblichen Gesundheitsförderung, welche
beispielsweise in Österreich von öffentlichen Stellen und Interessensvertretungen forciert werden. Für Deutschland sei hier ein weiteres Mal auf den „Fehlzeiten-Report" von Badura et. al (2006/2007) verwiesen.

Sie reagieren mit Mehrarbeit und Leistungsüberforderung und die akteurlastige Prozessdynamik nimmt ihren Lauf.[106]

Luhmanns Karrierekonzept scheint also selbst unter dem Gesichtspunkt freiwilliger Selbstausbeutung dem Status eines „widerstandsgetesteten Integrationsmodus" (ebd. 2000: 101) gerecht zu werden. Immerhin erfüllt die Aussicht auf Karrierepunkte bei den Erwerbstätigen ihren Zweck, denn die Karriere vermag auf der Mikroebene zwischen personalem und organisationalem System ganz gut zu vermitteln: Schließlich bringen die Beschäftigten durch ihre Verausgabungsbereitschaft exakt jene Beitragsleistungen, auf welche die formale Arbeitsorganisation zum Zweck ihrer Bestandssicherung zurückgreifen muss. Und umgekehrt bestätigt das Unternehmen durch Gehaltserhöhungen oder Beförderungen (zumindest potenziell) das institutionell abgesicherte Verdienstmuster für Karrierechancen. Somit kann die freiwillige Selbstausbeutung letztendlich auch zur „Stabilisierung der Ordnung" beitragen.[107] Brechen die Erwerbstätigen unter der Last ihrer Arbeitstätigkeit zusammen, dann hätte die Karriere nämlich – weiter gedacht mit Luhmann – nur ansatzweise an funktionaler Qualität verloren. Denn ein Leben ohne Karriere(n) ist zwar möglich. Allerdings nur als Exklusion aus der Teilnahme an allen Funktionssystemen ... (vgl. Luhmann 2000: 102).

Obwohl Luhmann mit seinem Karrieremodell nicht nur die berufliche Lebenswelt im Blick hat, sondern auch Sportler- oder Vereinskarrieren berücksichtigt, liefert dieser leistungsbesetzte Exklusionsaspekt doch einigermaßen verlässliche Hinweise auf neue sozialintegrative Störquellen. Was im Ergebnis heißt: *Die Fähigkeit zu flexiblem, situationsangemessenem Erleben und Handeln gilt es gerade im „subjektivierten Arbeitsprozess" nachhaltig abzusichern:* über gesellschaftspolitisch intendierte Maßnahmen und Präventionsprogramme, die auf Unternehmensebene ansetzen.[108]

Die „Burnout-Logik": Eine Theorieskizze

Mit dem interdisziplinären Verständnis, dass Gesundheit ein konstruktiver und dynamischer Prozess von Selbstorganisation und Selbsterneuerung sei (vgl. hierzu Rimann/Udris 1998), ist auch im Themenfeld von *Arbeit und Gesundheit* ein Perspektivenwechsel angesagt. An die Stelle der bisherigen Leitfrage „Was macht bei der Arbeit krank"? rückt nun das Ausgangsinteresse, warum und wie Menschen, trotz zum Teil extremer Belastungen, gesund bleiben können (vgl. neuerlich Pröll/Gude 2003: 21). Der Hintergrund: Obwohl bereits von der „Volkskrankheit Burnout" gesprochen wird, gibt es noch immer hinreichend viele Erwerbstätige, die mit dem Strukturwandel der Arbeit ganz gut zurechtkommen.[109] Was allerdings bleibt, ist der empirisch gesicherte Nachweis, dass die Gesundheitsgefährdungen eine neue Qualität der Beanspruchung aufweisen. Der Vorschlag von Pröll/Gude (2003) lautet deshalb: Entgrenzte Leistungsanforderungen müssen wieder enger an die Ressourcenausstattung der Arbeitenden rückgekoppelt werden, am besten auf einem alter-

---

[106] Vgl. hierzu das entwickelte „Mikromodell zur Rekonstruktion subjektivierungsbedingter Belastungs- und Beanspruchungsphänomene" unter Abschnitt 7.1 dieser Arbeit.

[107] Während sich die Governance-Perspektive den strukturgeprägten „Abstimmungsprozessen zwischen Akteuren" widmet, interessiert sich die Integrationsperspektive für den „impact" und damit für die Auswirkungen dieser Abstimmungsmuster im Hinblick auf die gesellschaftliche Reproduktionsfähigkeit (vgl. Lange/Schimank ebd.: 26/27).

[108] Vgl. hierzu auch die Internetplattform „Europäische Stiftung zur Verbesserung der Lebens- und Arbeitsbedingungen".

[109] Aufschlussreiches hierzu findet sich beispielsweise bei Dragano/Siegrist (2006: 181).

nativen europäischen Leitbild nachhaltigen Arbeitens und Wirtschaftens basierend (Pröll/Gude ebd.: 6).

Diese Herangehensweise würde auch dem entsprechen, was die Arbeitssoziologie ohnedies einfordert: Sich weniger mit den „konkreten Entwicklungen von Arbeit selbst" zu beschäftigen, als vielmehr mit der „Folie", von der aus sich diese Entwicklungen betrachten lassen (Böhle 1999: 90/91). Und so konzentriert sich dieser *Ausblick* schlussendlich auch auf die Tragfähigkeit der hier entwickelten Theoriearchitektur. Denn wie sich zeigt, kann ein zweistufig angelegtes Analysekonzept doch Unerwartetes an die Oberfläche bringen: Im Fokus steht die gezielte Ausleuchtung von Mechanismen, die bei freiwilliger Selbstausbeutung auf der personalen Ebene *sozialer* Akteure wirksam und beobachtbar werden. Dass diese Mechanismen – ob sub-intentional, intentional oder transintentional – in der Wechselwirkung betrieblich organisierter Arbeit zu sehen sind, steht außer Frage. Allerdings kann sich der Erwerbstätige beim vorgelegten Theoriemodell seiner *Mit*-Verantwortung nicht entledigen. Wäre dies der Fall, würde ihm ja auch jegliche Gestaltungskompetenz abgesprochen.[110] Um den gesellschaftlichen (Macht)verhältnissen aber dennoch gerecht zu werden, rückt an die Stelle herrschaftstheoretischer Unterwerfungsverhältnisse ein differenzierungstheoretischer Zugang. Dieser berücksichtigt teilsystemische Gegebenheiten als funktionales Prinzip, von dem die Gesellschaftsmitglieder trotz Abhängigkeiten profitieren. Womit argumentierbar wird, warum im Rahmen dieser Theoriearbeit zu guter Letzt auch Exklusionsrisiken eine Rolle spielen: Nicht deshalb, weil zufällig eine EU-Studie diesen Sachverhalt problematisiert und ebenso wenig, weil ein perspektivischer „Rundumschlag" außer Acht Gelassenes noch einschließen könnte. Vielmehr scheint der Versuch lohnenswert, einen eigenen Begründungszusammenhang zu entwickeln und ihn komplementär zur Eigendynamik freiwilliger Selbstausbeutung auszubauen. Die These, dass freiwillige Selbstausbeutung mit der Neigung zum Burnout „sozialintegrativ problematische Tendenzen" zeigt, wäre dann als Einfallstor für neue Forschungsfragen zu instrumentalisieren: im Sinne einer makrospezifischen Rahmung für das Burnout-Phänomen.

Mit den abschließenden Überlegungen festigt sich jedenfalls der Eindruck, dass die Soziologie erklärungstechnisch weit mehr zu bieten hat, als die einschlägige Burnout-Forschung ihr derzeit zugesteht. Denn das gesellschaftstheoretische Portfolio kann mit *Konzepten zum fundamentalen Wandel der Arbeit* ebenso aufwarten wie mit *identitätstheoretischen* oder *strukturdynamischen Modellen* zur Dekodierung sozialer Stressoren. Ob die empirisch fokussierte und international ausgerichtete „Community" auf die hier ausgemachten Anknüpfungspunkte eingehen wird, muss vorerst jedoch offen bleiben.

Für die Arbeits- und Industriesoziologie wiederum, die gewohnt ist, ihren Bezugsgegenstand beständig neu auszurichten, wird es sich bei der „Eigenlogik freiwilliger Selbstausbeutung" allenfalls um einen weiteren Beitrag in einem ohnehin regen Diskussionsfeld handeln. Allerdings Bezug nehmend auf ein überaus aktuelles Thema, mit dem sich dort ansetzen ließe, wo der Soziologie gerne „mangelhafter Anwendungsbezug zur Praxis" vorgeworfen wird.[111]

---

[110] So ist mit Schimank festzuhalten, dass unter einigermaßen günstigen Umständen gezielte, kleine Schritte in der gewünschten Richtung möglich sind (Schimank 2002c: 382/383). In die Burnout-Debatte scheint jedenfalls Bewegung zu kommen, was sich wiederum positiv auf erfolgreiches individuelles Gestaltungshandeln auswirken sollte.
[111] Vgl. hierzu Gert Schmidt (1999b) und seine Anmerkungen zum Widerspruch von Nachfrage und Angebot anwendungsbezogener Soziologie.

7.4 Schlussgedanken

Ein zweistufig ausgelegtes Erklärungskonzept bedeutet auch zweifaches Risiko für den Analyse- und Modellierungsakt. Man kann Wesentliches übersehen oder – mit Hartmut Esser (1999) – die Grenze der Vereinfachung überschreiten. Aus forschungsstrategischer Sicht macht die Vernetzung von moderner Arbeitssoziologie und allgemeiner Sozialtheorie aber dennoch „Lust auf mehr": denn das eine kann das andere befruchten. So ist mit der hier berücksichtigen Aneignungsperspektive das Marx'sche Subjekt

> „[…] niemals der Geist, sondern der wirtschaftende gesellschaftliche Mensch. Und es ist nicht derselbe abstrakte Mensch, der Mensch als bloßes Gattungswesen, wie bei Feuerbach, sondern der Mensch als Ensemble gesellschaftlicher Verhältnisse, sich geschichtlich ändernd, ein letzthin noch ungefundenes, unemanzipiertes Wesen" (Bloch 1969: 42).

Der soziale Akteur wiederum ist nicht zwangsläufig Opfer, sondern stets auch Gestalter jener Arbeits- und Lebensverhältnisse, die ihn belasten – und erfreuen. Ob wir als Erwerbstätige letztendlich also lernen, mit den Subjektivierungsrisiken der Moderne umzugehen, oder ob wir daran scheitern: Eine soziologisch höhere Aufmerksamkeit für den Spannungsraum von Arbeit und Gesundheit scheint mir – mit dem Hinweis auf das hier Vorgestellte – zumindest geboten.

Die Forschungsreise ist damit bis auf Weiteres zu Ende gedacht, und der Widerspruch der Handlungsautonomie reichlich versetzt mit neuen Widerspruchsmomenten. Offen bleiben muss die Frage, ob und wie das Analyseergebnis den Elfenbeinturm der Wissenschaft verlassen kann, um auch die Involvierten „freiwilliger Selbstausbeutung" zu erreichen: Praxisnah und pragmatisch erklärend, im besten Falle über die „angewandte Burnout-Forschung". Denn wohl unbestritten ist: „Keine Firma kann sich ausgebrannte Menschen leisten" (Rösing 2003: 255). Und so überrascht es wohl kaum, dass selbst der Schlusssatz nicht vom intellektuellen Erbe der Humanisten lassen kann. Gefunden beim Philosophen Bloch und dessen Bezugnahme auf die „Menschlichkeit" beim jungen Karl Marx:

> „Der auf die Spitze getriebene Widerspruch einer Gesellschaft
> treibt in der Wirklichkeit seiner Auflösung entgegen,
> nicht in einem Buch über die Wirklichkeit, wonach dem Geiste Genüge geschehen
> und im bereisten Lande alles beim alten bleibt" (Bloch 1969: 44).

Literatur

Anger, Silke (2005): Unbezahlte Überstunden und regionale Arbeitslosigkeit. In: Grözinger, Gerd / Matiaske, Wenzel (Hg.): Deutschland regional. Sozialwissenschaftliche Daten im Forschungsverbund. München/Mering: Rainer Hampp Verlag, 227-241

Arthur, Brian ((1989): Competing Technologies. Increasing Return, and Lock-In By Historical Events. In: The Economic Journal 99, 116-131

Asplund, Johan (1987): Det sociala livets elementära former. Göteborg: Bokförlaget Korpen.

Axelrod, Robert (2000): Die Evolution der Kooperation. Oldenbourg: München

Baethge, Martin (1991): Arbeit, Vergesellschaftung, Identität – Zur zunehmenden normativen Subjektivierung der Arbeit. Soziale Welt, 42/1, 6-20.

Baethge, Martin (1994): Arbeit und Identität. In: Beck, Ulrich / Beck-Gernsheim, Elisabeth (Hg.): Riskante Freiheiten. Individualisierung in modernen Gesellschaften. Frankfurt/M.: Suhrkamp, 245-264

Baethge, Martin (1999): Subjektivität als Ideologie. Von der Entfremdung in der Arbeit zur Entfremdung auf dem (Arbeits-)Markt? In: Schmidt, Gert (Hg.): Kein Ende der Arbeitsgesellschaft. Arbeit, Gesellschaft und Subjekt im Globalisierungsprozess. Scheßlitz: Rosch-Buch, 29-44

Baethge, Martin / Denkinger, Joachim / Kadritzke, Ulf (Hg.) (1995): Das Führungskräfte-Dilemma. Manager und industrielle Experten zwischen Unternehmen und Lebenswelt. Frankfurt/M., New York: Campus

Badura, Bernhard / Schellschmidt, Henner / Vetter, Christian (Hg.) (2006): Fehlzeiten-Report 2005. Zahlen, Daten, Analysen aus allen Branchen der Wirtschaft. Arbeitsplatzunsicherheit und Gesundheit. Heidelberg: Springer

Badura, Bernhard / Schellschmidt, Henner / Vetter, Christian (Hg.) (2007): Fehlzeiten-Report 2006. Zahlen, Daten, Analysen aus allen Branchen der Wirtschaft. Chronische Krankheiten. Betriebliche Strategien zur Gesundheitsförderung, Prävention und Wiedereingliederung. Heidelberg: Springer

Barnard, Chester I. (1938): The Functions of the Executive. Cambrige MA, 1976: Harvard University Press

Bauer, Frank / Groß, Hermann / Lehmann, Klaudia / Munz, Eva (2003): Arbeitszeit 2003. Arbeitszeitgestaltung, Arbeitsorganisation und Tätigkeitsprofile. Institut zur Erforschung sozialer Chancen (ISO). Internet:
http:// www.mwa.nrw.de/home/material/arbeitszeit2003_gesamtbericht.pdf

Baukrowitz, Andrea / Boes, Andreas / Schmiede, Rudi (2001): Die Entwicklung von Arbeit aus der Perspektive ihrer Informatisierung. In: Matuschek, Ingo / Henninger, Annette / Kleemann, Frank (Hg.): Neue Medien im Arbeitsalltag. Empirische Befunde – Gestaltungskonzepte – Theoretische Perspektiven. Wiesbaden: Westdeutscher Verlag, 217-235

Beck, Ulrich / Brater, Michael / Daheim, Hansjürgen (Hg.) (1980): Soziologie der Arbeit und der Berufe. Grundlagen, Problemfelder, Forschungsergebnisse, Reinbek: Rowohlt

Beckenbach, Niels (1996): Geschichte der Arbeit. FernUniversität Hagen

Beckenbach, Niels / Treeck, Werner (Hg.) (1994): Umbrüche gesellschaftlicher Arbeit. Soziale Welt, Sonderband 9. Göttingen: Otto Schwartz

Bechtle, Günter / Sauer, Dieter (2002): Kapitalismus als Übergang – Heterogenität und Ambivalenz. In: Jahrbuch Arbeit, Bildung, Kultur, Bd. 19/20, 49-61

Beer, Ursula (Hg.) (1987): Klasse Geschlecht. Feministische Gesellschaftsanalyse und Wissenschaftskritik. Bielefeld: AJZ-Verlag

Bell, Daniel (1985): Die nachindustrielle Gesellschaft. Frankfurt/Main, New York: 1975: Campus

Benz, Arthur (Hg.) (2004): Einleitung: Governance – Modebegriff oder nützliches sozialwissenschaftliches Konzept? In: ders. (Hg.): Governance – Regieren in komplexen Regelsystemen. Eine Einführung. Wiesbaden: VS-Verlag für Sozialwissenschaften

Berger, Peter L. / Luckmann, Thomas (1999): Die gesellschaftliche Konstruktion der Wirklichkeit
(16. Auflage). Frankfurt/M.: Fischer Taschenbuch

Berger, Ulrike / Bernhard-Mehlich, Isolde (2002): Die Verhaltenswissenschaftliche Entscheidungstheorie. In: Kieser, Alfred: Organisationstheorien. Stuttgart: Kohlhammer, 133-168

Boes, Andreas (1996): Formierung und Emanzipation. Zur Dialektik der Arbeit in der „Informationsgesellschaft". In: Schmiede, Rudi (Hg.): Virtuelle Arbeitswelten. Arbeit, Produktion und Subjekt in der „Informationsgesellschaft". Berlin, 159-178

Bolte, Karl M. / Treutner, Erhard (Hg.) (1983): Subjektorientierte Arbeits- und Berufssoziologie.
Frankfurt/New York: Campus

Böhle, Fritz (1982): Produktionsprozess, Risiken und Sozialpolitik – Anregungen für ein Forschungskonzept. In: Soziale Welt, 3/4, 346-364

Böhle, Fritz (1994): Negation und Nutzung subjektivierenden Arbeitshandelns bei neuen Formen
qualifizierter Produktionsarbeit. In: Beckenbach, Niels / Treeck, Werner (Hg.): Umbrüche gesellschaftlicher Arbeit. Soziale Welt, Sonderband 9. Göttingen: Otto Schwartz, 183-206

Böhle, Fritz (1999): Arbeit – Subjektivität und Sinnlichkeit. Paradoxien des modernen Arbeitsbegriffs. In: Schmidt, Gert (Hg.): Kein Ende der Arbeitsgesellschaft: Arbeit, Gesellschaft und Subjekt im Globalisierungsprozess. Berlin: Sigma, 89-109

Böhle, Fritz (2003): Vom Objekt zum gespaltenen Subjekt. In: Moldaschl, Manfred / Voß, Günther
(Hg.): Subjektivierung von Arbeit. Arbeit, Innovation und Nachhaltigkeit. Band 2 (2. Auflage).
München/Mering: Rainer Hampp, 115-148

Böhle, Fritz (2006): Zur Entwicklung und zu neuen Herausforderungen der Arbeitsforschung. In:
Dunkel, Wolfgang / Sauer, Dieter (Hg) (2006): Von der Allgegenwart der verschwindenden Arbeit. Neue Herausforderungen für die Arbeitsforschung. Berlin: Sigma, 21-27

Böhle, Fritz / Milkau, Brigitte (1988): Vom Handrad zum Bildschirm. Eine Untersuchung zur sinnlichen Erfahrung im Arbeitsprozess. Frankfurt, New York: Campus

Böhle, Fritz / Rose, Helmut (1992): Technik und Erfahrung – Arbeit in hochautomatisierten Systemen. Frankfurt/Main, New York

Böhle, Fritz / Schulze, Hartmut (1997): Subjektivierendes Arbeitshandeln – zur Überwindung einer
gespaltenen Subjektivität. In: Schachtner, Ch. (Hg.): Technik und Subjektivität. Frankfurt/M.:
Suhrkamp, 26-46

Böhle, Fritz / Brater, Michael / Maurus, Anna (1997): Pflegearbeit als situatives Handeln – ein realis-
tisches Konzept zur Sicherung von Qualität und Effizienz in der Altenpflege. In: Pflege 10, 1,
18-22

Böhle, Fritz / Pfeiffer, Sabine / Sevsay-Tegethoff, Nese (Hg.) (2004): Die Bewältigung des
Unplanbaren. Wiesbaden: VS Verlag für Sozialwissenschaften

Bosch, Aida / Fehr, Helmut / Clemens, Kraetsch / Schmidt, Gert (Hg.) (1999): Sozialwissenschaftliche Forschung und Praxis. Interdisziplinäre Sichtweisen. Wiesbaden: Deutscher Universitäts-
Verlag

Boudon, Raymond (1979): Widersprüche sozialen Handelns. Darmstadt/Neuwied: Luchterhand

Boudon, Raymond (1980): Die Logik des gesellschaftlichen Handelns. Darmstadt/Neuwied:
Luchterhand

Bloch, Ernst (1969): Karl Marx und die Menschlichkeit. Frankfurt: Suhrkamp

Braczyk, Hans-Joachim (2000): Organisation in industriesoziologischer Perspektive. In: Ortmann,
Günther / Sydow, Jörg / Türk, Klaus (Hg.): Theorien der Organisation. Die Rückkehr der Gesellschaft (2. Auflage). Wiesbaden: Westdeutscher Verlag, 530-575

Braverman, Harry (1985): Die Arbeit im modernen Produktionsprozess. Frankfurt, New York: Campus

Brödner, Peter (2003): Flexibilität, Arbeitsbelastung und nachhaltige Arbeitsgestaltung. In: Brödner, Peter / Knuth, Matthias (Hg.): Nachhaltige Arbeitsgestaltung. Trendreports zur Entwicklung und Nutzung von Humanressourcen. München: Rainer Hampp Verlag, 489-541

Brödner, Peter (2005): Rezension zur veröffentlichten Dissertation von Sabine Pfeiffer: Arbeitsvermögen: Ein Schlüssel zur Analyse (reflexiver) Informatisierung. In: Zeitschrift für Arbeit. Heft 3, Jg. 14, 250-251

Brödner, Peter / Knuth, Matthias (2003) (Hg.): Nachhaltige Arbeitsgestaltung. Trendreports zur Entwicklung und Nutzung von Humanressourcen. München: Rainer Hampp Verlag

Bude, Heinz (1988): Der Fall und die Theorie. Zum erkenntnislogischen Charakter von Fallstudien. In: Gruppendynamik, Zeitschrift für angewandte Sozialpsychologie, 19. Jg., Heft 4/Nov.

Büssing, André / Perrar, Klaus-M. (1992): Die Messung von Burnout. Untersuchung einer deutschen Fassung des Maslach Burnout Inventory (MBI-D). In: Diagnostica 38/4: 328-353

Burisch, Matthias (2006): Das Burnout-Syndrom (3. Auflage). Heidelberg: Springer Medizin Verlag

Cassens, Manfred (2003): Work-Life-Balance: Wie Sie Berufs- und Privatleben in Einklang bringen. München: Deutscher Taschenbuchverlag

Castells, Manuel (1996): The Network Society. The Information Age: Economy, Society and Culture, Bd. 1, Malden, MA: Oxford: Blackwell

Cherniss, Cary / Krantz, David L. (1983): The ideological community as an antidote to burnout in the human services. In: Farber, Barry A. (Ed.), Stress and Burnout in the Human Service Professions. New York, NY: Pergamon Press: 198-212

Claussen, Lars (1988): Produktive Arbeit, Destruktive Arbeit. Ein neuer Ansatz einer arbeitssoziologischen Analyse. FernUniversität Hagen

Coase, Ronald (1937): The Nature of the Firm. In: Oliver E. Williamsons/Sidney G. Winter (eds.), The Nature of the Firm. Origins, Evolution and Development, New York et al. 1991: Oxford University Press, 18-33

Coleman, James S. (1991): Grundlagen der Sozialtheorie: Handlungen und Handlungssysteme. München: Oldenbourg

Coleman, James S. (1994): Die Mathematik der sozialen Handlung. München: Oldenbourg

Conrad, Peter (2002): Arbeit ohne Subjekt? Kommentar zu M. Moldaschl. In: Schreyögg, Georg / Conrad, Peter (Hg.): Theorien des Management. Wiesbaden: Betriebswirtschaftlicher Verlag, 281-285

Crozier, Michel / Friedberg, Erhard (1993): Die Zwänge kollektiven Handelns. Über Macht und Organisation. Frankfurt/Main: Anton Hain

Czada, Roland / Schimank, Uwe (2000): Institutionendynamik und politische Institutionengestaltung: Die zwei Gesichter sozialer Ordnungsbildung. In: Werle, Raymund / Schimank, Uwe (Hg.): Gesellschaftliche Komplexität und kollektive Handlungsfähigkeit. Frankfurt/M.: Campus, 23 - 43

Daniel, Claus (1981): Theorien der Subjektivität. Einführung in die Soziologie des Individuums. Frankfurt/M.

David, Paul A. (1985): Clio and the Economics of QWERTY. In: American Economic Review 75, 332-337

Deutschmann, Christoph (1998): Reflexive Verwissenschaftlichung und kultureller Imperialismus des Managements. In: Soziale Welt, 40/3, 374-396

Deutschmann, Christoph/ Faust, Michael/ Jauch, Peter/ Notz, Petra (1995): Veränderungen der Rolle des Managements im Prozess reflexiver Rationalisierung. In: Zeitschrift für Soziologie, Jg. 24, 6, Dezember, 436-450

Dewe, Bernd (1999): Lernen zwischen Vergewisserung und Ungewissheit. Reflexives Handeln in der Erwachsenenbildung. Opladen: Leske + Budrich

Dragano, Nico / Siegrist, Johannes (2006): Arbeitsbedingter Stress als Folge von betrieblichen Rationalisierungsprozessen – die gesundheitlichen Konsequenzen. In: Badura et. al (Hg.), Fehlzeiten-Report 2005. Heidelberg: Springer, 167-182

Dragano, Nico (2007): Arbeit, Stress und krankheitsbedingte Frührenten. Zusammenhänge aus theoretischer und empirischer Sicht. Wiesbaden: VS-Verlag für Sozialwissenschaften

Drucker, P.F. (1993): Die postkapitalistische Gesellschaft. Düsseldorf: Econ Verlag

Duden (1997): Das Herkunftswörterbuch (2. Auflage). Mannheim: Dudenverlag

Dunkel, Wolfgang / Rieder, Kerstin (2003): Interaktionsarbeit zwischen Konflikt und Kooperation. In: Büssing, Andre / Glaser, Jürgen (Hg.): Dienstleistungsqualität und Qualität des Arbeitslebens im Krankenhaus. Göttingen: Hogrefe, 163-180

Dunkel, Wolfgang / Sauer, Dieter (2006): Von der Allgegenwart der verschwindenden Arbeit. Neue Herausforderungen für die Arbeitsforschung. Berlin: Sigma

Elias, Norbert (1970): Was ist Soziologie? (9. Auflage). Weinheim, München 1996: Juventa Verlag

Elster, Jon (1986): Rational Choice. Oxford: Blackwell

Esselte Leitz (2002): Auf dem Weg zum Workaholic. Ergebnisse einer internationalen Führungskräftestudie. Online-Karriere-Journal Monster. Internet: http://inhalt.monster.de//2646_deDE_pf.asp

Esser, Hartmut (1999): Soziologie. Allgemeine Grundlagen (3. Auflage). Frankfurt/M., New York: Campus

Europäische Stiftung zur Verbesserung der Lebens- und Arbeitsbedingungen: Internet: http://www.eurofound.eu.int/index.htm

FAME Projekthomepage: Internet: http://www.ec.europa.eu/research/social-sciences/knowledge/projects/article_3484_en.htm

FAME Consortium (2003): Work-related Identities in Europe: How Personnel Management and HR Policies Shape Workers Identities, ITB Working Paper Series no. 46, University of Bremen

Farber, Barry A. (Ed.) (1983): Stress and Burnout in the Human Service Professions. New York, NY: Pergamon Press

Faust, Michael / Jauch, Peter / Notz, Petra (2000): Befreit und entwurzelt: Führungskräfte auf dem Weg zum „internen Unternehmer". München/Mering: Rainer Hampp Verlag

Fengler, Jörg (2002): Burnout und Stress. In: ders. (Hg.): Handbuch der Suchtbehandlung. Landsberg: ecomed, 89-93

Fischer, Harvey J. (1983): A Psychoanalytic View of Burnout. In: Farber, Barry A. (Ed.): Stress and Burnout in the Human Service Professions. New York: Pergamon Press, 40-45

Frank, Robert (1991): Microeconomics and Behavior. New York: McGraw Hill

Freudenberger, Herbert (1974): Staff burnout. Journal of Social Issues, 30, 159-165

Freudenberger, Herbert / North, Gail (1997): Burnout bei Frauen. San Francisco: Jossey-Bass

Fromm, Erich (1999a): Politik und Sozialistische Gesellschaftskritik. Band 5. Gesamtausgabe in zwölf Bänden. Hg.: Funk, Rainer. Stuttgart: Deutsche Verlagsanstalt

Fromm Erich (1999b): Sozialistischer Humanismus und humanistische Ethik. Band 9. Gesamtausgabe in zwölf Bänden. Hg.: Funk, Rainer. Stuttgart: Deutsche Verlagsanstalt

Gabriel, Phyllis / Lieematainen, Marjo-Riita (Hg.) (2000): Mental Health in the Workplace. Geneva: International Labour Organization

Gantner, Hans-Dieter / Schienstock, Gerd (Hg.) (1993): Management aus soziologischer Sicht. Wiesbaden

GEO Das Reportage-Magazin (2002): Wie meistern wir die schöne neue Arbeitswelt. In: GEO 3/2002, 145-169

Gerhards, Jürgen (1988): Soziologie der Emotionen. Fragestellungen, Systematik und Perspektiven. Weinheim/München: Juventa

Glißmann, Wilfried (2003): Der neue Zugriff auf das Individuum. Wie kann ich mein Interesse behaupten? In: Moldaschl, Manfred / Voß, G. Günther (Hg.): Subjektivierung von Arbeit. Arbeit, Innovation und Nachhaltigkeit. Band 2 (2. Auflage). München, Mering: Rainer Hampp Verlag, 255-273

Glißmann, Wilfried / Peters, Klaus (2001): Mehr Druck durch mehr Freiheit. Die neue Autonomie in der Arbeit und ihre paradoxen Folgen. Hamburg: VSA-Verlag

Giddens, Anthony (1997): Die Konstitution der Gesellschaft: Grundzüge einer Theorie der Strukturierung (3. Auflage). Frankfurt/New York: Campus

Gorz, André (2000): Arbeit zwischen Misere und Utopie. Frankfurt/M.: Suhrkamp

Granovetter, Mark (1973): The Strength of Weak Ties. In: American Journal of Sociology 78, 1360-1380

Greif, Siegfried / Bamberg, Eva / Semmer, Norbert (1991) (Hg.): Psychischer Stress am Arbeitsplatz. Göttingen: Hogrefe

Greshoff, Rainer / Kneer, Georg / Schimank / Uwe (Hg.) (2003): Die Transintentionalität des Sozialen. Wiesbaden: Westdeutscher Verlag

Habermas, Jürgen (1999): Theorie des kommunikativen Handelns Band I und II. Frankfurt/M.

Hartz, Ronald / Lang, Rainhart (2003): Zwischen Subjekt und Gesellschaft. Forschungsperspektiven des Wandels organisationaler Kontrolle. In: Moldaschl, Manfred / Thyssen, Friedrich (Hg.): Neue Ökonomie der Arbeit. Marburg: Metropolis-Verlag, 95-122

Heimlich, Andreas (2000): IT-Berufe als Gegenstand der Burnoutforschung – Ergebnisse und Fragestellungen, Diplomarbeit an der FernUniversität Hagen 2000. Internet: http://www.stud-fernuni-hagen.de/q4528107/heimlich.htm

Heinze, Thomas (1995): Qualitative Sozialforschung. Erfahrungen, Probleme und Perspektiven (3. Auflage). Opladen: Westdeutscher Verlag

Hirsch-Kreinsen, Hartmut (2003): Renaissance der Industriesoziologie? In: Soziologie, Band 32, Heft 1

Hewitt Associates GmbH (2005): Capital-Hewitt-Befragung. Führungskräfte-Engagement 2005. Gesamtbericht: Wiesbaden, Hewitt Associates Deutschland

Hillmann, Karl-Heinz (1994): Wörterbuch der Soziologie (4. Auflage). Stuttgart: Alfred Kröner

Hofbauer, Johanna (1993): Management – Ein umstrittenes Terrain. In: Ganter, Hans-Dieter / Schienstock, Gerd (Hg.): Management aus soziologischer Sicht. Wiesbaden, 146-175

Holtgrewe, Ursula (2000): „Meinen Sie, da sagt jemand danke, wenn man geht?" Anerkennungs- und Missachtungsverhältnisse im Prozess organisationeller Transformation. In: Holtgrewe, Ursula / Voswinkel, Stephan / Wagner, Gabriele (Hg.): Anerkennung und Arbeit. Konstanz: UVK Universitätsverlag, 63-84

Holtgrewe, Ursula (2003a): Anerkennung und Arbeit in der Dienst-Leistungs-Gesellschaft. Eine identitätstheoretische Perspektive. In: Moldaschl, Manfred / Voß, G. Günther (Hg.) (2003): Subjektivierung von Arbeit. Arbeit, Innovation und Nachhaltigkeit. Band 2 (2. Auflage). München, Mering: Rainer Hampp Verlag, 211-234

Holtgrewe, Ursula (2003b): Informatisierte Arbeit und flexible Organisationen: Unterwerfung, Distanzierung, Anerkennungskämpfe? In: Schönberger, Klaus / Springer, Stefanie (Hg.) (2003): Subjektivierte Arbeit. Mensch, Organisation und Technik in einer entgrenzten Arbeitswelt. Frankfurt/New York: Campus, 21-43

Holtgrewe, Ursula (2006): Flexible Menschen in flexiblen Organisationen. Bedingungen und Möglichkeiten kreativen und innovativen Handelns

Holtgrewe, Ursula / Voswinkel, Stephan / Wagner, Gabriele (Hg.) (2000): Anerkennung und Arbeit. Konstanz: UVK Universitätsverlag

Honneth, Axel (1994): Kampf um Anerkennung. Zur moralischen Grammatik sozialer Konflikte. Frankfurt/M.: Suhrkamp

Jäger, Wieland (1999): Reorganisation der Arbeit. Ein Überblick zu aktuellen Entwicklungen. Opladen/Wiesbaden: Westdeutscher Verlag

Jäger, Wieland (2005): Dienstleistung als Aggregat „ganzer Menschen". Überlegungen im Anschluss an die Theorie der Gesellschaft von Jürgen Habermas. In: Jäger, Wieland / Schimank, Uwe (Hg.): Organisationsgesellschaft. Facetten und Perspektiven, Hagener Studientexte zur Soziologie, Wiesbaden: VS Verlag für Sozialwissenschaften, 507-528

Jäger, Wieland (2007): Antony Giddens in Anwendung: Theorie der Strukturierung als Theorie organisationalen Wandels – das Beispiel „Wissensmanagement". In: Jäger, Wieland / Weinzierl, Ulrike (2007): Moderne soziologische Theorien und sozialer Wandel. Wiesbaden: VS-Verlag für Sozialwissenschaften: 170-202

Jäger, Wieland / Pfeiffer, Sabine (1996): „Die Arbeit ist das lebendig gestaltende Feuer ..." – Der Marxsche Arbeitsbegriff und Lars Clausens Entwurf einer modernen Arbeitssoziologie. In: Arbeit. Zeitschrift für Arbeitsforschung, Arbeitsgestaltung und Arbeitspolitik, 5, 2, 223-247

Jäger, Wieland / Schimank, Uwe (2005) (Hg.): Organisationsgesellschaft. Facetten und Perspektiven. Hagener Studientexte zur Soziologie, Wiesbaden: VS Verlag für Sozialwissenschaften

Jäger, Wieland / Weinzierl, Ulrike (2007): Moderne soziologische Theorien und sozialer Wandel. Wiesbaden: VS-Verlag für Sozialwissenschaften

Jürgens, Kerstin (2006): Arbeits- und Lebenskraft. Reproduktion als eigensinnige Grenzziehung. Wiesbaden: VS-Verlag für Sozialwissenschaften

Kadritzke, Ulf (1995): Hochqualifizierte Angestellte und Manager unter Druck Gastbeitrag auf der Internetseite der IG Metall. Internet: http//: www.igmetall.de

Karger, Howard J. (1981): Burnout as alienation. Social Service Review 55: 270-283.

Kieser, Alfred (Hg.) (2002): Organisationstheorien. Stuttgart: Kohlhammer

Kienbaum Management Consultants (2003): Studie „Zeitmanagement und Worklife-Balance internationaler Manager". Internet: http://www.4.kienbaum.de/shopweb

Kleemann, Frank / Matuschek, Ingo / Voß, G. Günter (2003): Subjektivierung von Arbeit – ein Überblick zum Stand der soziologischen Diskussion. In: Moldaschl, Manfred / Voß, G. Günther (Hg.): Subjektivierung von Arbeit. Arbeit, Innovation und Nachhaltigkeit. Band 2 (2. Auflage). München/Mering: Rainer Hampp Verlag, 57-114

Knapp, Gudrun-Axeli (1987): Arbeitsteilung und Sozialisation: Konstellationen von Arbeitsvermögen und Arbeitskraft im Lebenszusammenhang von Frauen. In: Beer, Ursula (Hg.): Klasse Geschlecht. Feministische Gesellschaftsanalyse und Wissenschaftskritik. Bielefeld: AJZ-Verlag, 236-273

Kocyba, Hermann (2000): Der Preis der Anerkennung: Von der tayloristischen Missachtung zur strategischen Instrumentalisierung der Subjektivität der Arbeitenden. In: Holtgrewe, Ursula / Voswinkel, Stephan/ Wagner, Gabriele (Hg.): Anerkennung und Arbeit. Konstanz: UVK Universitätsverlag, 127-140

König, Eckard / Volmer, Gerda (2003): Systemisches Coaching. Handbuch für Führungskräfte, Berater und Trainer. Weinheim/Basel: Beltz

König, René (1972) (Hg.): Das Interview. Köln 1972

König, René (1973) (Hg.): Handbuch der empirischen Sozialforschung. Band 2: Grundlegende Methoden und Techniken. Erster Teil. Stuttgart 1973

Kößler, Reinhart / Wienold, Hans (2000): Gesellschaft bei Marx. FernUniversität Hagen

Kommission für Zukunftsfragen der Freistaaten Bayern und Sachsen (Hg.) (1998): Erwerbstätigkeit und Arbeitslosigkeit in Deutschland: Entwicklung – Ursachen – Maßnahmen. Leitsätze, Zusammenfassung und Schlussfolgerung der Teile I, II und III. München: Günter Olzog Verlag

Kotthoff, Hermann (1998): Führungskräfte im Wandel der Firmenkultur: Quasi-Unternehmer oder Arbeitnehmer? (2. Auflage). Berlin: Sigma

Kotthoff, Hermann (2000): Anerkennung und sozialer Austausch. Die soziale Konstruktion von Betriebsbürgerschaft. In: Holtgrewe, Ursula / Voswinkel, Stephan / Wagner, Gabriele (Hg.): Anerkennung und Arbeit. Konstanz: UVK Universitätsverlag, 27-36

Landesanstalt für Arbeitsschutz des Landes Nordrhein-Westfalen (2004): Arbeitswelt NRW 2004. Belastungsfaktoren – Bewältigungsformen – Arbeitszufriedenheit. Internet: http://www.arbeitsschutz.nrw.de

Lange, Stefan / Schimank, Uwe (Hg.) (2004): Governance und gesellschaftliche Integration. Wiesbaden: VS Verlag für Sozialwissenschaften

Lash, Scott (2002): Critique of Information. London, Thousands Oaks, New Delhi: Sage

Lefèbre, Henri (1987): Kritik des Alltagslebens. Frankfurt/M.: Suhrkamp

Lemke, Thomas (2003): Eine Kritik der politischen Vernunft: Foucaults Analyse der modernen Gouvernementalität (4. Auflage.). Hamburg: Alfa Druck

Leppin, Anja (2007): Burnout: Konzept, Verbreitung, Ursachen und Prävention. In: Badura et. al (Hg.) (2007): Fehlzeiten-Report 2006. Zahlen, Daten, Analysen aus allen Branchen der Wirtschaft. Chronische Krankheiten. Betriebliche Strategien zur Gesundheitsförderung, Prävention und Wiedereingliederung. Heidelberg: Springer. 99-109

Lockwood, David (1969): Soziale Integration und Systemintegration. In: Zapf, Wolfgang (Hg.): Theorien des sozialen Wandels. Köln/Berlin: Kiepenheuer & Witsch, 124-137

Löffler, Stefan (2006): Verlorene Seelen. Dossier Burnout. In: Die österreichische Tageszeitung „Der Standard", 1. Juli 2006

Luhmann, Niklas (1984): Soziale Systeme. Grundriss einer allgemeinen Theorie. Frankfurt/M.: Suhrkamp

Luhmann, Niklas (1990): Ökologische Kommunikation (3. Auflage). Opladen: Westdeutscher Verlag

Luhmann, Niklas (1993): Gesellschaftsstruktur und Semantik. Studien zur Wissenssoziologie der modernen Gesellschaft. Band 2. Frankfurt/M.: Suhrkamp

Luhmann, Niklas (1995): Soziologische Aufklärung 6. Opladen: Westdeutscher Verlag

Luhmann, Niklas (1999): Funktionen und Folgen formaler Organisation (5. Auflage). Berlin: Duncker & Humbolt

Luhmann, Niklas (2000): Organisation und Entscheidung. Opladen, Wiesbaden: Westdeutscher Verlag

Lutz, Burkhart (Hg.) (2001): Entwicklungsperspektiven von Arbeit: Ergebnisse aus dem Sonderforschungsbereich 333 der Universität München / Deutsche Forschungsgemeinschaft. Berlin: Akademischer Verlag

Malik, Fredmund (1994): Management-Perspektiven. Wirtschaft und Gesellschaft, Strategie, Management und Ausbildung. Bern/Stuttgart/Wien: Haupt

March, James G. / Olsen, Johan P. (1987): Ambiguity and Choice in Organizations (3. Auflage). Universitätsvorlage Bergen

Maslach, Christina / Schaufeli, Wilmar (1993): Historical and conceptual developement of burnout. In: Schaufeli, Wilmar / Maslach, Christina / Marek, Tadeusz (Hg.): Professional Burnout: Recent Developments in Theory and Research. Washington DC: Taylor & Francis, 1-16

Maslach, Christina / Leiter, Michael (2001): Die Wahrheit über Burnout. Stress am Arbeitsplatz und was Sie dagegen tun können. Wien: Springer

Maturana, Humberto / Francisco Varela (1975): Autopoietische Systeme: ein Bestimmung der lebendigen Organisation. In: Humberto Maturana: Erkennen: Die Organisation und Verkörperung von Wirklichkeit. Braunschweig/Wiesbaden, 1982: Vieweg, 170-235

Matuschek, Ingo / Henninger, Annette / Kleemann, Frank (Hg.) (2001): Neue Medien im Arbeitsalltag. Empirische Befunde – Gestaltungskonzepte – Theoretische Perspektiven. Wiesbaden: Westdeutscher Verlag

Mayntz, Renate / Nedelmann, Brigitte (1987): Eigendynamische soziale Prozesse. In: Kölner Zeitschrift für Soziologie und Sozialpsychologie. 39, 648-668

McKinney-Dhalenne, Valerie Marie (2000): Help Giving and Burnout: Processes of Boundary Maintenance in Helping Organizations. Ann Arbor, MI: University Microfilms International

Mead, George Herbert (1934): Geist, Identität und Gesellschaft aus der Sicht des Sozialbehaviorismus. Frankfurt/M. 1998: Suhrkamp

Meißner, Ulrike Emma (2005): Die „Droge" Arbeit. Unternehmen als „Dealer" und als Risikoträger. Personalwirtschaftliche Risiken der Arbeitssucht. Frankfurt/M.: Peter Lang

Merrlié, Damien / Paoli, Pascal (2002): Dritte Europäische Umfrage über die Arbeitsbedingungen 2000. Europäische Stiftung zur Verbesserung der Lebens- und Arbeitsbedingungen. Internet: http://www.eurofound.eu.int/index.htm

Mertens, Peter / Griese, Joachim / Ehrenberg, Dieter (Hg.) (1998): Virtuelle Unternehmen und Informationsverarbeitung. Heidelberg

Merton, Robert K. (1936): The Unanticipated Consequences of Purposive Social Action. In: American Sociological Review 1, 894-904

MEW (Marx-Engels-Werke) Bd. 1: Die Verhandlungen des 6. rheinischen Landtags. Berlin: Dietz

MEW (Marx-Engels-Werke) Bd. 3: Marx, Karl: Die Deutsche Ideologie. Thesen über Feuerbach. Berlin: Dietz

MEW (Marx-Engels-Werke) Bd. 13: Marx, Karl: Einleitung [zur Kritik der politischen Ökonomie]. Berlin: Dietz

MEW (Marx-Engels-Werke) Bd. 23: Marx, Karl: Das Kapital. Kritik der politischen Ökonomie. Erster Band: Der Produktionsprozess des Kapitals. Berlin: Dietz

MEW (Marx-Engels-Werke) Bd. 40: Marx, Karl: Ökonomisch-philosophische Manuskripte aus dem Jahre 1844. Berlin: Dietz

Mills, C. Wright (1963): Kritik der soziologischen Denkweise. Neuwied am Rhein, Berlin-Spandau: Hermann Luchterhand Verlag

Mikl-Horke, Gertraude (2000): Industrie- und Arbeitssoziologie (5. Auflage). München, Wien, Oldenbourg: Oldenbourg Wissenschaftsverlag

Minssen, Heiner (Hg.) (2000): Begrenzte Entgrenzungen: Wandlungen von Organisation und Arbeit. Berlin: Sigma

Moldaschl, Manfred (1998): Internalisierung des Marktes – Neue Unternehmensstrategien und qualifizierte Angestellte. In: ISF-München u.a. (Hg.): Jahrbuch Sozialwissenschaftliche Technikberichterstattung 1997 – Schwerpunkt: Moderne Dienstleistungswelten. Berlin: Edition Sigma: 197-250

Moldaschl, Manfred (2001): Herrschaft durch Autonomie – Dezentralisierung und widersprüchliche Arbeitsanforderungen. In: Lutz, Burkhart (Hg.): Entwicklungsperspektiven von Arbeit: Ergebnisse aus dem Sonderforschungsbereich 333 der Universität München / Deutsche Forschungsgemeinschaft. Berlin: Akad. Verlag, 132-164

Moldaschl, Manfred (2002): Das Subjekt als Objekt der Begierde – Die Perspektive der Subjektivierung von Arbeit". In: Schreyögg, Georg / Conrad, Peter (Hg.): Theorien des Management. Wiesbaden: Betriebswirtschaftlicher Verlag

Moldaschl, Manfred (2003): Foucaults Brille – Eine Möglichkeit, die Subjektivierung von Arbeit zu verstehen? In: Moldaschl, Manfred / Voß, G. Günther (Hg.): Subjektivierung von Arbeit. Arbeit, Innovation und Nachhaltigkeit. Band 2 (2. Auflage). München/Mering: Rainer Hampp, 149-191

Moldaschl, Manfred / Schultz-Wild, Rainer (Hg.) (1994): Arbeitsorientierte Rationalisierung – Fertigungsinseln und Gruppenarbeit im Maschinenbau. Frankfurt/M., New York: Campus

Moldaschl, Manfred / Voß, G. Günther (Hg.) (2003): Subjektivierung von Arbeit. Arbeit, Innovation und Nachhaltigkeit. Band 2 (2. Auflage). München/Mering: Rainer Hampp Verlag

Moldaschl, Manfred / Thyssen, Friedrich (Hg.) (2003): Neue Ökonomie der Arbeit. Marburg: Metropolis-Verlag

Mollenhauer, Klaus (1984): Anmerkungen zu Heinze/Klusemanns Versuch einer sozialwissenschaftlichen Paraphrasierung am Beispiel des Ausschnittes einer Bildungsgeschichte. In: Heinz, Th. (Hg.), a.a.O., Band 2, Hagen 1984

Molnar, Martina / Geißler-Gruber, Brigitta / Haiden, Christine (2002): Erkennen von Stressfaktoren und Optimieren von Ressourcen im Betrieb. Impuls Broschüre. Wien: Wirtschaftskammer Österreich, Bundesarbeitskammer, Österreichischer Gewerkschaftsbund

Negt, Oskar / Kluge, Alexander (1993): Geschichte und Eigensinn. Band 1: Entstehung der industriellen Disziplin aus Trennung und Enteignung. Frankfurt/M.: Suhrkamp

Negt, Oskar (1996): Marx. Ausgewählt und vorgestellt von Oskar Negt. München: Diederichs

Neidhardt, Friedhelm (1981): Über Zufall, Eigendynamik und Institutionalisierbarkeit absurder Prozesse. Notizen am Beispiel einer terroristischen Gruppe. In: Alemann H.v. / Thurn, H.P. (Hg.): Soziologie in weltbürgerlicher Absicht. Festschrift für René König zum 75. Geburtstag. Opladen, 243-257

Neuberger, Oswald (1995): Mikropolitik. Der alltägliche Aufbau und Einsatz von Macht in Organisationen. Stuttgart: Enke

Nonaka, Ikujiro / Takeuchi, Hirotaka (1997): Die Organisation des Wissens: Wie japanische Unternehmen eine brachliegende Ressource nutzbar machen. Frankfurt/M., New York: Campus

Offe, Claus (Hg.) (1984): Arbeitsgesellschaft. Strukturwandel und Zukunftsperspektiven. Frankfurt/M.

Olson, Mancur (1965): Die Logik des kollektiven Handelns. Tübingen: 1985: Mohr

Opitz, Sven (2004): Gouvernementalität im Postfordismus. Macht, Wissen und Techniken des Selbst im Feld unternehmerischer Rationalität. Hamburg: Argument Verlag

Ortmann, Günther / Sydow, Jörg / Türk, Klaus (Hg.) (2000): Theorien der Organisation. Die Rückkehr der Gesellschaft (2. Auflage). Wiesbaden: Westdeutscher Verlag

Osterloh, Margit / Grand, Simon (2000): Die Theorie der Strukturation als Metatheorie der Organisation? In: Ortmann, Günther / Sydow, Jörg / Türk, Klaus (Hg.): Theorien der Organisation. Die Rückkehr der Gesellschaft (2. Auflage). Wiesbaden: Westdeutscher Verlag, 355-359)

Parsons, Talcott (1976): Zur Theorie sozialer Systeme. Herausgegeben und eingeleitet von Jensen, Stefan. Opladen

Peters, Klaus (2001): Die neue Autonomie in der Arbeit. In: Glißmann, Wilfried / Peters, Klaus: Mehr Druck durch mehr Freiheit. Die neue Autonomie in der Arbeit und ihre paradoxen Folgen. Hamburg: VSA-Verlag, 18-40

Peters, Klaus / Sauer, Dieter (2005): Indirekte Steuerung – eine neue Herrschaftsform. Zur revolutionären Qualität des gegenwärtigen Umbruchprozesses. Internet: http://www.hphome.de/cogito/texte/textepeters.htm

Pfeiffer, Sabine (1999): Dem Spürsinn auf der Spur – Subjektivierendes Arbeitshandeln an Internet-Arbeitsplätzen am Beispiel Information-Broking. München, Mering: Rainer Hampp Verlag

Pfeiffer, Sabine (2000): Teleservice im Werkzeugmaschinenbau - Innovationsparadoxien und Negation von Erfahrungswissen. In: Arbeit. Zeitschrift für Arbeitsforschung, Arbeitsgestaltung und Arbeitspolitik 9, 4, 293-305

Pfeiffer, Sabine (2003): Informatisierung, Arbeitsvermögen und Subjekt. Konzeptuelle Überlegungen zu einer emanzipationsorientierten Analyse von (informatisierter) Arbeit. In: Schönberger, Klaus / Springer, Stefanie (Hg.): Subjektivierte Arbeit. Mensch, Organisation und Technik in einer entgrenzten Arbeitswelt. Frankfurt, New York: Campus, 182-210

Pfeiffer, Sabine (2004a): Arbeitsvermögen. Ein Schlüssel zur Analyse (reflexiver) Informatisierung. Wiesbaden: VS Verlag für Sozialwissenschaften

Pfeiffer, Sabine (2004b): Wissen, Information und lebendige Arbeit in der Wissensökonomie. Vortrag bei der Tagung „Die Wissensökonomie der Wissensgesellschaft", gemeinsame Veranstaltung der DGS-Sektion „Arbeits- und Industriegesellschaft" und dem AK „Politische Ökonomie", 10. – 11. Juni 2004 in München. Internet: http://www.dr.sabine-pfeiffer.de

Pfeiffer, Sabine / Jäger, Wieland (2006): Ende des Elends. Marxsche Reformulierung, handlungstheoretischer Beitrag und dialektische Reanimation der Arbeits- und Industriesoziologie. In: Soziologie, Band 35, Heft 1, 7-25

Pfiffner, Martin / Stadelmann, Peter (1998): Wissen wirksam machen. Wie Kopfarbeiter produktiv werden. Haupt: Bern/Stuttgart/Wien

Picot, Arnold / Reichwald, Ralf / Wigand, Rolf T. (Hg.) (2001): Die grenzenlose Unternehmung. Wiesbaden: Dr. Th. Gabler

Pines, Ayala M. / Aronson, Elliot / Kafry, Ditsa (Hg.) (2000): Ausgebrannt. Vom Überdruss zur Selbstentfaltung (9. Auflage). Weinsberg: Wilhelm Röck

Poppelreuter, Stefan / Mierke, Katja (2005): Psychische Belastungen am Arbeitsplatz (2. Auflage). Berlin: Erich Schmidt Verlag

Popitz, Heinrich (Hg.) (1957): Das Gesellschaftsbild des Arbeiters - Soziologische Untersuchungen in der Hüttenindustrie. Tübingen: Mohr

Pries, Ludger / Rudi Schmidt / Rainer Trinczek (Hg.) (1990): Entwicklungspfade von Industriearbeit – Chancen und Risiken der Produktionsmodernisierung. Opladen: Westdeutscher Verlag

Probst, Gilbert / Raub, Stefan / Romhardt, Kai (1999): Wissen managen: Wie Unternehmen ihre wertvollste Ressource optimal nutzen (3. Auflage). Frankfurt/M.: FAZ; Wiesbaden: Gabler

Pröll, Ulrich / Gude, Dietmar (2003): Gesundheitliche Auswirkungen flexibler Arbeitsformen – Risikoabschätzung und Gestaltungsanforderungen. Dortmund, Berlin, Dresden: Schriftenreihe der Bundesanstalt für Arbeitsschutz und Arbeitsmedizin, FB 986

Richter, Peter / Hacker, Winfried (1997): Belastung und Beanspruchung. FernUniversität Hagen

Rieck, Christian (2006): Spieltheorie. Eine Einführung. Eschborn. Christian Rieck Verlag

Rimann, Martin / Udris, Ivars (1998): Kohärenzerleben (Sense of Coherence): Zentraler Bestandteil von Gesundheit oder Gesundheitsressource? In: Schüffel, W. et. al (Hg.): Handbuch der Salutogenese. Konzept und Praxis. Wiesbaden: Ullsetein, 351-373

Rohde, Markus / Rittenbruch, Markus / Wulf, Volker (Hg.) (2001): Auf dem Weg zur virtuellen Organisation. Fallstudien, Problembeschreibungen, Lösungskonzepte. Heidelberg, New York: Physica

Rösing, Ina (2003): Ist die Burnout-Forschung ausgebrannt? Heidelberg, Kröning: Asanger

Sauer, Dieter (2006): Arbeit im Übergang. Gesellschaftliche Produktivkraft zwischen Zerstörung und Entfaltung. In: Dunkel, Wolfgang / Sauer, Dieter (2006): Von der Allgegenwart der verschwindenden Arbeit. Neue Herausforderungen für die Arbeitsforschung. Berlin: Sigma, 241-257

Scharpf, Fritz W. (1997): Games Real Actors Play. Actor-Centered Institutionalism in Policy Research. Boulder, Oxford: Westview Press

Schaufeli, Wilmar / Enzmann, Dirk (1998): The burnout companion to study practice. A critical analysis. Padstow/UK: T.J. International Ltd.

Schelling, Thomas (1960): A Strategy of Conflict. Cambridge MA: Harvard University Press.

Scherer, Andreas G. (1995): Pluralismus im Strategischen Management. Wiesbaden

Schimank, Uwe (1985): Jenseits Gottes und des Nichts: Funktionale Differenzierung und reflexiver Subjektivismus. In: ders. (Hg.) (2002b): Das zwiespältige Individuum. Zum Person-Gesellschaft-Arrangement der Moderne. Opladen: Leske + Budrich, 65-86

Schimank, Uwe (1987): Technik, Subjektivität und Kontrolle in formalen Organisationen. In: ders. (Hg.) (2002b): Das zwiespältige Individuum. Zum Person-Gesellschaft-Arrangement der Moderne. Opladen: Leske + Budrich, 49-64

Schimank, Uwe (2000): Theorien gesellschaftlicher Differenzierung (2. Auflage). Opladen: Leske + Budrich

Schimank, Uwe (2001): Funktionale Differenzierung, Durchorganisierung und Integration der modernen Gesellschaft. In: Tacke, Veronika (Hg.): Organisation und gesellschaftliche Differenzierung. Westdeutscher Verlag: Wiesbaden, 19-38

Schimank, Uwe (2002a): Handeln und Strukturen. Einführung in die akteurtheoretische Soziologie (2. Auflage). Weinheim, München: Juventa Verlag

Schimank, Uwe (2002b): Das zwiespältige Individuum. Zum Person-Gesellschaft-Arrangement der Moderne. Opladen: Leske + Budrich

Schimank, Uwe (2002c): Individuelle Akteure: Opfer und Gestalter gesellschaftlicher Dynamiken. In: Volkmann, Ute / Schimank, Uwe (Hg.): Soziologische Gegenwartsdiagnosen II. Opladen: Leske + Budrich, 367-389

Schimank, Uwe (2005a): Differenzierung und Integration der modernen Gesellschaft. Wiesbaden: VS-Verlag für Sozialwissenschaften

Schimank, Uwe (2005b): Die Entscheidungsgesellschaft: Komplexität und Rationalität der Moderne. Wiesbaden: VS Verlag für Sozialwissenschaften

Schmiede, Rudi (Hg.) (1996c): Virtuelle Arbeitswelten. Arbeit, Produktion und Subjekte in der „Informationsgesellschaft". Berlin: Sigma

Schmidt, Gert (Hg.) (1999a): Kein Ende der Arbeitsgesellschaft: Arbeit, Gesellschaft und Subjekt im Globalisierungsprozess. Berlin: Sigma

Schmidt, Gert (1999b): Nachfrage und Angebot im Widerspruch – Anmerkungen zur anhaltenden Problematik des Anwendungsbezuges von Soziologie. In: Bosch, Aida / Fehr, Helmut / Clemens, Kraetsch / Schmidt, Gert (Hg.): Sozialwissenschaftliche Forschung und Praxis. Interdisziplinäre Sichtweisen. Wiesbaden: Deutscher Universitäts-Verlag, 5-12

Schmidt, Gert (2000): Zwischen Betrieb und Organisation – neuere Aussichten für die Industriesoziologie. In: Ortmann, Günther / Sydow, Jörg / Türk, Klaus (Hg.): Theorien der Organisation. Die Rückkehr der Gesellschaft (2. Auflage). Wiesbaden: Westdeutscher Verlag, 530-575

Schmiede, Rudi (1996a): Informatisierung, Formalisierung und kapitalistische Produktionsweise. Entstehung der Informationstechnik und Wandel der gesellschaftlichen Arbeit. In: ders. (Hg.): Virtuelle Arbeitswelten: Arbeit, Produktion und Subjekt in der „Informationsgesellschaft". Berlin: Sigma, 15-47

Schmiede, Rudi (1996b): Informatisierung und gesellschaftliche Arbeit – Strukturveränderungen von Arbeit und Gesellschaft. In: ders.: (Hg.) Virtuelle Arbeitswelten. Arbeit, Produktion und Subjekte in der „Informationsgesellschaft". Berlin: Sigma, 107-128

Schönberger, Klaus / Springer, Stefanie (2003): Handlungsräume subjektivierter Arbeit in der Wissensökonomie. Eine Einführung. In: dies.: (Hg.): Subjektivierte Arbeit. Mensch, Organisation und Technik in einer entgrenzten Arbeitswelt. Frankfurt M./New York: Campus, 7-20

Schreyögg, Georg / Conrad, Peter (Hg.) (2002): Theorien des Management. Wiesbaden: Betriebswirtschaftlicher Verlag

Schumann, Martin / Baethge-Kinsky, Volker / Kuhlmann, Martin / Kurz, Constanze / Neumann Uwe (1994): Der Wandel der Produktionsarbeit im Zugriff neuer Produktionskonzepte. In: Beckenbach, Nils / VanTreeck, Werner (Hg.): Umbrüche gesellschaftlicher Arbeit. Soziale Welt, Sonderband 9. Göttingen: Otto Schwartz, 11-43

Senge, Peter M. (2003): Die fünfte Disziplin. Kunst und Praxis der lernenden Organisation (9. Auflage). Stuttgart: J.G. Gotta'sche Buchhandlung

Senghaas-Knobloch, Eva / Nagler, Brigitte (2000): Von der Arbeitskraft zur Berufsrolle? Anerkennung als Herausforderung für die industrielle Arbeitskultur im Rahmen neuer Organisationsund Managementkonzepte. In: Holtgrewe, Ursula / Voswinkel, Stephan / Wagner, Gabriele (Hg.): Anerkennung und Arbeit. Konstanz: UVK Universitätsverlag, 101-126

Selye, Hans (1953): Einführung in die Lehre vom Adaptionssyndrom. Stuttgart: Enke

Siegrist, Johannes (1996): Soziale Krisen und Gesundheit. Göttingen, Bern, Toronto, Seatle: Hogrefe

Simmel, Georg (1917): Das Gebiet der Soziologie. In: Georg Simmel, Schriften zur Soziologie. Frankfurt/M. 1983: Suhrkamp, 37-50

Simon, Herbst A. (1976): Administrative Behavior. A Study of Decision-Making Processes in Administrative Organizations. New York: The free press

Starrin, Bengt / Larsson, Gerry / Styrborn, Sven (1990): A review and critique of psychological approaches to the burn-out phenomenon. Scandinavian Journal of Caring Sciences 4/2: 83-91

Stattin, Mikael / Järvholm, Bengt (2005): Occupational, work environment, and disability pension: A prospecitve study of construction workers. Sandinavian Journal of Public Health, 33: 84-90

Stehr, Nico (1994): Arbeit, Eigentum und Wissen: Zur Theorie von Wissensgesellschaften. Frankfurt/M.: Suhrkamp

Stern-Reportage (2007): „Ausgebrannt und aufgefangen". In: Magazin „Stern", Ausgabe 30: 44-62

Tacke, Veronika (2000): Soziologische Beobachtungsoptiken in der „grenzenlosen Gesellschaft" – Ein Vorschlag zur Neujustierung industriesoziologischer Schlüsselkonzepte. In: Minssen, Heiner (Hg.) (2000): Begrenzte Entgrenzungen: Wandlungen von Organisation und Arbeit. Berlin: Sigma, 105-137

Tacke, Veronika (2001) (Hg): Organisation und gesellschaftliche Differenzierung. Wiesbaden: Westdeutscher Verlag

Tenbruk, Friedrich (1981): Emile Durkheim oder die Geburt der Gesellschaft aus dem Geist der Soziologie. In: Zeitschrift für Soziologie, Jg. 10, 333-350

Turner, Ralph H. (1991): The Use and Misuse of Rational Models in College Behavior and Social Psychology. In: Archives Europeennes de Sociologie 22, 84-108

Türk, Klaus (1995): „Die Organisation der Welt". Herrschaft durch Organisation in der modernen Gesellschaft. Opladen: Westdeutscher Verlag

Türk, Klaus (2000): Einblicke in die Soziologie der Organisation. FernUniversität Hagen

Türk, Klaus / Lemke, Thomas / Bruch, Michael (2002) (Hg.): Organisation in der modernen Gesellschaft. Wiesbaden: Westdeutscher Verlag

Ullmann-Margalit, Edna (1978): Invisible-Hand Explanations. In: Synthese 39, 263-291

Verbund „Zukunftsfähige Arbeitsforschung" (2005): Arbeit neu denken, erforschen, gestalten. Gefördert durch das Bundesministerium für Bildung und Forschung. Dresden

Volkmann, Ute / Schimank, Uwe (Hg.) (2002): Soziologische Gegenwartsdiagnosen II. Opladen: Leske + Budrich

Voß, G. Günter (1994): Das Ende der Teilung von „Arbeit und Leben"? An der Schwelle zu einem neuen gesellschaftlichen Verhältnis von Betriebs- und Lebensführung. In: Soziale Welt, Sonderband 9, 269-294

Voß, G. Günter / Pongratz, Hans J. (1997): Subjektorientierte Soziologie. Karl Martin Bolte zum 70. Geburtstag. Opladen: Leske + Budrich

Voß, G. Günter / Pongratz, Hans J. (1998): Der Arbeitskraftunternehmer. Eine neue Grundform der Ware Arbeitskraft? In: Kölner Zeitschrift für Soziologie und Sozialpsychologie. Heft 1/1998, 131-158

Voswinkel, Stephan (2000): Anerkennung der Arbeit im Wandel. Zwischen Würdigung und Bewunderung. In: Holtgrewe, Ursula / Voswinkel, Stephan / Wagner, Gabriele (Hg.): Anerkennung und Arbeit. Konstanz: UVK Universitätsverlag, 39-62

Wagner, Gabriele (2000): Berufsbiografische Aktualisierung von Anerkennungsverhältnissen. Identität zwischen Perspektivität und Patchwork. In: Holtgrewe, Ursula / Voswinkel, Stephan / Wagner, Gabriele (Hg.): Anerkennung und Arbeit. Konstanz: UVK Universitätsverlag, 141-168

Warnecke, Hans-Jürgen / Bullinger, Hans-Jürgen (Hg.) (1995): Produktionsstrategie für das 21. Jahrhundert. Die Fraktale Fabrik, 25. IPA-Arbeitstagung am 16./17. Juni 1994, Heidelberg

Weber, Max (1921): Wirtschaft und Gesellschaft (5. Auflage). Tübingen, 1980: Mohr

Weber, Max (1995): Wissenschaft als Beruf. Stuttgart: Reclam

Wendt, Claus / Wolf, Christof (Hg.) (2006): Soziologie der Gesundheit. In: Kölner Zeitschrift für Soziologie und Sozialpsychologie. Sonderheft 46

Werle, Raymund / Schimank, Uwe (Hg.) (2000): Gesellschaftliche Komplexität und kollektive Handlungsfähigkeit. Frankfurt/M.: Campus

Williamson, Oliver E. (1985): The Economic Institutions of Capitalism. Firms, Markets and Relational Contracts. New York et al.: The Free Press

Willke, Helmut (1998): Systemisches Wissensmanagement. Stuttgart: Lucius und Lucius

Wolf, Harald (1999): Arbeit und Autonomie. Ein Versuch über Widersprüche und Metamorphosen kapitalistischer Produktion. Münster: Westfälisches Dampfboot

Zintl, Reinhard (1998): „Akteurzentrierter Institutionalismus – eine Bilanz: In: Soziologische Revue 21, 295-299

Zok, Klaus (2006): Personalabbau, Arbeitsplatzunsicherheit und Gesundheit – Ergebnisse einer repräsentativen Umfrage. In: Badura et. al (Hg.): Fehlzeiten-Report 2005. Heidelberg: Springer, 147-166

Zürn, Michael (1992): Interessen und Institutionen in der internationalen Politik. Grundlegung und Anwendungen des situationsstruktruellen Ansatzes. Opladen: Leske + Budrich

Zündorf, Lutz (1988): Perspektiven industrieller Arbeitsorganisation. Organisationssoziologische Ansätze in der Industriesoziologie. FernUniversität Hagen

Anhang: Kommentar zur Soziologisierung der Burnout-Problematik

Manager, berufstätige Frauen, Menschen in helfenden Berufen, Studierende und sogar Schulkinder: Es hat den Anschein, als gäbe es keine gesellschaftliche Gruppe, die *nicht* im Fokus burnoutrelevanter Beobachtung steht.[112] Rund 15 Millionen Einträge finden sich im Internet, Google meldet auf die (ohnedies eingeschränkte) Suche nach „Bücher und Artikel zu Burnout" gleich 717.000 Treffer. Die Zahlen sprechen für sich und offensichtlich ist vieles von dem, was es inhaltlich zu sagen gibt, schon gesagt.[113]

Aber vielleicht lohnt es sich gerade deshalb, noch einmal genauer hinzusehen. Einerseits als Zeichen der Wertschätzung dafür, dass dieses Buch eine 2. Auflage erfährt. Und andererseits, weil ich in den letzten Jahren eine gewisse Distanz zur Burnout-Thematik respektive zum Phänomen der Selbstausbeutung entwickeln konnte. Eine kleine Tochter stellt das eigene Lebenskonzept nämlich grundlegend auf den Kopf. Bisherige Prioritäten erhalten eine neue Ordnung, planbare Zeit wird zum relativen Faktor.

Für wissenschaftliche Analysen ist aber gerade Letzteres entscheidend, denn erst über *Denkzeit* gelangen wir zu neuen Schlussfolgerungen und Erkenntnissen. Wem diese Zeit fehlt, der tut gut daran, sich an die „Regeln intellektueller Arbeit" von Mills (1963) zu erinnern. Er gibt den Hinweis, dass die großen Denker und Gelehrten ihr Leben und ihre Arbeit nicht voneinander trennen: „Sie nehmen beides ernst und sind bestrebt, das eine durch das andere zu befruchten"[114]. Allerdings wird dies nur gelingen, wenn auch ein Grundmaß an Flexibilität vorhanden ist: in Bezug auf Beobachtungsstandpunkte und hinsichtlich der Ausgangsinteressen. Das Konzept „freiwillige Selbstausbeutung", das ich hier entwickelt habe, ließe sich beispielsweise ebenso gut auf den Alltag einer Kleinfamilie übertragen. Wissenschaftlich ertragreich ist ein solches Projekt aber nur dann, wenn damit auch theoretische Anpassungsleistungen einhergehen. Voraussetzung dafür wäre, ähnlich wie bereits bei den „Hochqualifizierten" demonstriert, ein tiefes Nachdenken über kontextbezogene Inhalte und verborgene Zusammenhänge.

Was ich damit aufzeigen möchte: Das, was an Problemstellungen für den Soziologen reizvoll ist und was machbar, muss aus der jeweiligen Situation heraus geklärt werden. Für mich liegt das reizvoll Machbare heute in der Beobachtung und im Kommentieren einer Debatte, der es gelungen ist, in die unterschiedlichsten gesellschaftlichen Teilbereiche vorzudringen. Die Rede ist vom „Burnout als Volkskrankheit".

---

[112] Die Literaturhinweise werden im Anhang als Fußnoten geführt. Das soll verdeutlichen, dass sich der „Kommentar zur Soziologisierung der Burnout-Problematik" zur 1. Auflage absetzt und erst nachträglich, im Zusammenhang mit der 2. Auflage, entstanden ist.

[113] Vgl. hierzu beispielsweise: „Das überforderte Ich", Heftreihe Spiegel Wissen, 1/2011; „Burnout - Welche Therapie braucht die Gesellschaft?", weiters Psychologie Heute, 38. Jg., Heft 9, 9/2011 ebenso wie „Burnout auf dem Vormarsch", Pressemeldung 19.4.2011 betreffend einer aktuellen Studie des WIdO Wissenschaftliches Institut der AOK unter: http://www.presseportal.de/meldung/2029506 . Und in einem weiteren Zusammenhang siehe ausgehend vom IFS München: „Burnout in der IT-Branche. Ursachen und betriebliche Prävention". In: Anja Gerlmaier; Erich Latniak (Hrsg.) (2011), Kröning: Asanger, Kröning.

[114] Vgl. Mills, C. Wright (1963): Kritik der soziologischen Denkweise. Neuwied a.R: Hermann Luchterhand, 249.

*Wer aber führt diese Diskussion und wer beteiligt sich? Worum geht es den Themen-
führern oder anders gefragt: Was wollen sie bewirken? Und: Ist eine Schwerpunktverlage-
rung im Sinne gesellschaftlicher Akzentuierung erkennbar, wenn von Burnout gesprochen
wird?*

Solche und ähnliche Fragen sind es, die mein Interesse an der Burnoutforschung wach
halten. Denn offensichtlich bewegt sich die Diskussionswelle rund ums Ausbrennen auf
eine Entwicklung zu, die durchaus als „Soziologisierung des Burnout" interpretiert werden
kann. Diese Einschätzung gilt es zu veranschaulichen. Argumentativ, kritisch reflektierend
und dort anschließend, wo ich 2008 im Zusammenhang mit der Analyse freiwilliger Selbstausbeutung eine offene Klammer gesetzt habe: Bei Thesen, die auf eine gesellschaftstheoretische Rahmung des Burnout abzielen.

Burnout-Hype: Und kein Ende in Sicht!

Der Höhenflug, den der Begriff Burnout seit einigen Jahren verzeichnen kann, steht in
engem Zusammenhang mit der Rolle der Massenmedien. Tages- und Lokalpresse, Fach-
zeitschriften, Print- und Onlinemagazine, zahlreiche TV-Formate ebenso wie ein riesiger
Ratgebermarkt demonstrieren auf eindrückliche Weise: Am Burnout führt kein Weg vorbei
und die Fülle an zugänglichen Beiträgen ist nahezu unüberschaubar geworden. Woran liegt
das?

Mediale Öffentlichkeit
Eine erste Erklärung ergibt sich aus dem Umstand, dass „öffentliche Kommunikation" das
charakteristische Merkmal der Gegenwartsgesellschaft ist.[115] Hier genügt bereits der Schul-
terblick auf den eigenen Tagesablauf, um nachzuvollziehen, dass wir in der Tat gleich mehrere Stunden täglich in das Mediensystem eingebunden sind. Das hat auch zur Folge, dass
wir unser Wissen über die Gesellschaft, in der wir leben, in erster Linie über die Massenmedien beziehen.[116]
　　Die gängige Vorstellung, was Burnout eigentlich bedeutet, das heißt welche Symptomatik das Beschwerdebild aufzeigt, wo die Ursachen liegen und was man dagegen tun
kann, ist somit ein *medialisiertes* und damit medienvermitteltes Wissen. Journalisten fungieren in diesem Zusammenhang als Verbreitungsinstanzen öffentlicher Kommunikation
und technologiebedingt erfolgt dieses öffentliche Kommunizieren gleichermaßen beschleunigt wie verdichtet. Die Problemsicht, die dem Ziel- und Lesepublikum im Hinblick auf das
Burnout-Phänomen offeriert wird, ist hingegen abhängig vom Ausgangsinteresse und vom
fachlichen Hintergrund der Verfasser. Unter diesem Gesichtspunkt sind auch redaktionelle
Qualitäten zu sehen, weil guter Journalismus auf fundierter Recherche und auf kritischer
Reflexion aufbaut. Die Schwankungsbreite zwischen „brauchbar" und „trivial" ist jedenfalls erheblich, zumal auch Experteninterviews als Qualitätsindikatoren nur bedingt relevant sind.[117]

---

[115] Münch, Richard (1995): Dynamik der Kommunikationsgesellschaft. Frankfurt/M.: Suhrkamp.
[116] Luhmann, Niklas (1996): Die Realität der Massenmedien (2. erweiterte Auflage). Opladen: Westdeutscher
Verlag.
[117] Vgl. hierzu den Google-Alert zum Thema Burnout (abonnementfähiger Newsletter).

Medienvielfalt und Inszenierungskunst

Geradezu austauschbar muten virtuelle Interviews oder Blogs mit Burnout-Kandidaten an, die online – von einer Stunde auf die andere - im kurzlebigen Internet auftauchen. Der Zugang zum Thema ist niederschwellig, die Texte sind einfach formuliert. Das deckt sich auch mit Beiträgen, die regelmäßig in lokalen Printmedien erscheinen. Hier kommen, zumindest in Österreich und Deutschland, vor allem Schwerpunktausgaben der Tages- und Wochenpresse zum Zug. Auf dieser Ebene wird eine breite Leserschicht angesprochen, die quer durch alle Berufs- und Einkommensschichten ein nachhaltiges Interesse an Burnout-Aufmachern zeigt. Häufig lässt sich auch ein kommerzieller Bezug herstellen: zu Reha-Kliniken für Burnout, zu Reiseveranstaltern mit eigenen Anti-Stress-Programmen oder zu Beratungsinstituten. Genutzt wird dieser Kontaktweg zur Betroffenengruppe nicht zuletzt von professionellen PR-Agenturen, weil die werblichen Möglichkeiten redaktioneller Public Relations vielfältig und vergleichsweise kostengünstig sind.

Das muss nachdenklich stimmen, denn mit nochmaligem Hinweis auf Münch nimmt der „Journalist als Träger der öffentlichen Kommunikation" immer stärkeren Einfluss auf gesellschaftliche Prozesse.[118] Ergo: Die zunehmende Bereitschaft, sich zu outen und bei Burnout-Symptomen professionelle Hilfe in Anspruch zu nehmen, ließe sich unter diesem Gesichtspunkt als ein Handeln interpretieren, das aufgrund der starken Themenpräsenz in besonderer Weise medial beeinflusst ist. Zumal als Bezugs- und Identifikationspunkt häufig Betroffene instrumentalisiert werden, die überzeugend und authentisch von ihren Erfahrungen berichten. Dabei geht es um identifikationsstiftende Momente und um das „Involvement" der Leser. Das gelingt den Medien, indem sie Leidenswege, aber auch Success-Storys inszenieren: Krisengeschüttelte Menschen geben zutiefst Persönliches preis und erzählen überraschend offenherzig, wie sie die Krise erlebt und, mal mehr, mal weniger gut, gemeistert haben.[119]

Der konzeptionelle Rahmen, in dem sich ausgebrannte Menschen mit ihrer Lebensgeschichte der Öffentlichkeit stellen, ist abhängig vom Trägermedium und von den dramaturgischen Möglichkeiten. Denn aus gegebenen Umständen operiert ein Magazinbeitrag anders als ein Diskussionsforum im Fernsehen. Gefühlsregungen wie Verzweiflung, Niedergeschlagenheit oder Angst lassen sich mit bewegten Bildern einfacher transportieren als mit statischen Momentaufnahmen. Darüber hinaus holt sich der TV-Konsument über Talk-Sendungen die Diskutanten gewissermaßen zu sich ins Wohnzimmer.

Nachhaltiger in Erinnerung bleiben hingegen abgedruckte Geschichten, weil sie nachlesbar sind, zur Reflexion und zur Vertiefung zwingen und nicht an eine bestimmte Sendezeit gebunden sind. So hat auch das Wissensmagazin Spiegel dem „überforderten Ich" eine eigene Ausgabe gewidmet. Darin enthalten sind unterschiedliche Redaktionsbeiträge zu den Themen Stress, Burnout und Depression.[120] Die biologische Sicht der Dinge (Schrumpfen der Hirnmasse) kommt dabei genauso zur Sprache wie die psychologische, die situative (Beruf, Familie, Geschlechterrolle) oder die medizinische (Medikamente).

---

[118] Vgl. hierzu Volkmann, Ute (2002): Massenmedien und ihre Wirklichkeitsbilder: zwischen Inszenierung und Aufklärung. In: Volkmann, Ute / Schimank, Uwe: Soziologische Gegenwartsdiagnosen II: Vergleichende Sekundäranalysen. Wiesbaden: VS-Verlag, 87-114.
[119] Vgl. hierzu bereits den Hinweis zur Stern-Reportage (2007): „Ausgebrannt und aufgefangen". In: Magazin Stern, Ausgabe 30: 44-62.
[120] Vgl. den bereits zitierten Hinweis zur Heftreihe Spiegel Wissen: „Das überforderte Ich", 1/2011 unter Fußnote 113.

Den Spagat im Sinne marketingeffizienter „integrativer Kommunikation" schafft heute aber das Internet. Nicht zuletzt deshalb, weil Formate wie das „NACHTCAFé" exemplarisch demonstrieren, wie sich mit informativen Programmankündern und Videostreams (für jene, die die Sendung verpasst haben) mit Hilfe von Burnout immer wieder Quote machen lässt. „Unser Leben macht uns krank" titelt das SWR-Fernsehen auf seiner Website und steigt mit prominenter Gästeliste direkt ins Thema ein:[121]

> „Irgendwann konnte Barbara Rütting einfach nicht mehr. Jahrelang kämpfte sie als Abgeordnete der Grünen im Bayerischen Landtag für mehr Tierschutz – oft vergebens. Für ihren Einsatz bezahlte die ehemalige Schauspielerin einen hohen Preis. 2009 gab sie ihr Mandat wegen eines Burnouts vorzeitig ab. Mit Blick auf die Gesellschaft beobachtet sie: ,Viele Menschen werden krank, weil ihr Engagement in unserer heutigen Welt nicht mehr wertgeschätzt wird'."

> „Zweimal wollte sich der Ex-Fußball-Profi Andreas Biermann das Leben nehmen, dann ging der Spieler des FC St. Pauli mit seiner Depression an die Öffentlichkeit und ließ sich in eine Klinik einweisen. ´Im Fußball muss jeder wie ein Roboter funktionieren, mich hat das krank gemacht´, sagt der Vater von zwei kleinen Kindern. Diese Offenheit bleibt für den 30-Jährigen nicht ohne Konsequenzen: ,Als Profi-Fußballer habe ich keine Chancen mehr. Die Vereine haben Angst um ihr Image. Depressionen sind nach wie vor ein Tabuthema'."

Aber auch weniger bekannte Persönlichkeiten, Menschen wie du und ich, nehmen auf der Gästebank Platz und geben der Diskussion mit ihrem Gesicht einen unmittelbaren Realitätsbezug:

> „Zwei Schwangerschaften in kurzer Zeit, dazu ein Vollzeitjob in Führungsposition? Maarit Bebensee sah darin kein Problem – bis zu ihrem Burnout. ,Ich wollte einen super Job machen und eine super Mutter sein, wie das von Frauen heute erwartet wird. Das rächte sich. Heute muss ich keine Heldin mehr sein', sagt die Umweltingenieurin, die erst nach einem Jahr Auszeit in den Job zurückkehrte."

> „Christian Frommert bezeichnet sich selbst als Workaholic. Schon immer setzte er sich mit Leidenschaft für seine Jobs ein und scheute auch nicht vor heiklen Entscheidungen zurück. So ließ er 2006 als Sportkommunikationschef von T-Mobile den unter Dopingverdacht geratenen Radprofi Jan Ullrich suspendieren. Doch das Leben auf der Überholspur hinterließ Spuren: Seit ein paar Jahren ist Frommert magersüchtig. Trotzdem sagt er: ,Meine Arbeit hält mich am Leben. Dafür nehme ich Stress in Kauf´."

Burnout-Opfer ebenso wie Menschen, die tendenziell zum Burnout neigen, weil sie sich freiwillig selbstausbeuten, werden damit zu glaubwürdigen Überbringern von Wahrheiten. Und mit diesen Wahrheiten, so die Statistik, kann sich eine breite Zielgruppe identifizieren. Das weiß auch der Kölner Stadtanzeiger:[122]

> „Die Zahlen sprechen für sich: Vier Millionen Menschen bundesweit – Tendenz steigend – leiden an Depressionen oder Burnout mit Folgen wie Frühverrentung, Arbeitsunfähigkeit und

---

[121] Auszug Programmankündigung NACHTCAFé, SWR-Fernsehen, am 21. Oktober 2011, 22.00 – 23.28 Uhr: Unser Leben macht uns krank: http://www.swr.de/nachtcafe [19.10.2011]. Das Nachtcafe erreicht als „Talk-Klassiker" heute rund 1 Million Zuschauer in Deutschland: www.3sat.de [22.10.2011].
[122] Vgl. hierzu unter http://www.ksta.de: Burnout. Nur ein Drittel schafft es allein [25.3.2011].

schlimmstenfalls einer verminderten Lebenserwartung. 1,5 Millionen dieser Kranken werden behandelt, aber nur ein Drittel von ihnen erhält die Therapie, die sie auch benötigen".

Angesichts dieser alarmierenden Tatsachen widmet der Medienherausgeber dem Thema Burnout gleich einen eigenen Publikumsabend. Ausgewiesene Experten liefern dabei Informationen und Hintergründe. Diese basieren auf Studien, wie sie beispielsweise die AOK als Deutschlands größte Krankenversicherung zur Verfügung stellt.

Objektivierung und Enttabuisierung
„Burnout auf dem Vormarsch" meldet das Wissenschaftliche Institut der AOK (WidO) in einer Pressemeldung.[123] Denn eine Analyse zu den Krankmeldungen der mehr als 10 Millionen AOK-Versicherten zeigt: Um nahezu das 9-fache sind die Krankheitstage zwischen 2004 und 2010 wegen Burnout angestiegen. Betroffen sind vor allem Frauen und Menschen, die in erzieherischen und therapeutischen Berufen tätig sind. Bei den Frauen fällt das Detailergebnis besonders ernüchternd aus: Sie werden aufgrund von Burnout gleich doppelt so häufig krankgeschrieben.

Zahlen haben in Verbindung mit Burnout-Meldungen also nicht haltlos an Bedeutung gewonnen. Aus journalistischer Perspektive mögen aber noch andere Beweggründe dafür sprechen, dass auch die Statistik regelmäßig „ins Boot" geholt wird. Schließlich stehen rationale Fakten für Objektivität, also für etwas, das man nicht so ohne weiteres vom Tisch fegen kann. Betroffene sehen sich bestätigt, potenzielle Risikogruppen werden hellhörig. Und ganz wesentlich: „Stakeholder" aus Wirtschaft, Politik und Wissenschaft sind durch die offensive mediale Thematisierung gezwungen, sich der Burnout-Problematik öffentlich und diskursiv zu stellen.[124]

Mit diesem Erklärungsfenster zum flottierenden Prozess öffentlicher Kommunikation wird auch deutlich, wie es zum inflationären Gebrauch von Begrifflichkeiten kommt. Burnout ist heute – im Vergleich zur Recherchesituation 2006 – allgegenwärtig. Und was in positiver Hinsicht zu einer Enttabuisierung geführt hat, wenn es um individuelle Belastungsgrenzen geht, das zeigt sich negativ in einer generellen Verharmlosung der Burnout-Entwicklung. Frei nach dem Motto: Wir leiden doch alle am Burnout! Bolz (2010) diagnostiziert deshalb nicht von ungefähr, dass Medien die öffentliche Meinung organisieren, wenngleich in einem anderen Zusammenhang.[125]

Was nach diesen Ausführungen bleibt, ist die Frage, ob der Burnout-Markt von den Medien instrumentalisiert wird oder umgekehrt. Ich meine, dass beide Sichtweisen zutreffend sind, weil ja auch beide vom „Medienhype Burnout" profitieren.

Wechselwirkung: Medienspirale Burnout

Was wir über Burnout wissen und wohin freiwillige Selbstausbeutung führen kann, erfahren wir in erster Linie über die Massenmedien. Aufschlussreich ist deshalb die Überlegung,

---

[123] Vgl. hierzu bereits weiter oben das na-Presseportal http://www.presseportal.de.
[124] Vgl. zur medialen Thematisierung ausführlicher bei Beck, Ulrich (1986): Risikogesellschaft. Auf dem Weg in eine andere Moderne. Frankfurt a./M: Suhrkamp.
[125] Vgl. Bolz, Norbert (2010): Die ungeliebte Freiheit. Ein Lagebericht. München: Wilhelm Fink.

welche Einflussgrößen eine Medienspirale antreiben, die geradezu penetrierend das Thema Burnout vor sich her schiebt.

Fehlzeitenreport als Themenführer
Unübersehbar ist die bestimmende Position, die der jährlich erscheinende „Fehlzeitenreport" des Wissenschaftlichen Instituts der AOK (WIdO) innehat.[126] Schließlich stehen die Fehlzeiten der Arbeitnehmer im direkten Zusammenhang mit der betrieblichen Produktivität, was schließlich direkte Auswirkungen auf die Prosperität unserer Volkswirtschaft hat. Das Interesse am Erscheinen des jährlichen Reports ist daher entsprechend groß. Vor allem sind die aktuellen Befunde zu den Gründen von Fehlzeiten nicht nur wissenschaftlich fundiert aufbereitet, sie beinhalten auch konkrete Empfehlungen: für erwerbstätige Menschen, Personalverantwortliche und Entscheidungsträger in der Politik. Der Fehlzeitenreport übernimmt somit „Themenführerschaft" bei Fragestellungen zum betrieblichen Arbeitsschutz und zur Gesundheitspolitik. Konsequenzen hat das für Ausschreibungsinhalte von Forschungsprogrammen ebenso wie für wirtschaftspolitische Förderinstrumente. Wenn nämlich jeder zehnte Ausfalltag auf eine psychische Erkrankung zurück zu führen ist, muss das konsequenterweise auch als Leitfrage in Ausschreibungen für öffentlich finanzierte Forschung eingehen.[127]

Die Metapher der Medienspirale führt aber noch zu weiteren Wechselverhältnissen. Das Wissenschaftssystem erhält bekanntlich Anerkennung und Reputation über die Veröffentlichung von Forschungsergebnissen. Und diese Ergebnisse müssen im Zeitalter globalisierter Kommunikation immer professioneller vermarktet werden. Das gilt insbesondere für Forschungsprojekte, die drittmittelgefördert sind (Bundesförderung, EU-Förderung). Damit verbunden ist, dass gesellschaftlich Relevantes den Elfenbeinturm der Wissenschaft früher verlassen und unmittelbarer in die Sphäre öffentlicher Kommunikation eindringen kann. Erforderlich ist allerdings das wissenschaftlich-personifizierte Vermögen, komplexe Inhalte zielgruppenadäquat aufzubereiten. Im Wesentlichen geht es dabei um Übersetzungskompetenz. Das Phänomen Burnout hat unter diesem Gesichtspunkt gute Startbedingungen, weil schon der Begriff an sich assoziiert, dass Menschen im wörtlichen Sinne ausbrennen und leere Batterien haben. Es muss also nicht verwundern, wenn entsprechend formulierte Pressemeldungen, trotz großer Konkurrenz im Nachrichtenfeld, vergleichsweise rasch Eingang in redaktionelle Rubriken finden.
Eine Ergänzung zu diesen Überlegungen findet sich bei Bauer et. al (2003). Die Autoren zeigen auf, vor welchem Hintergrund der Forschungsgegenstand Burnout auch im deutschsprachigen Raum Fuß fassen konnte:[128]

„In der Mitte der 70er bis zum Beginn der 80er-Jahre reichenden so genannten Pionierphase konzentrierte sich die Burn-out-Forschung primär auf die Konzeptentwicklung. Daran schloss sich die sog.

---

[126] Vgl. hierzu exemplarisch laut Literaturliste den Fehlzeiten-Report 2005 von Badura et. al (2006).
[127] Vgl. hierzu die ISF-Forschungsschwerpunkte PARGEMA Partizipatives Gesundheitsmanagement unter http://www.pargema.de, weiters LANCEO Balanceorientierte Leistungspolitik - Ansätze zur leistungspolitischen Gestaltung der Work-Life-Balance unter http://www.lanceo.de [28.11.2011]. Problembezüge zu Burnout und Stress finden sich auch beim Projekt „balance.arbeit. Vom reaktiven Störungs- zum prospektiven Ressourcenmanagement – Kompetenz und Polyvalenz zur internen Flexibilisierung", ebenfalls online unter http://www.isf-muenchen.de/projektdetails/131.
[128] Vgl. hierzu Bauer et. al (2003): Burn-out und Wiedergewinnung seelischer Gesundheit am Arbeitsplatz. In: Psychother Psych Med 2003; 53:213-22: 215.

Empirische Phase an, die international eine immense Literaturflut, vor allem in den 80er-/90er-Jahren, und in der BRD einige drittmittelgeförderte Forschungsprojekte hervorbrachte. Zentrale Publikationen der Burn-out-Rezeption im deutschsprachigen Raum stammen von Burisch und von Enzmann u. Kleiber. Damit wurden die wesentlichen ins Deutsche übersetzten Burn-out-Konzepte, Messinstrumente und empirischen Befunde einem breiteren wissenschaftlichen Publikum zugänglich gemacht. Um den seit den 80er-Jahren auch in Umgangssprache populär gewordenen Burn-out wurde es wissenschaftlich anschließend etwas stiller als relevantes Konzept blieb er aber präsent".

Rezeptionen zur Forschung erweisen sich somit als guter Nährboden für findige Journalisten. Zudem sind Recherchen dank Internet und E-Mail heute erheblich einfacher durchzuführen. Zum Beispiel, weil der direkte Kontakt zu Autoren und Wissenschaftlern gewissermaßen per Mausklick möglich ist. Ein neu aufgelegtes Buch oder ein erst in Arbeit befindlicher wissenschaftlicher Artikel können ohne großen Aufwand vom Autor persönlich kommentiert werden und das verleiht dem redaktionellen Artikel hohe Legitimation in Bezug auf formulierte Aussagen.[129]

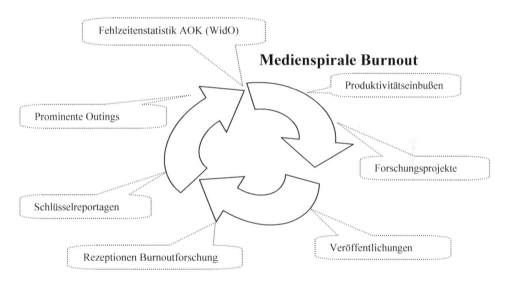

Abbildung 7:   Skizze für ein Theoriemodell: Burnout in der Medienspirale

Den Anfangszeitpunkt der „Spiraldrehung" möchte ich aber dort lokalisieren, wo bereits zur Millenniumswende auflagenstarke Printmedien und Fernsehkanäle mit hoher Reichweite ganze Reportagen zum Problemfeld Burnout lanciert haben.[130] Was zu diesem Moment noch als Ausnahmethema gehandelt wurde, hat sich im weiteren Verlauf zum medialen Kassenschlager entwickelt. Burnout steht heute auf der Tagesordnung nahezu jeder Talk-

[129] Vgl. hierzu Samiha, Shafy mit dem Artikel „Wenn die Hirnmasse schrumpft". Im bereits zitierten Spiegel-Magazin Wissen 1/2011: 28-37.
[130] Vgl. hierzu den Beitrag vom 18.12.2000 auf 3Sat: „Burn-out: Versuchen Sie, fünfe gerade sein zu lassen" unter http://www.3sat.de/page/?source=/nano/cstuecke/74903/index.html [23.10.2011].

Show, und ob *Nachtcafe, Maibritt Illner, Kerner, Maischberger, Anne Will* oder *Stöckl*: In einer Zweitauflage nach 2006/2007 diskutieren gerade aktuell wieder, quer durch die TV-Landschaft, Experten mit Prominenten und Betroffenen über Ursachen, Prävention und Intervention.[131]

Randbeteiligte werden diesem wieder erstarkten Burnout-Podium mitunter lakonisch und mit einem „Aha, schon wieder …" begegnen. Wer sich allerdings die Mühe macht, den Diskussionsverlauf nach Schwerpunkten abzusuchen, der sieht etwas ganz anderes. Und zwar, dass Nicht-Soziologen dem Zeitphänomen Burnout plötzlich hohe soziologische Relevanz attestieren. Das hat Signalwirkung in verschiedene Richtungen und bringt mit sich, dass streckenweise eine fast schon „begeisterte gesellschaftliche Auseinandersetzung" stattfindet.[132] Ausschnitthaft lässt sich dafür eine ZDF-Ausstrahlung mit Maybritt Illner vom 6. Oktober 2011 heranziehen. Denn der Talk-Aufhänger „Burnout - muss bald ganz Deutschland auf die Couch?" steht offensichtlich synonym für die (medial interpretierte) Lage der Nation, was heißt, dass Burnout uns alle betrifft.[133]

Burnout, so der Eindruck, ist an Popularität kaum mehr zu überbieten. In einer kritischen Wortmeldung bezieht wohl auch deshalb, knapp vier Wochen nach Maybritt Illners Sendung, die Deutsche Depressionshilfe Stellung: „Fünf Gründe gegen das Modewort Burnout" heißt es in einer Presseaussendung, die sachlich und objektivierend erläutert, wie sich Burnout zur Diagnose Depression absetzt und welche Gefahren ein irreführendes Selbstverständnis von Burnout in sich trägt.[134]

Kurzes Zwischenresümee
Streng wissenschaftlich kann die vorangestellte Medienanalyse nur als Ideenskizze durchgehen. Gleichwohl sind darin Impulse für theoretische oder empirische Fragestellungen zu finden, die in der bisherigen Burnoutforschung erst ansatzweise zur Sprache kommen.[135] Die mediale Vereinnahmung des Phänomens wird zwar schon länger kritisch beobachtet, von einer Inblicknahme gesellschaftstheoretischer Implikationen kann aber noch keine Rede sein[136]. Das mag damit zusammenhängen, dass Burnout in fachwissenschaftlichen Kreisen lediglich eine diffuse Zustandsbeschreibung ist, deren Symptomatik de facto nicht als eigenständige psychische Erkrankung codiert werden kann.

In diesem Zusammenhang drängt sich auch folgende These auf: *Burnout ist als Gegenstand rein gesellschaftstheoretischer Analysen deshalb wenig attraktiv, weil für eine fundierte Analytik die seriöse Basis fehlt.* Denn „Phantomkrankheit" oder „Etiketten-

---

[131] Google-Suchergebnis zu den TV- und Hörfunkprogrammen in der deutsch-österreichischen Medienlandschaft [28.10.2011].

[132] Vgl. hierzu etwa kritisch zur medialen Vereinnahmung von Burnout bei Hager, Angelika unter: http://www.profil.articles/1107/560/289425/phantomkrankheit-burn-out [21.2.2011].

[133] Vgl. hierzu ergänzend auch den Artikel „Die Ohnmacht der Getriebenen" in: Psychologie Heute. 35. Jahrgang, Heft 9: 32-36. Claus Leggewie stellt darin die provokante und soziologisch relevante Frage, welche Therapie unsere Gesellschaft braucht.

[134] Vgl. hierzu Hegerl, Ulrich: Fünf Gründe gegen das Modewort Burnout unter http://www.idw-online.de/pages/de/news448928 [02.11.2011]. Ulrich Hegerl ist Vorstandsvorsitzender der Stiftung Deutsche Krebshilfe.

[135] Vgl. hierzu ein Profil-Interview (Nr. 28/2006) mit Maslach zum Medienecho auf den Burnout-Begriff. Ergänzend dazu vgl. auch den kritischen Rückblick der weltweit führenden BurnoutforscherInnen Schaufeli, Wilmar / Leiter, Michael P. / Maslach / C. (2009): Burnout: 35 years of research and practice. In: Career Development International, Vol 24 No. 3, 2009.

[136] Vgl. Hillert, Andreas / Martwitz, Michael (2006): Die Burnout-Epidemie oder brennt die Leistungsgesellschaft aus? Darmstadt: Ch. Beck.

schwindel" beschreiben nur stellvertretend die kritische Haltung, die der reflektierte und gewissenhafte Mediziner oder Psychotherapeut schon deshalb an den Tag legt, weil er es seiner Profession schuldig ist. Allerdings wird Burnout im Kontext der Diagnosegruppe „Probleme mit Bezug auf Schwierigkeiten bei der Lebensbewältigung" immer häufiger als Zusatzinformation angegeben.[137] Ein positiver Nebeneffekt könnte in diesem Zusammenhang sein, dass über den Umweg der Burnout-Metapher seelische Erkrankungen generell aus der Tabuzone befreit werden.

Befreiung aus der Tabuzone: Von der Person zum Betrieb und weiter zur Gesellschaft

Die Burnoutforschung verfolgt traditionell pathogene Ansätze. Aus diesem Grund haben sich auch Präventionskonzepte etabliert, die in erster Linie bei den Betroffenen selbst ansetzen. Dem Burnout-Konzept gemäß also bei Menschen, die unter psychischer und physischer Erschöpfung leiden, weil sie besonders engagiert sind und aufgrund ihrer beruflichen Identifikation dazu neigen, sich ständig zu verausgaben.

Diametral dazu steht, dass sich die Forschungselite schon seit den 80er Jahren weitgehend darüber einig ist, dass Burnout als Maßstab für eine wichtige soziale Fehlfunktion am Arbeitsplatz steht.[138] Denn wenn jemand ausbrennt, sagt das mit einem Zitat nach Maslach „weit mehr aus über die Bedingungen des Jobs als über die Person selbst". Sie stellt deshalb auch einen Lösungsansatz vor, bei dem die Burnout-Prävention zum Organisationsprojekt wird, das von der Gruppe initiiert und getragen wird. Die positiven Auswirkungen zeigen sich in der wieder hergestellten Identifikation mit der Arbeit, was zu einer messbaren Verringerung von Burnout-Risiken führt.

Auch Bauer et. al fokussieren den institutionellen Ansatz.[139] Ihre Empfehlung ist gleichermaßen konkret wie nachhaltig. Vor allem spiegelt die Sichtweise eine Bedarfserkennung, die gerade Human-Ressource-Praktiker interessieren sollte. Und zwar deshalb, weil es den Autoren darum geht, die Bedeutsamkeit von Burnout-Präventions-Programmen herauszustreichen, die *kontinuierlichen* und *regelmäßigen* Charakter haben. Zur Sprache kommt etwa eine strukturierte Aufbau- und Ablauforganisation, die es dem Einzelnen ermöglichen sollte, seine Aufgaben in angemessener Zeit zu leisten. Dazu gehören auch ein entsprechender Handlungsspielraum sowie ein Aufgabenfeld, das abwechslungsreich und herausfordernd ist. Darüber hinaus ist bei Bauer et. al Anschlussfähigkeit zum Erklärungsmodell freiwilliger Selbstausbeutung gegeben: Die Autoren vermerken dezidiert, dass einzelgängerische und überehrgeizige Mitarbeiter, die sich grenzenlos verausgaben, keine Vorbildwirkung haben sollten. Vielmehr sollte auf diesen Typus moderierend eingewirkt werden, damit er die Kommunikation mit den Kollegen verstärkt. Zur Vorsicht gemahnt wird weiters bei sehr leistungswilligen jungen Mitarbeitern. Noch am Anfang der Karriereleiter ist diese Erwerbstätigengruppe oft bereit, private Interessen den beruflichen Zielen unterzuordnen. Hier sollten vorausschauend Vorgesetze die Gefahr eines späteren Burnouts im Auge behalten.

---

[137] Vgl. hierzu die Studienergebnisse des WIdO, bereits zitiert in der Fußnote Nr. 113.
[138] Vgl. Maslach, Christina / Leiter, Michael P. (2001): Die Wahrheit über Burnout. Stress am Arbeitsplatz und was Sie dagegen tun können. Wien, New York: Springer. Des weiteren Pines et. al (2000): Ausgebrannt. Vom Überdruss zur Selbstentfaltung (9. Auflage): Weinsberg: Wilhelm Röck.
[139] Vgl. hierzu bereits unter Fußnote 128.

Nicht zuletzt meint auch Siegrist (2010), prominenter Vertreter der medizinsoziologischen Forschung, dass eine wichtige Ursachenquelle für Burnout in der heutigen Arbeitswelt liege. Die Globalisierungsfolgen führen zu hohem Konkurrenzdruck, die Sorge um den Arbeitsplatz ist groß und die Bereitschaft zu freiwilliger Mehrarbeit hoch. Hinzu kommt, dass die neuen Kommunikationsmittel nicht nur Freiräume schaffen, sie verwischen auch die Grenzen zwischen Arbeit und Privatleben. Auf der Strecke bleiben Regenerationsphasen für Stressabbau und Erholung. Siegrist betont vor dem Hintergrund seiner empirischen Befunde aber explizit, dass nur bestimmte Arbeitsbedingungen krank machen würden: Zum einen wären das Berufskonstellationen mit hohem Zeitdruck und wenig Handlungsautonomie (z.B. Fließbandarbeiter, Verkäufer, Call-Center-Mitarbeiter). Zum anderen stehen Arbeitsplatzkonstellationen zur Disposition, in denen es „Belohnungskrisen" gibt. Gemeint ist damit ein Ungleichgewicht zwischen Leistung und (erwarteter) Belohnung. Als Belohnungen kommen in Frage: Geld, Aufstieg oder Arbeitsplatzsicherheit und Wertschätzung.[140]

All das erscheint nun paradoxerweise beruhigend. Neben dem Umstand, dass Ratgeber, Leitartikel und selbsternannte Burnout-Kliniken den losgetretenen Boom medial und kommerziell vereinnahmen, existiert nämlich noch immer ein Forschungszweig, der mit dem Analysegegenstand „Burnout" wissenschaftlich seriös arbeitet. Den Schwerpunkt bestimmen heute allerdings Fragen zur Salutogenese. Das heißt, es wird nach Rahmenbedingungen gesucht, in denen die Menschen möglichst gesund bleiben, und nicht mehr nach (weiteren) Ursachen, die krank machen. Denn das Letztere ist bekanntlich gut erforscht.

Burnout-Prävention: Der Betrieb als Lernlabor
Burnout-Risiken zu reduzieren und im besten Falle auszuschalten, ist nicht nur für die Beschäftigten ein lohnenswertes Unterfangen. Aus wirtschaftlichen Gesichtspunkten profitieren vor allem die Betriebe von den Anstrengungen. *Nachhaltige* Veränderung ist in Anlehnung an die Empirik aber nur dann zu erwarten, wenn man das Problemfeld Burnout von zwei unterschiedlichen Seiten angreift. Auf den Punkt gebracht: Es geht darum, dass die Unternehmen sprichwörtlich „das Heft in die Hand nehmen" um dann, in zielgerichteter Absicht, sowohl am *persönlichen Verhalten* als auch an den *betrieblichen Verhältnissen* anzusetzen.

Professionelle Unterstützung leisten dabei etwa die Gesetzlichen Krankenkassen. „Betriebliches Gesundheitsmanagement" heißt das Programm mit dem Ziel, die gesundheitliche Situation der Arbeitnehmer zu verbessern. Laut AOK konnten dadurch allein im Jahr 2009 rund 620.000 Beschäftige erreicht werden. Die Angebote, die den Arbeitnehmern zur Verfügung stehen, sind vielfältig. Umso bemerkenswerter ist deshalb auch, dass mehr als ein Drittel der durchgeführten Maßnahmen auf das Themenangebot „Stressmanagement" entfallen. Kritisch zu hinterfragen ist allerdings, ob die unternehmensspezifische Burnoutsituation mit betrieblichem Gesundheitsmanagement auch angemessen berücksichtigt werden kann.

Ein anderer Zugang sind Organisationsprojekte, die anlassbezogen auf die Unternehmensagenda gesetzt werden. Darunter fallen Personalentwicklungsmaßnahmen ebenso wie Prozessoptimierungen. Je nach Qualifizierung der verantwortlichen Projektleiter birgt nämlich das eine wie das andere Gestaltungsvorhaben Potenzial in sich. Zum Beispiel für ein

---

[140] Vgl. zu Siegrist, Johannes, unter: http://www.derwesten.de/staedte/duesseldorf/professor-sieht-bedeutende-ursache-fuer-burnout-in-der-arbeitswelt-id4806990.html [20.07.2011]. Siegrist ist Leiter des Institut für Medizinische Soziologie an der Heinrich-Heine-Universität in Düsseldorf.

Projektdesign, bei dem Burnout-Prävention im besten Sinne als wertvolles „Nebenprodukt" abfällt. Etwa wenn es gelingt, den Team-Aspekt gezielt miteinzubeziehen, weil nicht nur einzelne Menschen, sondern immer häufiger auch ganze Belegschaften vom Ausbrennen bedroht sind.[141]

Interne Schulungs- oder Workshopangebote, die mit dem Titel „Burnout" gezielt Teilnehmer werben möchten, laufen mitunter Gefahr, das Gegenteil zu erreichen. Der Erfahrungsaustausch mit Personal- und Gesundheitsmanagern, den ich aufgrund meiner Beruflichkeit pflegen kann, zeigt nämlich, dass Mitarbeiter häufig befürchten, durch ihre Teilnahme an einschlägigen Programmen als potenzielle Burnout-Kandidaten abgestempelt zu werden. Burnout hat sich zwar ein Stück weit aus der Tabuzone befreit, trotzdem überlegt gerade im betrieblichen Umfeld jeder Einzelne, inwieweit er innerbetrieblich die eigene Burnout-Disposition kommunizieren will. Aus Angst, Schwäche zu zeigen, und aus Sorge, dass womöglich die persönliche Leistungsbereitschaft in Frage gestellt wird.

„Work-Life-Balance"-Programme haben den Vorteil, dass das Begriffskonzept (im Gegensatz zur Brisanz der Ausbrenn-Terminologie) von vornherein positiv oder zumindest neutral belegt ist. Schließlich geht es darum, eine Win-win-Konstellation für eine Situation zu finden, die aus dem Lot geraten ist. Grundlegend ist beim Work Life Balance-Ansatz die Idee, dass Anforderungen aus den unterschiedlichen Lebensbereichen mit den eigenen Bedürfnissen zueinander im Gleichgewicht stehen sollten. Und weil das Konzept im deutschsprachigen Raum auch synonym für die Vereinbarkeit von Beruf und Privatleben verwendet wird, erweist sich Work-Life-Balance, in Anlehnung an Jürgens (2006), auch als effiziente Marketingstrategie, um Mitarbeiter zu rekrutieren. Nicht zuletzt erwarten sich die Unternehmen, dass gerade Hochqualifizierte dieses (noch nicht alltägliche) Betriebsangebot mit Motivationssteigerungen goutieren.[142] Im Zusammenhang mit Burnout-Prävention steht Work-Life-Balance aber für die Möglichkeit, Leistungsschwächen, Motivationsverlust ebenso wie Ausfallzeiten bereits vorwegnehmend zu begegnen. Und wenn laut WIdO bzw. AOK immer mehr Menschen von zwei Seiten gleichzeitig ausbrennen, von Seiten des Berufs und durch familiäre Belastungen, so trifft das Prinzip der „Gleichgewichtung" durchaus auf konkreten Bedarf. Zur Vorsicht muss aber gemahnt werden, wenn zu hohe Erwartungsansprüche im Spiel sind, denn im Gegensatz zur Einzelperson haben Organisationen aufgrund ihrer strukturellen Geschlossenheit erheblichen Veränderungsspielraum. Bei den Beschäftigten zeigt sich der Sachverhalt meist schwieriger, weil individuelle Lebenssituationen vorliegen, die häufig nicht veränderbar sind (Kleinkinder, Pflegebedarf, Erwerbszwang). Wenn Balance entstehen soll, ist auch darauf Bedacht zu nehmen.

---

[141] Vgl. hierzu Fengler, Jörg / Sanz, Andrea (2011) (Hg.): Ausgebrannte Teams. Burnout-Prävention und Salutogenese. Stuttgart: Klett-Cotta
[142] Vgl. hierzu Jürgens, Andrea (2006): Arbeits- und Lebenskraft. Reproduktion als eigensinnige Grenzziehung. Wiesbaden:VS-Verlag: 165 ff.

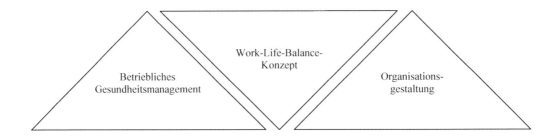

Abbildung 8:   Etablierte Konzepte zur Burnout-Prävention

Institutionelle Wende
Der institutionelle Ansatz zeigt es unmissverständlich: Burnout muss aus dem Schattenda-
sein der Opferrolle heraus treten. Es geht nicht mehr um die Frage, wer mehr oder weniger
belastbar ist, sondern welche Arbeitsbedingungen für die individuelle Gesundheit mehr
oder weniger förderlich sind.

Für die Unternehmen hat diese „institutionelle Wende" weitreichende Folgen. Burn-
out-Prophylaxe, die bei den Organisationsstrukturen ansetzt, kann nämlich nur unter folgender Voraussetzung gelingen: Das Management muss bereit und in der Lage sein, betriebliche Strukturen in Frage zu stellen und gegebenenfalls zu verändern. Mit welcher
Herangehensweise oder mit welchem Konzept ist vom jeweiligen Unternehmen abhängig.
Aber auch von der Bereitschaft, Prozesse dieser Art mit Hilfe externer Berater umzusetzen.
Branche, Unternehmensgröße, Marktausrichtung, Ressourcenausstattung und Firmenkultur
sind, neben dem Reifegrad der Organisation, relevante Indikatoren für die geeignete Vorgehensweise.

Grundlegend für die Wirksamkeit von Maßnahmen ist letzten Endes aber ein gesteigertes Bewusstsein in den Betrieben, dass vom Burnout betroffene Mitarbeiter ihre Situation nicht im Alleingang bewältigen können. Bauer et. al thematisieren in diesem Zusammenhang die Ineffizienz von Personal Coachings und anlassbezogenen Motivationstrai-
nings, denn die Übertragungseffekte sind gering und häufig kontraproduktiv. Kurzfristig
entfachte Strohfeuer können sogar dazu führen, dass sich die Burnout-Problematik noch
verstärkt. Favorisiert werden dem gegenüber Supervisionsgruppen im Kollegenkreis. Die
bereits zitierten Autoren Pines et. al haben diesen Weg schon in den 80ern vorgezeichnet,
indem sie unter Beweis stellten, dass Burnout-Prävention auf soziale Unterstützungssyste-
me angewiesen ist.[143]

Burnout im Kontext arbeits- und industriesoziologischer Forschungsinteressen

Zusammenfassend kann man die betriebliche Burnout-Rahmung noch aus einem anderen
Blickwinkel sehen. Wer zur Eindämmung von Ausbrennen und Überdruss den Stellhebel
am Verhalten *und* an den Verhältnissen ansetzt, der agiert im höchsten Maße soziologisch.

---

[143] Vgl. zu Pines et. al bereits den Quellenhinweis unter Fußnote 138.

Denn er trägt dem Rechnung, was die Gesellschaft antreibt: dem komplementären Prinzip von Handlung und Struktur.

Forschungsprojekte mit soziologischer Beteiligung berücksichtigen das spannungsreiche Wechselspiel von Handlung und Struktur von Grund auf. Referenzcharakter haben diesbezüglich drei Forschungsschwerpunkte am ISF München.[144] In den Projekten ist Burnout zwar nicht explizit Gegenstand der Analyse, der dramatische Anstieg psychisch bedingter Fehlzeiten in Gestalt von „Stress und Überforderung" nimmt aber maßgeblichen Einfluss auf die Forschungsdesigns und auf die Ergebnisse.

PARGEMA (2006-2009) hat den Fokus beispielsweise auf ein „Partizipatives Gesundheitsmanagement" gelegt. Die Beschäftigten sollten hier in Bezug auf den gestiegenen Arbeits- und Leistungsdruck zu Experten in eigener Sache werden und das Gestaltungspotenzial handlungsautonomer Arbeitsstrukturen systematisch auf das betriebliche Gesundheitsmanagement übertragen. Als Leitbild fungierte ein partizipativer und kontinuierlicher Präventionsprozess.[145]

Ein nächstes Projekt, LANCEO (2009-2013) ist „balanceorientiert" ausgerichtet. Das heißt, es geht um die Erforschung von Ansätzen zur leistungspolitischen Gestaltung der Work-Life-Balance. Personal- und Gesundheitspraktiker, die im Zusammenhang mit der Burnout-Problematik übertragbare Konzepte für ihre Betriebe suchen, werden hier vermutlich fündig. Als Zielsetzung ist formuliert, dass der empirisch ermittelte Gestaltungsbedarf in konkrete Gestaltungsinstrumente überführt werden soll.[146]

Fast „zufällig" ins Blickfeld soziologischer Forschung gerät Burnout beim Projekt DIWA-IT (2007-2010). In diesem Fall sind die ISF-Forscher, mit Andreas Boes an der Spitze, der Frage nachgegangen, wie Beschäftigte in der IT-Wirtschaft trotz hoher psychomentaler Belastungen gesund bleiben können und ihre Arbeitsfähigkeit über unterschiedliche Arbeitslebensphasen hinweg erhalten und weiterentwickeln können.[147] Das Ergebnis führte regelrecht zu Betroffenheit, denn die Forscher waren erschrocken, wie viele der hochqualifiziert Beschäftigten sich immer wieder an der Grenze der Belastbarkeit erleben oder bereits einen Zusammenbruch erfahren haben.[148] Als Hauptgrund für grenzenlosen Arbeitseinsatz und extreme Gesundheitsbelastung hat das Forscherteam ein „System permanenter Bewährung" identifiziert. Das heißt, dass die Hochqualifizierten dem Unternehmen gegenüber stets aufs Neue ihre Daseinsberechtigung unter Beweis stellen müssen. Das führt zu permanenter existenzieller Verunsicherung und hat fatale Folgen. Viele der befragten Mitarbeiter berichten von einer deutlichen Zunahme schwerwiegender Erkrankungen wie Hörsturz, Burnout und Depressionen. Als wichtigste Erkenntnis von DIWA-IT bleibt deshalb auch, dass Gesundheit vom Randthema zum integralen Bestandteil der Gesundheitspolitik und der Organisationsentwicklung werden muss, damit die Leistungsträger (der

---

[144] Das ISF München ist eines der führenden arbeits- und industriesoziologischen Forschungseinrichtungen in Deutschland und seit über 40 Jahren ohne öffentliche Grundförderung am Forschungsmarkt etabliert.

[145] Vgl. zum abschließenden PARGEMA-Forschungsbericht und zur Publikationsliste um das Forscherteam von Dunkel, Kratzer, Menz und Sauer detaillierter unter: http://www.isf-muenchen.de/projektdetails/109 [20.10.2011].

[146] Vgl. detaillierter zu LANCEO und zum bereits zitierten Forscherteam rund um Dunkel, Katzer, Menz und Sauer unter: http://www.isf-muenchen.de/projektdetails/132 [01.11.2011].

[147] Vgl. detaillierter zu DIWA-IT und zum Forscherteam um Boes unter: http://www.isf-muenchen.de/projektdetails/114 [04.11.2011].

[148] Vgl. hierzu die Pressemitteilung des ISF München vom 24. November 2009 unter: http://www.diwa-it.de/img/content/091124_pressemitteilung_diwa_itformatiert.pdf [04.11.2011].

IT-Wirtschaft) nicht ausbrennen. Die Rezepte: *Kontinuierliches Monitoring der Gesund-heits- und Belastungssituation, Führungskräfte als Schlüsselfiguren, Team als Ressource der Gesundheitsförderung* und *lebensphasensensible Karrierekonzepte*.

Standortbestimmung

Auf der Suche nach Ursachen bringen Forscher und Experten immer wieder zur Sprache, dass Burnout kein Einzelschicksal ist, sondern ein globales und komplexes Phänomen, das vor allem in der Arbeitswelt weitreichende Probleme mit sich bringt. Als Verursacherprin-zip rückt damit ein Bezugspunkt ins Rampenlicht, der die Burnout-Diskussion neu beleuch-tet: Es geht um den „Wandel in der Gesellschaft", der die Menschen offensichtlich überfor-dert und ihnen schadet.[149]

Das „gesellschaftliche Vakuum", von dem Rösing (2003)[150] in ihrer kritischen Bestands-aufnahme zur Burnoutforschung spricht, und das ich im Rahmen meiner Analyse zur Selbstausbeutung dezidiert aufgreife, beginnt sich also mit Inhalt und vor allem: mit sozio-logischem Interesse zu füllen. Zurückblickend auf die Überlegungen in Kapitel 7 dieser Veröffentlichung ist das mehr, als zu erwarten war. Ergo muss auch die hier eingenommene Ausgangsposition neu bestimmt werden. Wie diese kurz gehaltene Erweiterungsarbeit näm-lich zeigt, gibt es zur betrieblichen Ursachen- und Lösungsfindung schon seit längerem reges Forschungs- und Publikationstreiben. Was heißt, dass die Leerstellen in Bezug auf Erkenntnisgewinn auch für findige Wissenschaftler knapp werden.
     Innovationsspielraum, so meine These, ist aber noch immer dort aufzuspüren, wo es um die „ makrospezifische Rahmung" der Burnout-Entwicklung geht. Die Frage, ob der gesellschaftliche Wandel den Menschen schadet, müsste dann natürlich umformuliert wer-den. Dahingehend, ob dieser Wandel möglicherweise dem Gesellschaftssystem in seiner Ganzheit schadet. Denn angesichts dramatischer Burnout-Raten ist davon auszugehen, dass es sich hierbei um „Exklusion im großen Stil" handelt. Unter diesem Gesichtspunkt zeich-nen sich zwei Problemstellungen ab, die meines Erachtens neue Schlaglichter auf die Dis-kussion werfen:

1) Die Tatsache, dass Stakeholder aus Politik, Wirtschaft und Wissenschaft der Burnout-Situation ein gesteigertes Interesse entgegen bringen, drängt zu folgender These: Bur-nout gilt als systemkritischer Faktor. Einfacher gesagt: Wenn den Menschen massen-weise ihr Arbeits- und Leistungsvermögen verloren geht, hat das nicht nur Konsequen-zen für die Arbeitswelt. Bei anhaltender Tendenz würde das gesamte gesellschaftliche Gefüge in sich zusammenbrechen. Aufschlussreich wäre diesbezüglich eine differen-zierungstheoretische Analyse, die offen legt, aus welchen Beweggründen heraus teil-systemische Kräfte mobilisiert werden, die es bis zur „Burnout-Bewegung" schaffen.

2) Der Burnout-Hype ist maßgeblich den Massenmedien zuzuschreiben. Eine strukturdy-namische Analyse dieser Entwicklung würde auf mobilisierungsdynamische Effekte und auf eine hohe Mobilisierungsbereitschaft hinweisen. Denn öffentliche Kommuni-

---

[149] Vgl. hierzu das bereits zitierte NACHTCAFé vom 21. Oktober 2011, unter Fußnote 121.
[150] Vgl. hierzu bereits Rösing (2003): Ist die Burnoutforschung ausgebrannt? Heidelberg, Kröning: Asanger.

kation, respektive das Einspeisen von Themen in den öffentlichen Kommunikations-raum, ist gleichzusetzen mit der Installation von „Beobachtungsräumen".[151] Theore-tisch wie empirisch fassbar entstehen dabei Konstellationen, in denen es aufgrund wechselseitiger Beeinflussung zu kollektiven Anpassungshandlungen kommt: „Wenn sich schon Prominente als Burnout-Kandidaten outen – warum soll ich mich dann län-ger zurück halten?"

Das Potenzial für soziologische Rätsel ist also weiterhin groß. Das allein sollte Motivation genug sein, „am Thema" zu bleiben.

Jeanette Moosbrugger
Lustenau, im November 2011

---

[151] Vgl. hierzu ausführlich die Überlegungen in Kapitel 6.

VS Forschung | VS Research
Neu im Programm Soziologie

Ina Findeisen
Hürdenlauf zur Exzellenz
Karrierestufen junger Wissenschaft-
lerinnen und Wissenschaftler
2011. 309 S. Br. EUR 39,95
ISBN 978-3-531-17919-3

David Glowsky
Globale Partnerwahl
Soziale Ungleichheit als Motor
transnationaler Heiratsentscheidungen
2011. 246 S. Br. EUR 39,95
ISBN 978-3-531-17672-7

Grit Höppner
Alt und schön
Geschlecht und Körperbilder
im Kontext neoliberaler Gesellschaften
2011. 130 S. Br. EUR 29,95
ISBN 978-3-531-17905-6

Andrea Lengerer
Partnerlosigkeit in Deutschland
Entwicklung und soziale Unterschiede
2011. 252 S. Br. EUR 29,95
ISBN 978-3-531-17792-2

Markus Ottersbach /
Claus-Ulrich Prölß (Hrsg.)
**Flüchtlingsschutz als globale
und lokale Herausforderung**
2011. 195 S. (Beiträge zur Regional-
und Migrationsforschung) Br. EUR 39,95
ISBN 978-3-531-17395-5

Tobias Schröder / Jana Huck /
Gerhard de Haan
Transfer sozialer Innovationen
Eine zukunftsorientierte Fallstudie zur
nachhaltigen Siedlungsentwicklung
2011. 199 S. Br. EUR 34,95
ISBN 978-3-531-18139-4

Anke Wahl
Die Sprache des Geldes
Finanzmarktengagement
zwischen Klassenlage und Lebensstil
2011. 198 S. r. EUR 34,95
ISBN 978-3-531-18206-3

Tobias Wiß
**Der Wandel der
Alterssicherung in Deutschland**
Die Rolle der Sozialpartner
2011. 300 S. Br. EUR 39,95
ISBN 978-3-531-18211-7

Erhältlich im Buchhandel oder beim Verlag.
Änderungen vorbehalten. Stand: Juli 2011.

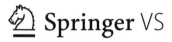 Springer VS

Einfach bestellen:
SpringerDE-service@springer.com
tel +49 (0)6221 / 345–4301
springer-vs.de

VS Forschung | VS Research
Neu im Programm Politik

3228481R00108

Printed in Germany
by Amazon Distribution
GmbH, Leipzig